SHALE STRATEGY

THE FEDERAL RESERVE IN ACTION

页岩战略

美联储在行动

邓正红 ◎著

石油工业出版社

内容提要

　　页岩油的持续发展关乎美国能源独立战略，美元走势与油价涨跌息息相关，石油企业的兴衰受制于油价。石油作为国家的战略资源，直接代表国家的硬实力，在油价持续下跌的情势下，石油行业如何发展，新能源行业如何崛起，石油企业如何长盛不衰，这是本轮油价暴跌给我们提出的战略新课题，而这一切都与国家的经济运作有关，体现了一国的经济软实力。成熟的油气市场、发达的金融体系是美国页岩革命成功的基础。中国已超越美国成为世界最大的石油进口国，如何在经济增速放缓、转型发展的当下，持续推动中国石油行业的发展，如何从经济政策上创造条件发展中国的页岩产业，美联储及美国页岩油的成功做法提供了很好的借鉴。

图书在版编目（CIP）数据

页岩战略：美联储在行动 / 邓正红著.

北京：石油工业出版社，2017.1

（读点石油财经丛书）

ISBN 978-7-5183-1691-5

Ⅰ. 页…

Ⅱ. 邓…

Ⅲ. 油页岩资源–石油资源–能源战略–研究–美国

Ⅳ. F471.262

中国版本图书馆CIP数据核字（2016）第304740号

页岩战略：美联储在行动

邓正红　著

出版发行：石油工业出版社

　　　　　（北京市朝阳区安华里二区 1 号楼 100011）

网　　　址：http://www.petropub.com

编 辑 部：(010) 64523766　图书营销中心：(010) 64523633

经　　　销：全国新华书店

印　　　刷：北京中石油彩色印刷有限责任公司

2017年1月第1版　2017年1月第1次印刷

740×1060毫米　开本：1/16　印张：22.75

字数：340千字

定　价：98.00元

（如发现印装质量问题，我社图书营销中心负责调换）

"页岩革命"的启发

中国石油勘探开发研究院副院长

国家能源致密油气研发中心主任

国家973计划致密油（页岩油）首席科学家

邹才能

美国前国务卿基辛格（Henry Kissinger）曾说："谁控制了石油，谁就控制了所有国家；谁控制了粮食，谁就控制了人类；谁掌握了货币铸造权，谁就掌握了世界。"这也从侧面反映了美国一直以来努力主导世界、称霸全球的战略思想。

美国推行"能源独立"战略由来已久，加快开发页岩系统资源是美国"能源独立"战略的重要基石。黑色页岩沉积系统的油气资源包括页岩油、页岩气和致密油，"页岩革命"使得页岩系统的非常规资源实现了工业化开采，颠覆性的创新实现了页岩系统油气的理论、技术与开采"三个创新"，不仅为美国经济重振提供了能源基础，更强化了美国在世界政治格局中的"一超"优势，成为经济与外交的双重强心针。

提出"软实力"概念的美国哈佛大学教授约瑟夫·奈（Joseph Nye）认为，在相互依存的世界中，国家实力来自于相互依存的不对称性。一方对其他参与方的依存度越小，其所获得的实力就越大。约瑟夫·奈认为，"能源独立"的美国正在经历这样的过程。以美国与沙特阿拉伯的双边关系为例：在美国实现"能源独立"之前，美国与沙特阿拉伯是等价的相互依存关系。美国需要沙特阿拉伯的石油，而沙特阿拉伯需要美国的军事保障。当美国实现"能源独立"之后，美国对沙特阿拉伯的石油进口需求将减少，而沙特阿拉伯对美国的军事保障需求则一如既往，这就导致美国与沙特阿拉伯的相互依存关系出现不对称性，美国将对沙特阿拉伯获得更大的自由。换言之，美国将获得更多的实力。

美国"能源独立"战略与美元战略基本一致。页岩油气与致密油作为重要的非常规资源，其发现过程充满了意外性和颠覆性，令世人惊诧黑色页岩蜕变成"黑天鹅事件"。美国页岩油气与致密油在金融危机后的短短几年内迅速崛起，对全球原油市场格局产生了颠覆性的影响。这很大程度上得力美国联邦储备局（以下简称美联储）量化宽松政策的支持，以及美元对油价的冲击影响。随着美元在世界经济中的地位日渐式微，美国正寻找新的战略因素巩固美元的世界地位，而页岩资源就充当了这一角色。也就是说，开发页岩内资源，可以加速美国"能源独立"，强化美元对世界的战略影响。

美国这样做的最终目的是提升"软实力"。发展页岩油气是强化国家硬实力，进而实现"能源独立"，提升国家"软实力"。以页岩油气、致密油为代表的非常规油气，刚刚完成对常规油气的"第一次革命"，意想不到引爆了低油价效应，却还意想不到地引发了以降成本为核心的非常规油气自我"第二次革命"；油价暴跌迫使页岩商转型，从先前的依赖资源和资本转向技术创新、提升生产效率、降低开采成本，实现更多的价值创造，增强抵御和化解市场风险的能力，而这恰恰反映了美国页岩商"软实力"水平的提高。

中国已超越美国成为世界最大的石油进口国，如何在经济增速放缓、转型发展的当下，持续推动中国石油行业的发展，如何从经济政策上创造条件发展中国的非常规油气产业，美联储及美国"页岩革命"的成功做法提供了很好的借鉴和启示：

国家"能源革命"战略驱动、非常规油气超前经费持续投入、水平井低成本关键技术的优选突破、持续工业试验的政策扶持、非常规必须常规开采、颠覆性新能源的有序接替，等等。

中国在四川海相页岩气实现工业化突破。陆相页岩油勘探开发前景广阔，但由于受地质条件和开发经验的限制，中国很难复制美国的页岩系统资源的理论技术、经营战略和策略。中国陆相页岩油勘探开发在地质基础研究（赋存机理、成藏机理、渗流机理、驱动机理等）、工程技术研究（水平井压裂与原位关键技术国产化）以及开发经济性（降低成本）等方面存在许多难题与挑战，这也是下一步非常规科技革命的重点。

战略就是常规人要有非常规思想。一个国家的能源，决定了一个国家发展的动力。

本书非常细腻地揭开了美联储通过货币政策扶持和发展美国"页岩革命"的背后真相。美国非常规油气产量的暴增或衰减及其引发的国际油价暴跌或剧烈波动都与美联储的利率政策等直接相关。这是本书作者重要的认识和判断，可供读者讨论和参考。

2014年6月至2016年6月，长达两年的低油价战争已经结束。这场油价暴跌的影响不亚于2008至2009年的金融危机，尤其对全球油市的影响是深远的。金融危机是暂时的，但低油价在可预见的未来将是一种新常态。

在低油价的新常态下，美国和沙特阿拉伯这两个世界主要产油大国正在重新审视自己的战略发展。美国想通过"能源独立"摆脱对石油进口的依赖，沙特阿拉伯则想通过"经济转型"摆脱对石油经济的依赖。美国是想摆脱别人的石油，沙特阿拉伯是想摆脱自己的石油。实际上两大产油国的经济本身就对石油具有高度的依赖性，这是任何时候都摆脱不了的。在高油价时期，美国页岩油气产量井喷式增长，沙特阿拉伯更是富得举国流"金"。但是，低油价意味着好日子已成过去，美国页岩油被迫从资本扩张转向技术创新，沙特阿拉伯经济被迫从单一的石油经济转向多元化经济。

金融危机以来，有赖于大规模的货币刺激政策，美国经济先于其他发达国家快速复苏。结束长达6年的量化宽松后，美国又想开始"剪羊毛"，像吸血虫一般汲取世界经济的营养，但苦于低油价和低通胀，美国却不敢贸然开剪，否则，"杀人三千，自损八百"，美国亦难独善其身。

美元是美国主宰世界经济的软刀子。美联储控制着美元的发行和美元汇率的波动，利用美元不断地攫取世界的资源。自2014年7月至2015年8月，约1万亿美元的资金从新兴市场流出。美国不费吹灰之力便让这些新兴国家为美国免费打工10年。2015年12月16日，美联储将基准利率提高25个基点，其意图非常明显，就是要将近10年来流出的美元收回去，使那些依靠美元的新兴市场国家一夜回到从前。这就是美国"剪羊毛"的手段。

但是，自进入新一轮加息周期以来，美联储之所以迟迟不加息，主要是美国经济增速迟缓、通胀偏低，不适合加息，而其中最主要的原因是油价偏低，不利于美国页岩油的复出。油价暴跌以来，美国页岩油持续减钻减产，石油公司、油服公司大幅裁员，开支紧缩，油气投资趋冷，这些因素在一定程度上抑制了美联储加息决策的三大指标——经济增长、通货膨胀、就业增长。因此，在国际油价还没有完全企稳的情况下，美联储对加息的态度变得更加谨慎。

按本书的分析，美国真正要为"剪羊毛"而实施加息，WTI油价至少要保持在50~60美元/桶的价位，最好的状态是在每桶60美元以上。如果油价过低而加息，美国经济反而会遭罪。进入2016年以来，美联储原本计划全年加息4次，但这个节奏已被处于低位的油价（每桶50美元以下）波动彻底打乱，全年倘能实现一次加息就已是万幸了。基于低油价，美联储只能空喊"加息"。

油价与美国经济增长、通胀率、就业增长三大经济数据息息相关，透过美联储议息决策，美联储更关注油价与通胀。如果WTI油价在60美元/桶之上仍保持升势，那将是美国页岩商最亢奋的日子，意味着美国页岩油全面开钻。油价保持在60美元/桶的升势价位，美国通胀率才有可能实现2%的目标。历经两年的低油价修炼，美国页岩油对低油价的适应不再是问题，焦点已变成如何在更好的油价位复出。就油价走势看，已在缓慢的升势路上艰难蹒跚，大量页岩油正在静待开采，只等油价上涨的"东风"。在美国页岩油全面复出之前，美联储会更加谨慎，不会轻易加息。

第一章　**令人迟疑的经济恐慌**　　**1**

2016年初发生的震惊全球市场的那场暴跌，可谓惊心动魄，市场弥漫着悲观和恐慌情绪，全球经济面临通胀与通缩双重叠加的困境。高盛集团唱衰新兴市场，花旗银行和德意志银行则唱衰美国经济，美国经济是陷入衰退还是"增长恐慌"，美国政商界大员、大佬们看法不一。所有这一切似乎都与美联储有着千丝万缕的联系，恰恰在半个月前美联储宣布了加息。

第二章　**油价崩溃 ≠ 经济衰退**　**59**

国际油价跌势汹汹。市场担忧全球经济衰退，同时期盼原油冻产、减产、库存减少以及需求增强。众多石油生产企业及相关油服企业受到重创，全球油气行业两年内裁员已超过30万人，美国能源公司成为裁员重灾区。美联储官员指出，油气勘探、生产以及能源服务相关企业的信誉恶化情况有所加剧。这次油价暴跌真的会触发经济危机吗？

第三章　**美元政策下的页岩油气战略**　**109**

从2008年11月至2014年10月的近6年内，美联储一共进行了4次量化宽松，共计资产购买的规模3.9万亿美元，为市场注入巨大流动性。实施量化宽松政策，表面上看是刺激经济增长，使美国经济尽快摆脱金融危机的影响，实现经济复苏。但仔细分析，一个深藏已久却被大多数人忽视的秘密暴露出来了，美元政策行动和美国页岩油气开发存在勾连。

第四章　**低油价下的页岩油减产模式**　**187**

为了争夺市场份额，沙特阿拉伯试图通过扩产压低油价，置美国页岩油于死地。谁知低油价不但没摧垮美国页岩油，反而倒逼其降低成本和提高效率，使其在与欧佩克的产量战中展现出顽强的韧性。2016年以来，美联储虽然没加息，但油价已开始升起，其实这是用沉默的量化宽松支持油价。美国页岩油商坚定地称，只要油价回升至40美元，就可以增产。

第五章　一场有预谋的石油美元行动　　265

美国页岩油和欧佩克常规油的产量战，其实是一种硬实力的比拼。美国页岩油持续减产，欧佩克产量占了上风，这能说明美国输了、沙特阿拉伯赢了吗？美国页岩油会轻易退却吗？美国页岩商除了以减产、停钻、紧缩、亏损、破产等示弱外，就是出奇的静，似乎透露出一种高度理性的克制，这不合常理，注定有着阴谋，而这一切的幕后推手正是美联储。

后记　350

第一章

令人迟疑的经济恐慌

    2016年初发生的震惊全球市场的那场暴跌，可谓惊心动魄，市场弥漫着悲观和恐慌情绪，全球经济面临通胀与通缩双重叠加的困境。高盛集团唱衰新兴市场，花旗银行和德意志银行则唱衰美国经济，美国经济是陷入衰退还是"增长恐慌"，美国政商界大员、大佬们看法不一。所有这一切似乎都与美联储有着千丝万缕的联系，恰恰在半个月前美联储宣布了加息。

【本章重要看点】

2016年2月11日，全球金融市场一团糟，油价跌至2003年5月以来最低水平，但随后却惊天逆转。也就是说，这轮油价暴跌已经见底。诡异的是，美联储主席耶伦先后于11日和12日分别与英国央行行长卡尼、欧洲央行总裁德拉吉通了电话，正好对应了油价的沉浮。很明显，这场全球市场震荡的起因和收局都与美联储有关，也只有美联储才能拯救全球股市。这场油价暴跌拖累了全球股市，全球油企遭遇滑铁卢，同时也暴露了全球石油公司一个共同的突出问题——软实力不足。随着油市退潮，过去靠高油价吹起的石油企业业绩和价值泡沫正在破灭，全球石油行业迫切需要用软实力提升价值，提振业绩。

第一节　国际油价暴跌拖累全球市场

2016年注定是极不平静的一年。开年以来，担忧全球经济衰退的恐慌情绪在持续蔓延。2016年第一个交易日（1月4日），除A股暴跌外，欧美股市开盘也遭遇重挫。其中道琼斯指数截至北京时间23点30分，下跌350多点，跌幅2.05%。欧洲各大股指跌幅均超2%。日经255指数跌幅超3%。

2016年1月15日，受原油价格跌破每桶30美元（见图1-1、图1-2）以及中国股市下跌的拖累，全球股市再次出现了全线下跌的局面。欧洲股市在收盘时普遍出现了暴跌：巴黎股指下跌2.38%，法兰克福股市DAX指数下跌2.54%，而伦敦股指的跌幅也达到了1.93%。纽约股市15日开盘随即大跌，此后持续低位震荡，截至收盘，三大股指单日跌幅均超2%。组成道琼斯指数的30只股票和标准普尔的10大类股全军覆没。道琼斯指数盘中下跌500多点，创2015年8月以来的最低点。在过去两周内，道琼斯指数已经下跌8.25%，标准普尔500指数的跌幅也超过了8%，纳斯达克指数下跌10.4%。

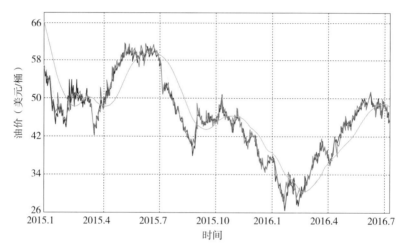

图1-1　WTI油价走势（2015年1月1日至2016年7月9日）

资料来源：新浪财经。

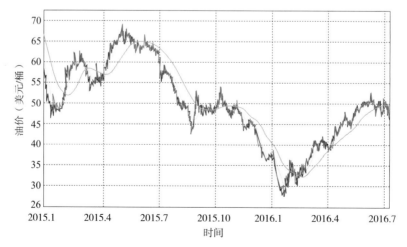

图1-2　布伦特油价走势（2015年1月1日至2016年7月9日）

资料来源：新浪财经。

　　由于人们担心伊朗重返国际原油市场而导致供过于求的压力进一步加大，2016年1月15日原油价格跌破了每桶30美元的关口。1月4日至20日的13个交易日，美国原油价格（WTI）从最高38.39美元一路下跌到最低26.19美元。油价下跌给俄罗斯等新兴经济体带来负面影响，俄罗斯股市也因此下跌，15日欧元与卢布的比价突破了1∶84的关口，从而使人们对俄罗斯经济前景感到更加失望。中东和非洲地区的股市从年初以来也陷入持续下跌之中。尼日利亚股指已经下跌了17%，卡塔尔和阿联酋股指的跌幅也都达到了12%。中国股市15日再度出现大幅下跌，上证综合指数15日收盘跌3.55%，深证成指收盘跌3.35%，香港股指收盘时的跌幅也达到了1.5%。

　　英国《金融时报》2016年1月16日报道称，随着对经济数据的进一步失望，投资者对世界经济前景的悲观情绪不断上升，美国股市跌至2015年8月低点以下，美国原油下跌5.7%，自2003年底以来第一次报收于每桶30美元以下。布伦特原油报收于每桶28.94美元，跌幅达6.3%。

　　2016年1月20日布伦特原油跌破28美元/桶，跌幅逾4%，股市因此遭受重挫，全球市场再度陷入动荡。道琼斯指数盘中下跌超过400点，促使更多资金逃入避险资产。企业财报加剧市场动荡，令明晟（MSCI，Morgan Stanley Capital International的简称）全球股市指数滑入熊市区域，下跌1.3%，跌至2013年7月以来最低水平。标准普尔500指数逼近21个月来最低收盘位。

　　全球股市尽管月底上涨，但1月份一直面临艰难局面：在油价暴跌以及中国经济增长减缓、美国经济前景不明之际，全球股市迈向几乎4年来的最大单月降幅（见图1-3）。全球公司市值一度减少7.8万亿美元，亚洲、欧洲和美洲的诸多市场均进入熊市。29日A股迎来1月份收官战，上证综合指数收升逾3%，不过1月累计下跌逾两成，跌幅达22.66%，创下7年多来最大单月跌幅；深圳A股跌幅高达26.89%，创当月全球股市指数跌幅之最。整个1月，MSCI全球股市指数全线下跌，MSCI中国指数跌幅最大（见图1-4）。

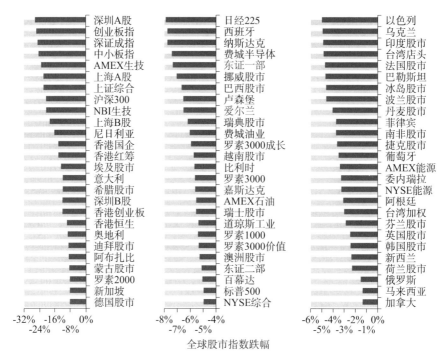

全球股市指数跌幅

图1-3　2016年1月全球股市跌幅

资料来源：邓正红软实力研究应用中心。

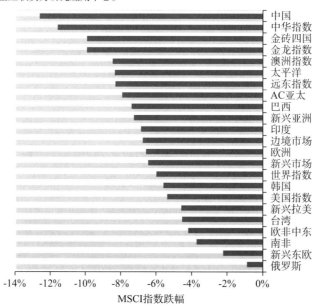

MSCI指数跌幅

图1-4　2016年1月MSCI全球股市指数跌幅

资料来源：邓正红软实力研究应用中心。

其实，这轮油价暴跌最受拖累的是全球石油公司。按作者对全球各大石油公司的长期跟踪研究，原以为那些世界一流的能源巨头在这场应对低油价的挑战中会表现更加出色，孰料2015年各家石油公司年报出来后，却令人大跌眼境——包括埃克森美孚、荷兰皇家壳牌集团（以下简称荷兰皇家壳牌）、英国石油公司（以下简称英国石油）、雪佛龙公司（以下简称雪佛龙）等石油巨头在内的全球石油公司业绩普遍大幅下滑（见表1-1）。

表1-1　16家石油公司2015年业绩（亿美元）

公司	营业收入		利润	
	2015年	2014年	2015年	2014年
埃克森美孚	2688.82	4119.39	161.50	325.20
荷兰皇家壳牌	2649.60	4211.05	19.39	148.74
英国石油	2228.94	3535.68	−64.00	40.03
雪佛龙	1384.77	2119.70	45.87	192.41
埃尼石油	748.88	1342.47	−101.86	10.29
挪威石油	528.21	816.34	−42.34	29.60
康菲石油	309.35	555.17	−44.28	68.69
帝国石油	193.34	312.31	8.11	32.63
戴文能源	131.45	195.66	−144.54	16.07
西方石油	124.80	193.12	−78.29	6.30
EOG资源	87.57	180.35	−45.25	29.15
阿纳达科石油	86.98	184.70	−66.92	−17.50
赫斯	66.36	107.37	−30.56	23.17
阿帕奇	63.83	137.49	−235.28	−50.60
马拉松石油	55.22	108.46	−22.04	30.46
大陆资源	26.80	48.02	−3.54	9.77

资料来源：美国证券交易监督委员会。

表1-1所列16家石油公司，各种规模层次的都涵盖了，代表当今世界石油行业的经营水平。受油价持续下跌的影响，2015年16家石油公司的业绩均受到影响，甚至遭受重创。与2014年相比，营业收入缩减最大的是荷兰皇家壳牌，达1561亿美元；

其次是埃克森美孚，1430亿美元；第三是英国石油，1306亿美元。营业收入减幅最大的是阿帕奇，为53.6%，其次是阿纳达科石油，为52.9%，第三是EOG资源，为51.4%，最低的是戴文能源，也达32.8%。

就利润来看，16家石油公司中仅4家盈利，即埃克森美孚、荷兰皇家壳牌、雪佛龙、帝国石油，占比1/4。即使如此，这4家石油公司的利润减幅也是触目惊心，荷兰皇家壳牌利润减幅高达87%，其次是雪佛龙、帝国石油，利润减幅超75%，埃克森美孚利润减幅最小，但也下降了一半。

在亏损的12家石油公司中，亏损最多的是阿帕奇，亏235.28亿美元，其次是戴文能源，亏144.54亿美元，第三是埃尼石油，亏101.86亿美元。特别是英国石油，自2011年以来首次出现亏损，亏损额达64亿美元，上次亏损37.19亿美元是在2010年。英国石油从1995年以来的20年，仅这两次亏损，但油价暴跌使其创20来最糟纪录。营业规模最小的大陆资源也亏损了3.54亿美元。

在低油价下，全球石油公司普遍遭遇滑铁卢，暴露了全球石油公司一个共同的突出问题——软实力不足。在油价高企的时代，一俊遮百丑，各家石油公司可以高谈阔论经营之道，以稀缺的化石资源价值支撑企业价值，即使最差的也被认为是最好的。低油价是一块试金石。油价暴跌，市场退潮，能承受低油价冲击，并且业绩不受影响，或少受影响，那才是真功夫。客观上讲，现在的石油公司过惯了高油价的好日子，既往的石油经营之道能在低油价时期派上用场的委实不多，所储存的软实力并不足以抵抗、化解市场风险。石油企业本来就是靠"天"（大自然的恩赐）吃饭，如果后天还寄希望于"天"（指市场需求、市场价格），那本身就是赤裸裸的投机商，遇到"天气"变化，这类资源型企业显得十分脆弱，大企业可以靠雄厚的资本维持，小企业只能破产倒闭。这轮油价暴跌就彻底暴露了全球石油公司这个致命的问题。

世界企业软实力500强排行榜自2013年发布以来，已连续4年对全球企业按软实力价值和软实力指数进行排名。在2014年的榜单中，当时的油价以2013年计，WTI每桶均价97.98美元，布伦特每桶均价108.56美元，是2015年油价的两倍，在这样的高油价支持下，进入世界企业软实力500强的全球石油公司仅32家，占比仅6.4%，比例很小。这说明，当今世界企业软实力的主流不在石油行业。在2016年的榜单中，也就是油价经历了连续18个月的下跌，进入世界企业软实力500强的降至17家，占比进一步降至3.4%，这说明，随着油市退潮，过去靠高油价吹起的石油公司业绩和价值泡沫正在破灭，全球石油行业迫切需要用软实力提升价值，提振业绩。

在世界企业软实力500强排行榜中，埃克森美孚2015年位列第7，2016年退至第25位；雪佛龙2015年位列第35，2016年退至第153位；油服公司斯伦贝谢2015年位列第67，2016年退至第239位；马拉松石油2015年位列第279，2016年退至第409位；曾进入2015年榜单的英国石油、EOG资源、两家油服公司哈里伯顿和贝克休斯、哥伦比亚国家石油等石油及相关公司均退出2016年榜单。

软实力决定企业未来命运。一般来说，软实力提升与企业业绩提高为正相关，当然，也有特殊情况，比如，软实力强大的公司在遇到非常市场情况时，会消耗部分软实力，并将其转化成更多的业绩。这种情况下，公司的软实力有所下降，但业绩是提升的，属于正常的软实力运营。对石油公司而言，应对低油价，靠收紧预算、缩减开支、裁撤人员等硬性操作只能缓解一时，但长远之计还在于技术创新。据统计，通过新技术或者技术集成，美国的页岩油平均生产成本已从2011年的每桶85美元降至2016年的每桶40美元左右。

石油公司业绩下滑，看似是低油价打压造成的，实际上是输在企业软实力不足。换言之，面对低油价，国际上的石油公司都没有太多好办法，只能靠缩减开支、裁员及出售资产等刚性办法应对经济寒冬。2014年以来，国际石油巨头及油服公司纷纷缩减开支并进行裁员，包括荷兰皇家壳牌、雪佛龙这样的石油巨头以及斯伦贝谢、贝克休斯在内的油服公司，累计裁减石油行业人员已经超过20万人。这本身就表明全球石油公司应对市场风险的能力不强。

因为靠"天"吃饭，油价暴跌足以证明，资源型的石油公司一直在推行硬实力运营。软实力化解风险，硬实力加剧竞争。这场油价暴跌从2014年6月到2016年2月，持续了20个月，为什么持续这么久？主要是主要产油国的石油公司都不愿意减产，从而导致全球原油供应过剩的问题得不到有效缓解，供大于求，原油价格持续下跌是必然的。从拼产量引发低油价战争，这都是硬实力竞争造成的。

拼产量压油价，反映了石油公司软实力本领不足的问题。在这场油市退潮的持续战斗中，几乎很少看到推行软实力运营的石油公司，普遍性的问题是软实力指数下降（也可解释为软实力不足），公司业绩大幅下滑。仍以前述16家公司为例，看看这些公司2011—2015年的软实力指数变化（见表1-2），就能说明问题。

表1-2 16家石油公司2011—2015年软实力指数变化

公司	2015年	2014年	2013年	2012年	2011年
埃克森美孚	0.159	0.181	0.204	0.200	0.186
荷兰皇家壳牌	0.090	0.114	0.116	0.117	0.122
英国石油	0.093	0.096	0.102	0.089	0.138
雪佛龙	0.116	0.149	0.169	0.172	0.168
埃尼石油	0.059	0.081	0.098	0.108	0.100
挪威石油	0.070	0.092	0.110	0.125	0.140
康菲石油	0.080	0.150	0.163	0.139	0.094
帝国石油	0.146	0.178	0.177	0.206	0.232
戴文能源	0.008	0.111	0.104	0.090	0.239
西方石油	0.068	0.167	0.224	0.197	0.264
EOG资源	0.097	0.239	0.238	0.185	0.187
阿纳达科石油	0.021	0.096	0.133	0.167	0.089
赫斯	0.032	0.154	0.165	0.098	0.105
阿帕奇	0.000	0.041	0.133	0.124	0.193
马拉松石油	0.028	0.172	0.144	0.133	0.168
大陆资源	0.078	0.196	0.276	0.288	0.336

资料来源：邓正红软实力研究应用中心。

国际油价下跌是从2014年6月开始的，当年16家石油公司的软实力指数，除了帝国石油、戴文能源、马拉松石油3家公司的软实力指数较上年有所上升外，其他13家公司都是下降的。2015年国际油价持续加剧下跌，16家公司的软实力指数全都是下降的，有的企业软实力消耗殆尽，仍不足以挽回败局，甚至面临严重的价值危机。这里为什么提"价值危机"而不说"生存危机"？一般来说，只要有足够的资本维持，即使巨额亏损，生存对石油企业都不是问题。所谓"价值危机"，就是说受低油价影响，企业已失去创造正价值的能力，反过来在制造负价值，成为社会和行业的包袱。

表1-2中有3家石油公司2015年的软实力指数加粗了，即戴文能源0.008、阿纳达科石油0.021、阿帕奇0.000，这3家公司的软实力指数在16家公司中也是最低的。读者可能不解，为何阿帕奇的软实力指数是0.000而不是0呢？如果是0就意味着没有任何软实力了，那么这家公司也就失去了存在的价值。但是，根据软实力指数计算模型的精确计算，阿帕奇的软实力还有那么一丁点，其指数为0.0002，而表中指数仅精确到小数点后的3位，所以就是0.000了。

恰恰也是这3家软实力指数最低的石油公司，出现了价值危机。根据软实力指数计算及价值评估模型运算，阿帕奇在综合价值方面制造的负价值高达85.05亿美元，马拉松石油制造的负价值为36.92亿美元，阿纳达科石油制造的负价值为0.51亿美元，正处在价值危机的边缘。

基于上述16家石油公司的软实力分析，这场油价暴跌拖累了全球股市，同时也使辉煌一时的全球石油公司原形毕露。本轮油价暴跌起源于美国页岩油产量井喷式增长，后来以沙特阿拉伯为首的欧佩克产油国为了保市场份额，发动了两轮对美国页岩油的低油价打击，因为生产成本高不敌低油价，美国页岩油不得不大幅停钻，但是，在这种情况下，美国页岩油却创造了另一种奇迹，页岩油生产效率大大提升，生产成本也持续下降，这在一定程度上弥补了大幅停钻带来的产量损失，也使页岩油产量持续保持在高位。也就是说，低油价倒逼美国页岩油向软实力运营成功转型。当然，这是后话，将在本书后续章节中介绍。

第二节 全球市场震荡是美联储加息所致

前文讲了，由于投资人对中国经济增长放缓、美国经济陷入衰退的担忧，加之国际油价暴跌，全球市场弥漫着恐慌情绪。为什么2016年开年就出现全球市场震荡？这得归结于2015年12月中旬美联储做了一件近10年来首次升息的事情。2015年12月16日，美联储在2015年最后一次议息会议后发表声明，宣布加息25个基点，将联邦基金利率浮动区间从0%～0.25%上浮至0.25%～0.5%。由此美联储结束了长达7年的零利率政策。美联储主席珍妮特·耶伦（Janet L. Yellen）表示，美联储行动标志着超宽松时代的结束。

美联储加息支持美元走强，原油价格则承压而下行，使原油对持有美元以外货币的投资者来说成本更高。美联储政策声明公布后，美元全面上涨，国际油价暴跌。美国原油期货收跌近5%，跌幅1.83美元，报每桶35.52美元，离2008年金融危机期间所及的32.40美元不远；布伦特原油期货下挫1.26美元，跌幅逾3%，收报每桶37.19美元，盘中跌至37.11美元低位，较2004年低位相差不到1美元。

持续数年的空前刺激措施，比如长达6年之久的量化宽松，已导致美联储手握4.5万亿美元债券，银行也坐拥2.6万亿美元储备。这些流动性均削弱了联邦基金市场作为美联储主要政策工具的效力。这次加息是美国逾9年来首次收紧政策，而且是美国在大量购买债券，以及将借贷成本降至近零水平后，向回归货币政策正常化的艰难道路所迈出的一大步。

美元走强与油价走弱是负相关的，美联储加息带来的直接冲击就是国际油价暴跌。受累于美元强势，美国油价继2016年1月20日跌至每桶26.19美元的低点后，2月11日油价再度下滑至每桶26.06美元，创下了2003年5月以来的最低水平。

2016年2月11日美国股市开盘前，标准普尔500指数期货一度下跌逾40点，跌幅高达2.3%；欧洲斯托克50指数表现更为糟糕，股价暴跌超过3.5%。除葡萄牙之外，全球其他主权债券收益率都暴跌。全球投资者纷纷逃离股市，追捧避险资产，银行股继续下跌，加剧了市场对全球经济的不安情绪。

仍然是11日，市场上最不愿看到的两件事——负利率和银行的坏消息同时发生了。瑞典央行进一步加大负利率，而法兴银行交出了糟糕的财报/盈利预测。瑞典央行下调指标利率至–0.5%，降幅超出市场预期。央行并称在全球经济成长的担忧环境下，已准备好采取更多措施来提振疲弱的通胀。

法兴银行发布了不佳的财报并警告称，受监管环境趋严和市场环境艰难影响，2016年的盈利目标可能将无法实现。法兴银行股价暴跌14%，瑞银股价重挫8%，瑞士信贷股价下跌7.7%。此外，希腊和意大利的银行受挫最为严重。欧银耳嘎斯银行（Eurobank Ergasias S.A.）暴跌26%，阿尔法银行跌14%。

这两起事件的发生，再加上极度脆弱的市场情绪、极度的风险厌恶、耶伦不够鸽派的国会证词等因素，都对股市形成巨大的压力。当日，欧洲主要股指下挫3%，欧洲银行业指数跌幅超过5%；截至2月11日，2016年以来欧洲主要股指跌了16%，欧洲银行业指数跌幅高达30%。

对于2月11日全球市场的再次暴跌，摩根大通交易员如此总结道：鉴于全球正处于一系列紧密交织在一起的、自我强化和关联的交易和表述之中，即石油暴跌使得通货膨胀受到拖累，这促使央行加大宽松力度，银行因此受到拖累，市场人气进而遭到碾压，整体价格跌势使得金融市场条件收紧，企业高管因而恐慌，最终实际经济活动开始恶化。难以试图推测这一溃败何时将走向尽头。

高盛集团（以下简称高盛）则认为，美国经济（以及欧洲和日本经济）正在并将持续表现出韧劲，尤其是服务和消费领域。预计美国国内薪资及物价压力将变得更加明显，进而导致美联储加息。原油市场已经进入以高动荡性为特征的过渡阶段，但油价于此形成底部。预计WTI原油12月价格预期高于近期价格。

按照摩根大通和高盛这两家国际金融机构所释放的信息，对2016年开年以来全球市场出现的几番暴跌，初步可以得出这样的结论：全球市场的震荡是国际油价暴跌带来的恐慌情绪所致，而美联储加息似火上浇油加剧了油价的进一步下滑，持续18个月的油价下跌的走势也因美联储加息这剂猛药而停止下泻。因此，这场惊心动魄的全球市场震荡是美联储加息所致。

从一些了解到的美联储及其与相关国际金融机构互动的内幕，也可进一步证实美联储是这场全球市场震荡的幕后导演。回到2015年12月份，美联储在议息会议上到底讨论了什么？有什么蛛丝马迹可证明与两周后的全球市场暴跌有关？美联储议息会议是2015年12月16日结束的，内部讨论内容——会议纪要直到2016年1月6日才公布。

会议纪要称，几乎所有官员都认为2015年12月份达到了加息条件；部分委员（即FOMC委员，FOMC是联邦公开市场委员会的英文简称）认为12月份加息是势均力敌的决定。将在货币政策正常化之后继续再投资计划；经济前景的遗留风险包括美元走强。

委员一致同意2015年12月加息，认为有迹象显示全球风险已减弱并确信通胀会上升。总体而言，委员们对通胀目标抱有信心。通胀前景的风险包括低油价和美元升值；将密切关注实际和预期通胀进展。

美联储的加息是根据3个指标——经济增长、通胀率、就业增长——决定的。2014年11月美联储结束长达6年的量化宽松后的1年多时间里，美联储一直在喊"加息"却迟迟未加息，主要是对通胀预期的实现感到担忧。从2015年12月的会议纪要看，美国的通胀似乎正在上升，而且迹象明显，这是促成美联储加息的主要因素。加息之后会怎样呢？美联储也做了风险评估，就是"低油价和美元升值"，而且美联储特别强调"经济前景的遗留风险包括美元走强"。也就是说，美联储对这次全球市场暴跌的发生是有先见的，因为市场暴跌恰恰是美元走强、低油价引发的。"明知山有虎，偏向虎山行"，美联储明明知道加息会引发市场震荡，竟置此不顾而加息，证明了美联储有意为之。

从2015年12月1日至2016年2月11日，国际油价经历了3次剧跌（见图1-5）：第一次剧跌是2015年12月1日至18日，从11月30日的每桶41.68美元跌至12月18日的

34.55美元，跌幅17.1%，谓之滑跌；第二次剧跌是2016年1月1日至20日，油价从每桶37.07美元跌至26.19美元，跌幅29.5%，谓之陡跌；第三次剧跌是2016年2月4日至11日，油价从2月3日的每桶33.74美元跌至26.06美元，跌幅22.8%，谓之急跌。

　　从2015年12月到2016年2月这3个月的国际油价走势看，原油市场的波动几乎都与美联储的行动节奏有关。2015年12月1日至18日的油价滑跌是市场对美联储加息预期担忧和美联储宣布加息造成的；2016年1月1日至20日的油价陡跌是双重压力叠加造成的，即强势美元打压油价以及美联储公布12月会议纪要形成的市场情绪压力；2月4日至11日的油价急跌，持续仅5个交易日，时间短，所以称之急跌，主要是美联储主席耶伦在国会证词不太温和，因而迅速将油价压至底部。

图1-5　WTI油价走势及相关大事记（2015年12月1日至2016年2月29日）

资料来源：邓正红软实力研究应用中心。

注：①2015年12月16日美联储议息会议结束，宣布加息；②2016年1月6日美联储公布12月会议纪要；③1月20日油价下跌至每桶26.19美元；④1月27日美联储议息会议结束，维持利率不变；⑤2月10日美联储主席耶伦在国会证词偏"鹰派"；⑥2月11日耶伦继续在国会作证，油价探底每桶26.06美元；⑦2月17日美联储公布1月会议纪要；⑧2月27—28日G20财长和央行行长会议召开。另外图中标注的最高价、最低价均为盘中价。

　　那么，耶伦在国会作证到底讲了什么，使得市场承压达到极限，造成油价急速沉底？2月10日，耶伦在美国国会众议院金融服务委员会作半年度货币政策证词。耶伦表示，美国的金融环境在近期对经济增长的支持下降，劳动力市场显示出巨大的改善，但仍有闲置存在，同时股票市场下跌、信贷利差扩大以及美元进一步升值。若这些变化被证明是持续的，那他们将施压经济活动和就业市场前景，尽管长期利率和油价的走低能够对冲一部分。委员会预计通胀短期内将维持低位，并认为海外经济形势已经对美国经济构成风险，不过油价下跌令美联储相信经济增长或超越预期。耶伦还称，再投资将继续进行直至加息进程结束，并重申美联储正在评估对经济增速前景构成的风险，如果原油业和新兴市场经济体情况继续恶化，全球经济将承受更大压力。她坚信假以时日全球经济增长应当能够回升，通胀料在中期内回升至2%。

该份证词整体来看"鸽派"不足，虽然强调了经济风险，但未明确暗示推迟加息。耶伦强调，海外风险或将进一步削弱美国出口，金融市场条件或将继续收紧，加息路径将仍取决于经济数据。《华尔街日报》知名记者、有"美联储通讯社"（注：相当于美联储的传声筒）之称的乔恩·希尔森拉特（Jon Hilsenrath）表示，耶伦并未就未来是否推迟加息给出明确的回答，但她反复指出经济中的风险因素，表明她对经济的看法偏悲观。这意味着，美联储在2015年12月加息后，对未来加息会更加谨慎。

2月11日，耶伦在参议院银行业委员会作证。耶伦称，美联储正对美国实施负利率的可能性进行评估，但尚未完成评估程序。欧洲和日本央行已将短期利率降至负值领域，这代表银行将资金存入央行需支付利息。耶伦不认为美联储有必要实施负利率政策，但称应为经济大幅下滑且有必要采取这项举措的情况预做准备。

在作者看来，耶伦证词中至少有3点给石油市场造成重压：一是强调经济风险，并肯定原油业已经恶化，导致市场悲观情绪催化上涨；二是油价下跌对美国经济增长有利，反映了近期美联储对油价走势的态度，换言之，油价下跌符合美联储的意图；三是未明确暗示推迟加息，给市场造成臆测，近期美联储可能会加息。上述3点应该是市场解读耶伦证词、引发油价断崖式下跌的核心内容。

美联储在密切监控全球市场变化，美联储的一举一动都在影响市场变化。上述一连串的事件分析证明，发生在2016年1—2月的全球市场震荡，是美联储一手编导的，当然这一切都与美联储加息相关。最直接的影响是，美联储是否加息决定油价涨跌。1月20日油价降至每桶26.19美元的低点后，市场又开始预期美联储1月议息会议不会加息，因此油价从低点回升。27日，美联储议息会议结束后，宣布维持联邦基金利率0.25%～0.5%不变，并预计未来加息的步伐是缓慢的。当日油价涨至每桶32.16美元，28日再涨1.56美元至每桶33.72美元，较1月20日的最低点涨幅达26.5%。

2月11日，油价沉底后，市场又开始期待美联储1月会议纪要的公布，使得美联储不加息的决议再次在石油市场发酵并催升油价，给持续20个月的油价暴跌提供了反弹的动力。17日，美联储公布了1月会议纪要。纪要表明，一些基于市场的通胀指标下行，也加深了委员们对通胀预期走低的担忧。委员们还认为近期的市场波动表明金融市场条件已经收紧；如果金融市场波动带来的影响得以持续，可能大致相当于货币政策进一步收紧。

纪要称，一些委员认为通胀前景面临的不确定性有所上升，或面临下行风险；有些委员认为通胀预期仍相对稳定；少数几位委员表示，表明通胀企稳的直接证据将成为他们评估工作中的重要因素；大多数委员预期低能源价格、强势美元对通胀的拖累将减弱；一些委员认为很难调和近期金融市场的大幅波动与美国经济数据；几位委员担忧若股市持续下跌，可能令消费支出受损；几位委员担忧储蓄率上升或暗示消费者谨慎；几位委员提到，货币政策对下行冲击的准备还不是很好。

美联储金融智囊们的这些议论意味着什么呢？一是美联储导演的这场全球市场动荡该收场了，如果继续让其演绎下去，就相当于美联储加息，这种"被加息"是美联储所不愿看到的。二是对低油价出现新的担忧，耶伦在国会作证表示油价下跌有利于美国经济增长，但之前的议息会议，大多数委员表示低油价、美元走强不利于通胀预期的实现。经济增长、通胀率都是美联储利率决策的关键指标，两相权衡，其实通胀比经济增长更重要，这表明美联储内部基本有了一致的声音——油价下跌该有个了断了。油价要上涨，美元就不能对其施压，就意味着美联储近期不会加息。三是美联储对通胀面临的下行风险还没有找到应对之策，这表明美联储近期内不会有具体的行动来干预市场。

会议纪要内容对石油市场来说，都是利好消息。17日，油价涨至每桶31.43美元，较16日上涨2.31美元，涨幅7.9%；较11日最低点26.06美元上涨5.37美元，涨幅高达20.6%。真可谓油价跌也美联储，涨也美联储！

第三节　美联储联手高盛释放烟幕弹

2月17日，美联储发布的2016年1月份会议纪要显示，委员们认为美国经济前景面临的不确定性风险上升，对通胀的担忧也有所加深；市场大幅波动也引起了委员们的高度关注；美国经济可能受到商品价格、金融市场、海外增速放缓等因素的制约；委员们同意最近的支出、生产数据令人失望，担忧中国、新兴市场经济增速放缓可能对美国经济带来拖累。

前面分析了，由于2015年12月美联储宣布加息，到2016年1—2月，国际油价出现3次剧跌，也引发全球市场3次大震荡，不仅如此，美国经济也受到拖累，"最近的支出、生产数据令人失望"。按理说，在全球经济十分脆弱之际，美联储是不应该加息的，因为对美国对全球都不利，但是，美联储还是这样做了，为什么要这样做？在本书最后一章有专门分析，这里暂且不表。

在全球经济最弱势的时候，美联储加了息，导致天下大乱，此举无异于落井下石，雪上加霜，表明美联储的做法极不负责，应受到天下人的指责。美联储当然明白这一后果，必然想办法为自己开脱"罪责"。上述纪要就是在油价第三次剧跌后的第6天公布的，纪要中的这段议论，尽管用了"可能""担忧"这一类不十分明确的修饰词，但表达了很明显的问题指向：全球经济疲软，美国经济也并不怎样，为什么会这样呢？因为金融市场震荡、国际油价暴跌、中国以及新兴市场经济增长放缓。纪要的表述也是有逻辑层次的，虽然油市、金融市场制约了美国经济，但主要原因还是中国、新兴市场放慢了增长速度。由此可看出美联储的心计，自己制造了市场大乱，却将之归咎于中国及新兴经济体放慢的经济增速。

美联储加息本来是冒天下之大不韪的事，但是，欲盖弥彰，美联储所做的与所说的从来就是南辕北辙。从2016年1月6日公布的美联储2015年12月加息会议纪要看，就有"指东打西"的味道。纪要表明，全球通胀可能抵消美国就业增长的利好影响；与会者承认全球需求疲弱、中国经济放缓对美国经济前景构成风险。这个纪要是要告诉世人，美联储加息虽然对全球经济带来不利，但全球经济疲软也影响到了美国经济增长，加息是不得已而为之的，并且疲弱的全球经济、放慢的中国经济已成为美国经济的风险因素。

当然，关于新兴市场经济风险论的观点，美联储绝对不会发表一家之言。在这方面，著名的国际投资银行——美国高盛集团（Goldman Sachs）也在唱衰新兴经济体，为美联储提供支撑。读者可能不知，美联储与高盛有着一定的"血缘"关系。美联储在美国的12家联储分行中，有3家联储的主席都是高盛前高管，占全部联储主席的1/4。美联储最重要的分行——纽约联储主席杜德利（William Dudley）曾经是高盛的首席经济学家。费城联储主席哈克（Patrick Harker）也曾是高盛的高管。达拉斯联储主席卡普兰（Robert Steven Kaplan）曾担任高盛集团副主席，负责投资银行业务。

2015年9月17日，正好距美联储宣布加息还有3个月，高盛在一份文件中表示，作为高盛实现资产"最优化"以及"消除重叠产品"措施的一部分，高盛的金砖国家基金将合并进新兴市场股市基金。高盛没有清算这只基金，而是选择合并，因为这能给投资者进入发展中国家"更多元化投资世界"的途径。高盛指出新兴市场基金在最近1年期、3年期和5年期都表现优异，跑赢了市场。截至金砖国家基金合并前的最后一个交易日，也就是到10月23日的过去5年内，每况愈下，不但报酬率年年低于新兴市场基金，资产价值也跟着缩水，金砖国家基金亏损了21%。该基金资产在2010年达到了8.42亿美元的峰值，随后在2015年9月底跌到了9800万美元（见图

1–6），其资产缩水将近9成。

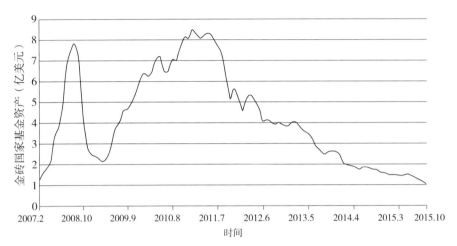

图1–6　2007年2月至2015年10月高盛旗下的金砖国家基金资产变化
资料来源：彭博资讯。

　　高盛此举旨在表明新兴市场经济在萎缩，继续保留单独的金砖国家基金已经没有多大的价值。所谓金砖国家，指的就是巴西、俄罗斯、印度和中国，这4个国家是新兴经济体的代表。2015年11月9日，距离美联储宣布加息还有36天，由于出现亏损，高盛的资产管理部关闭了其旗下投资金砖国家的基金，并把这只基金合并进了另外一直聚焦于更广泛新兴市场的基金中。在一份递交给美国证券交易监督委员会的文件中，高盛表示："在可以预见的未来，这只基金不会出现大幅的资产增长。"正因如此，高盛关闭了这个已经创立了9年的基金产品。彭博社报道，对于高盛来说，金砖国家的时代即将结束。

　　对于"金砖国家"这一概念来说，可谓兴也高盛，衰也高盛。"金砖国家"这一概念最先是高盛的一大创造。2001年，高盛前首席经济学家吉姆·奥内尔（Jim O'Neill）首次提出"金砖国家"概念，即金砖四国（BRIC），是巴西、俄罗斯、印度和中国4个国家的英文名首字母缩写。奥内尔当时总结金砖四国都具有经济增长快速的特点。2003年，高盛在《与金砖四国一起筑梦——迈向2050之路》的报告中，用数学模型推出两个重要预测：其一，中国将在2041年以前超越美国，成为全球最大经济体。其二，全球前六大经济体，到2050年后只有美、日仍在其中，其他四个都会被金砖四国取代。在"金砖国家"概念下，高盛推出了金砖国家基金。

"金砖国家"概念自提出以来，在全球引发了一轮前所未有的向金砖四国投资的热潮。当时基于一种信念，就是相信巴西、俄罗斯、印度和中国等新兴市场将引领一波不可阻挡的经济增长。从2001年到2010年，金砖国家崛起为全球经济一股重要的力量，累积了全球外汇储备的40%，MSCI金砖四国指数的收益率达到了308%，而同期标准普尔500指数的收益率仅仅为15%。

但是，近两年新兴市场的情况大不如以前，金砖国家这个世界上最大的新兴市场却正在遭遇困境。从MSCI金砖四国指数、新兴市场指数走势看（见图1-7），2013年两只指数报酬率急转下滑，分别由2012年的14.89%、18.63%降至-3.25%、-2.27%，很明显，从盈变亏。到2015年，两只指数亏损进一步加大，金砖指数报酬率降至-13.25%，新兴市场指数报酬率降至-14.6%，亏损幅度几乎一致。以新兴市场指数为例，2012年投资100美元还可以赚到18.63美元，到2015年就要倒亏14.6美元。再看金砖国家，俄罗斯和巴西已经陷入了萧条，而中国这个长期以来作为世界的增长引擎也出现了自1990年以来的最低经济增速（见图1-8）。

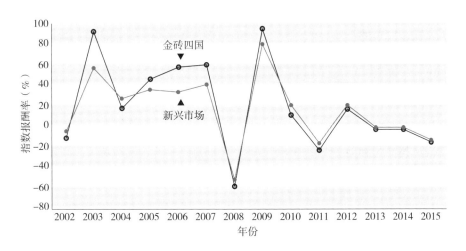

图1-7　MSCI金砖四国指数、新兴市场指数报酬率变化

资料来源：摩根士丹利资本国际。

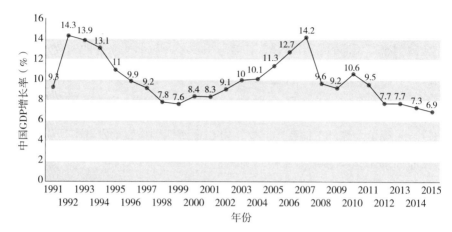

图1-8 中国1991—2015年GDP增长率

资料来源：中国国家统计局。

高盛唱衰金砖国家，早在4年前就已开始。在2011年12月的一份报告中，高盛首席市场经济学家多米尼克·威尔森（Dominic Wilson）就表示，由于新增劳动力供应的减小，金砖国家的经济潜力可能已经过了高峰了。

金砖国家遭遇的困境在2015年更加明显。巴西卷入腐败丑闻，出现了25年来最严重的萧条。由于国际制裁，俄罗斯的公司被阻挡在全球资本市场之外。中国股市出现了大跌，股市的下跌让约5万亿美元的市值灰飞烟灭。即便印度的增长出现了加速，但总理那伦德拉·莫迪（Narendra Modi）依然在费力推进其改革。

纽约City National资产管理的董事、总经理安尼达·查特瑞吉（Anindya Chatterjee）称："金砖国家的激动之处来源于中国快速的增长。如今中国的经济在转型，从依靠出口和投资转型到更加平衡的经济上来，但这造成了经济增速的放缓。因此中国目前对新兴市场投资来说并不是一个很好的环境。"在过去3年，资产达7.75亿美元的City National Rochdale新兴市场基金的年收益率约为8%。通过避开巴西及俄罗斯的公司，并更多地关注和投资如中国的互联网巨头腾讯等亚洲不断增长的中产阶级公司，City National Rochdale新兴市场基金在同时期内胜过了98%的竞争对手。

据资金流向监测机构EPFR Global（新兴市场基金研究公司）资料，从2015年初至11月4日，投资者已经从投资金砖国家的基金中撤出了14亿美元的资金，这让自2010年年底以来该类型基金的资金外流规模增加到15亿美元以上。这甚至超过了自2005年来所有的资金流入。

法国卡米尼亚克资产管理公司（Carmignac Gestion）的经理人夏维尔·霍华赛（Xavier Hovasse）负责管理23亿美元新兴市场资产。霍华赛表示，基于金砖国家的投资策略出现了缺陷，并在经受越来越严密的审视。这是因为，如今的市场更多地是受具体的国家因素驱动的，而不是宽泛的全球趋势，这会导致各个市场的表现不同。

随着巴西和俄罗斯经济加剧衰退，人们对金砖国家的信心遭到沉重打击。2016年1月28日，一则来自英国《金融时报》网站的报道称，新兴市场基金的经理们似乎已经找到替代品——TICK（中国台湾、印度、中国大陆和韩国4个国家和地区的英文首字母合写），拥有深厚科技底蕴的中国台湾和韩国取代以资源为中心的巴西和俄罗斯的位置。这个新组合称为"金钩市场"，并告诉人们新兴市场乃至世界的特点在不断变化，如今服务行业，尤其是技术服务走到台前，而传统商品，特别是资源贸易开始退居幕后。

"金砖国家不再是新兴市场的增长引擎。新的增长点已经出现了。"科普利基金研究公司创办人史蒂文·霍尔登（Steven Holden）说。这家公司正在跟踪研究120只新兴市场股票基金，这些基金加起来的总资产达2300亿美元。霍尔登说："科技进步十分迅猛，如今你在新兴市场需要投入的是消费市场。我认为许多人没有认识到这个新兴市场的新特点，这是不应该的。他们老想到巴西、俄罗斯、资源、大能源公司。然而现实已经发生了巨大变化。"

英国投资管理公司贝利—吉福德（Baillie Gifford）新兴市场股权部门负责人理查德·斯内勒（Richard Sneller）则认为，"在许多新兴市场，年轻的消费者在电子商务和在线购物等领域适应技术变化的速度，要比美国快得多。"该公司旗下新兴市场增长和新兴市场主要公司基金拥有100亿～150亿美元资产，其中45%～50%的资产已被投到科技公司。斯内勒说："一些我们在15年至20年前就开始期盼的趋势已经开始产生重要效益。"

据科普利基金研究公司的数据，新兴市场股票基金在"金钩市场"的平均投资权重近54%（相较之下，2013年4月时这一数字为40%），而对金砖国家的投资权重则始终徘徊在40%～45%。值得指出的是，大部分基金对中国的投资权重都出现了大幅攀升。截至2015年12月，世界上63%的基金把至少50%的资产投到"金钩市场"国家和地区，相比之下只有10%的基金把如此高比例的资产投到金砖国家。

摩根大通、北欧金融集团以及瑞典银行等国际大公司旗下的一些基金在中国台湾和韩国至少追加了35%的投资，而美国富达（Fidelity）投资集团以及贝利—吉福德公司旗下基金对巴西和俄罗斯追加的投资不到3%。新兴市场股票基金最近3年大幅增持中国大陆科技公司股票，如今对中国大陆IT行业的平均投资与对金融行业的投资相当。摩根大通资产管理部门新兴市场客户投资组合业务首席经理卢克·里奇戴尔（Luke Richdale）表示："我们看到，中国的技术领域正在发生翻天覆地的大变化。"2015年底，摩根士丹利国际资本公司扩大了其新兴市场指数，纳入在海外上市的中国公司，如在纽约上市的阿里巴巴、百度和网易等。

欧洲央行管理委员会委员弗朗索瓦·维勒鲁瓦·德加洛（Francois Villeroy de Galhau）称，目前面临的主要风险是通缩而不是通胀。《空头解析：华尔街4次大底的教训》一书的作者罗素·纳皮尔（Russell Napier）研究全球股市达20年之久。纳皮尔指出，目前的股市情况，正呼应着1929年的走势。但他表示，并不预期这波跌势会如当年那般惨烈。美国股市1929年大崩盘，开启了大萧条年代。这次的焦点不在股市可能的跌幅，而在下跌原因的相似之处。

纳皮尔认为，相似之处在于，1929年大崩盘显然是因通货紧缩，其源头来自全球货币体系结构的缺失。通货紧缩由1927—1929年于新兴市场展开，而后波及美洲，再于美国开始爆发；而过去几年新兴市场的困境，让人似曾相识。但股市的跌幅应不至直追1929年，因为今日股市已不如当年那般高估。

1929年至1933年美国经济大萧条的主要特点是，产能过剩，消费降低，经济极度萎缩。在经济危机发生后，伴随的是大量企业的倒闭，当时美国有5000家银行倒闭，危机中表现的结果是通货紧缩，并且这种严重的通货紧缩一直到政府的直接干预才结束。

严重的国际经济失衡是导致20世纪30年代经济危机的一个重要原因。一战后美国从债务国一举翻身为债权国，战争债务的回收及巨额贸易顺差使美国的黄金储藏量占到世界黄金总储藏量的一半。由于支付款到期，债务国不得不减少从美国进口的商品，一些国家则拖欠大量欠款，这些都动摇了美国的经济和金融部门。美国日益增长的供应力大大超过国内外支付能力的需求。这一切都预示着一场大危机的到来。

国际清算银行首席经济学家克劳迪奥·博里奥（Claudio Borio）2014年8月发表了题为《大萧条前全球经济和当今全球经济的"金融弹性"》的文章，该文所指的"金融弹性"即资本的失衡累积，比如资本因为发达市场的低利率而流向新兴市场。文章还就20世纪30年代导致全球保护主义上升的全球经济环境与今天的全球经济情况进行了对比。

博里奥指出，正如20世纪30年代，当前全球经济也正面临着巨大的问题。发达国家的低利率环境使得大量资本流向新兴市场。此外，中国和欧洲的银行体系正面临着坏账问题。"低利率和弹性产生的失衡可能使我们重返分裂性竞争性贬值；最终将触发政策制度时代性的破裂，回到贸易和金融保护主义时代，经济不景气与通货膨胀将并行。"

财经作家爱德华·钱塞勒（Edward Chancellor）称，新兴市场在2015年经历了近30年来的首次资本外流，而资本外流在2016年仍将继续。评级机构已经下调南非和巴西的主权债务评级，而大宗商品仍在不断下跌。随着欧盟和美国对中国钢铁征收关税，保护主义再次萌芽。此外，反移民情绪正在上升。

第四节 修正美联储经济衰退预测模型

很有意思的是，几乎在同一时间，美联储和高盛联手唱衰新兴市场，而美国花旗银行（Citibank，以下简称花旗）却在唱衰美国经济。在2015年11月底的一份年度前瞻报告当中，花旗首席经济学家威廉姆·比特（Willem Buiter）强调，由于两大重要风险的存在，他不可能宣布新兴市场正在"走出森林"。除了中国货币可能的贬值，另一大风险就是美联储加息，现在已经被多数人认定将在12月成为现实。这很可能会导致一些近年来流入新兴市场的投资开始流失。

"更高的美国利率依然是可能导致新兴市场资本流出的重大威胁，因为过去5年当中流入新兴市场的'过剩'资本，其中一部分原本就带有鲜明的周期性特色，一旦美国利率上涨，这部分资金将变得极不可靠。"比特估计，2008年美联储开始执行量化宽松政策之后流入新兴市场债券的资金大大超过了正常水平，这就意味着，一旦美联储的政策走向正常化，将有多达3000亿美元的新兴市场债券处于危险之下。

花旗银行的这份报告很客观，也很有见地。它至少证明了两点：一是对美联储加息对全球经济的危害具有科学预见性，这也佐证了本书前面的论点——全球市场震荡是美联储加息所致；二是在某种程度上颠覆了美联储关于新兴市场经济放缓对美国经济构成风险的观点，实际上是美联储加息加剧了来自新兴市场的风险。也就是说，美联储加息是在"创造"全球经济风险。

花旗认为，对全球增长环境的破坏可能源自3个方面：全球金融环境的恶化，来自美国的需求更加疲软，以及更大范围内的消费者和商业情绪的恶化及蔓延。除上述消极因素之外，花旗银行还有另外一种担忧：主要央行或许不会加大刺激力度。对于美联储和欧洲央行的量化宽松，花旗指出，"在当前这个疲软时期，短时间内不会有大规模的刺激举措出现。"如此一来，增长风险可能会加剧。

尤其值得注意的是，花旗特别担心美国经济增长。在花旗看来，"如果美国经济停止增长，那么很难识别出近期内哪个主要经济体能够成为全球经济增长的引擎。""美国经济实质性的放缓，即便不发生衰退，仍将是全球经济的主要逆风因素。根据我们的定义，在这种情况下，这个因素可能会制造出全球经济衰退。"不过，花旗同时指出，虽然全球经济前景黯淡无光，但美国经济增长不一定就会有大幅度的放缓。

美国著名的债券评级机构穆迪公司追踪的美国各州经济表现指标显示，阿拉斯加州、北达科他州、西弗吉尼亚州和怀俄明州的经济已经陷入衰退。费城联储的数据显示，另有3个州，经济处于衰退的边缘，分别是路易斯安那州、新墨西哥州和俄克拉何马州。

尽管2015年美国共增加了270万个工作岗位，但北达科他州、西弗吉尼亚州和怀俄明州的就业人数分别减少了1.88万人、1.18万人和6400人。加州、佛罗里达州和得克萨斯州（以下简称得州）贡献了最多的新增就业。尽管油价下跌对得州石油行业影响巨大，但科技类公司繁荣，使得得州就业情况整体较好。

能源等大宗商品价格大跌和强势美元严重影响了有关州的经济。油价自2014年中期的高点，下跌了超过70%，这使得原油产出下降、石油行业裁员增加。美元自2014年中期上涨了超过20%，对以制造业为主的州的经济伤害巨大。例如，伊利诺伊州、威斯康星州、路易斯安那州和密西西比州，都是制造业重州。

进入2016年以来，对美国这个全球第一大经济体陷入衰退的担忧一直笼罩着金融市场，美股标准普尔500指数一度下跌逾11%。美国2015年第四季度实际GDP年化季率初值增长0.7%，预期增长0.8%，前值增长2.0%。GDP趋缓主要缘于家庭抑制消费，同时企业削减资本投资并对库存作出进一步调整。

德意志银行（Deutsche Bank，简称德银）首席国际经济学家托斯滕·斯洛克（Torsten Slok）对其态度最悲观的客户有一个违反直觉的建议：买进。斯洛克表示，"我经常听到客户对美国经济前景发表非常悲观的评论，其中包括经济已经陷入衰退。然而具有讽刺意味的是，如果你认为现在形势真的很糟糕而且我们实际上已经陷入衰退，那么现在买进风险资产就是一个好主意。"

斯洛克认为，油价暴跌不会重演次级债崩盘的后果，让他得出这个结论的关键因素是2006年前后住房抵押贷款相关信贷余额与2016年高收益率债相关信贷余额之间的巨大差距。因为现在的高收益率债问题比2006年时我们遇到的住房市场失衡问题小14倍。

美国二战以来的经济衰退普遍持续时间不到1年，标准普尔500指数一般在每次下行周期的中间阶段就已经见底。斯洛克建议，那些认为美国已经进入衰退的投资者应当开始考虑不久之后就开始买入股票和高收益资产。

关于美国经济衰退的问题，国际经济学家们已是众说纷纭。在2016年1月美联储开完议息会的几天里，英国《金融时报》对51名经济学家进行了调查，该项调查凸显了过去1个月剧烈市场动荡以及美国和中国一连串乏善可陈的经济报告的影响。经济学家们对美国这个世界最大经济体濒临衰退的担心近来加剧。在《金融时报》2015年12月进行的调查中，经济学家们认为美国在今后两年里陷入衰退的几率为15%。现在他们认为未来12个月里有20%的衰退可能。摩根士丹利的经济学家也预计，美国经济在2016年陷入衰退的几率为20%，因有证据显示制造业萎缩，同时服务业扩张速度出现放缓迹象。也就是说，经济学家们对美国衰退的预测，时间上越来越近，可能性也越来越大。但是，美联储对衰退的概率预测仅4%。

2016年2月2日，德意志银行发布报告称，美联储用于预测1年内经济陷入衰退概率的模型有缺陷，在近零利率环境下，该模型大大低估了经济实际会衰退的概率。德银对美联储模型进行了修正。新模型显示，1年内美国经济衰退概率46%，远超美联储2016年1月25日预计的4%。

美联储的模型，基于10年期和3个月期限美国国债的利差，以此估计未来12个月美国经济衰退的概率。按照美联储模型，这两个期限的美债利差远低于此前的高峰水平，美国经济衰退概率仅为4%（见图1-9）；而2007—2008年，该模型一度预示美国衰退几率突破40%。不过此后，随着经济缓慢复苏，该指标预示的衰退几率未曾超过20%。

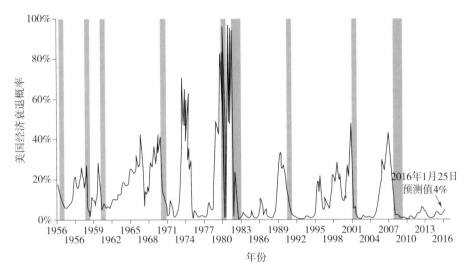

图1-9 美联储经济衰退概率预测模型

资料来源：美国联邦储备系统。

对此，德银分析师多米尼克·康斯塔姆（Dominic Konstam）认为，上述判断是错误的，因为美联储干预了收益率曲线。当前，美联储模型估计的未来1年美国衰退概率，低于实际衰退的概率。当前美国利率接近于0，这种情况下，由于某些结构性的限制，不允许收益率曲线自由倒挂或是过于平坦。例如，对于负债驱动型的投资者，他们在过去可以获得低于联邦基金利率的长期利率，但在近零利率环境下，他们就无法像过去那样获得更低的长期利率，因为利率最低是0。又如，投资基金经理被迫购买负收益率的资产，导致投资组合出现亏损。此外，对于养老金投资者来说，由于他们必须将目标收益率和负债挂钩，会被迫投资高收益非核心资产。尽管这些年来长期利率和短期利率都在下行，但上述因素都使得收益率曲线被人为地制造得很陡峭。

基于上述原因，德银对美联储的模型作了一个修正。具体来说，德银用"3个月和10年期利率的利差"对短期利率作了一个回归分析模型。由于回归分析中残差的期望值为0，所以在最终模型中剔除了这一部分，以减少最终模型的偏差。德银拟合出来的新曲线显示（见图1-10），未来12个月，美国经济陷入衰退的概率高达46%，远远超过美联储原始模型中的估计。对比德银修正的模型和美联储模型，两者显示美国经济陷入衰退的概率截然不同。整体来看，德银的模型估计出来的经济衰退概率比美联储模型估计的要大。德银模型反映出经济衰退概率在迅速增加，而美联储模型没有。

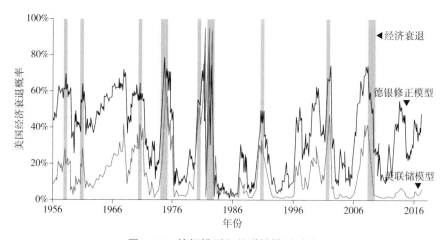

图1-10　德银模型和美联储模型对比

资料来源：德意志银行。

更为糟糕的是，10年期利率每下跌一部分，未来经济陷入衰退的概率就上升一点。这一点在2016年2月2日市场中尤其明显。当日，油价暴跌拖累美股重挫，10年期美债收益率跌破1.9%，达到1.897%，创下2015年4月以来最低。对此，市场认为美国经济有不小的概率，在1年内陷入衰退。

德银指出，要关注10年期美债利率的一些重要点位：1.5%和1%。在新模型下，如果10年期美债利率跌至1.5%，那意味着市场预计未来1年经济陷入衰退的概率为59%。如果10年期美债利率跌至1.0%，意味着市场预计未来1年经济陷入衰退的概率高达71%。

2016年3月6日，罗杰斯控股（Rogers Holdings）董事长吉姆·罗杰斯（Jim Rogers）接受彭博电视台采访。这位知名投资人表示，美国经济在未来12个月陷入衰退的可能性是100%。"美国上一次经济衰退距今已经七八年，通常从历史上看，总是会出现某些原因，让我们每隔4～7年就会遇到衰退。"他说："并不一定总是每隔4～7年就会出现，但是看看债券，它们已经是步履蹒跚。"

大多数华尔街经济学家都认为美国经济在1年内出现衰退的概率要小得多，一般都认为低于33%。罗杰斯没有详细阐述什么因素会触发无序的去杠杆过程和经济衰退，但表示中国、日本以及欧元区经济低迷或者放缓意味着会有许多潜在的蔓延渠道。

这位乔治·索罗斯的前合作伙伴表示，如果投资者关注正确的数据，就会发现美国经济已经有趋弱的迹象。"如果你观察（美国的）工资税数字，你会发现它们已经在走平，"罗杰斯说，"不要看政府的数据，要注意那些真实的数字。"

鉴于他所预计的各种经济险象，罗杰斯在做多美元。"（美元）甚至可能演变成泡沫，"罗杰斯说，"我的意思是，如果全球市场崩盘，让我们假设这种情况发生，那么每个人都会把钱变成美元，就可能出现泡沫。"他还补充说，从历史上看，美元升值不利于大宗商品。虽然日元通常被看作避险货币，但是由于日本央行资产负债表的大规模持续扩张，在投资者纷纷避险的时候，日元不会获益。他表示自己在2016年3月4日就已经退出了日元仓位。

第五节　奥巴马不认同美国经济衰退的说法

2016年开年的全球市场大震荡，美股也创最差年度开局，令一些市场人士担心美国会不会重演2008年经济衰退。这个问题令投资者及商业领袖颇感担忧，也是美国总统竞选的热议话题。

2016年1月26日，美国共和党总统参选人唐纳德·特朗普（Donald Trump）质疑美国经济状况。他称，美国经济陷入泡沫中，有破裂之忧，他若当选总统，不想应对金融崩溃的局面。特朗普表示，如果他在11月8日大选中胜出，经济将是他上任后面临的最艰巨任务之一，此外还有伊核协议。"这是非常艰巨的任务，我们深陷困境，这个国家一团糟。"特朗普在ABC《早安美国》节目中称。"（经济）陷入泡沫中，"他说道，"坦白说，如果泡沫要破裂，我希望发生在我当总统前，因为我不想继承所有这些。我更希望（泡沫破裂）发生在（我当选）之前，而不是之后。""看看今天的股市，再看看过去一周的情况，"特朗普称，"跌得太多了。"

对特朗普为了拉票散布关于经济末日的负面情绪，巴拉克·奥巴马（Barack Obama）总统感到极为不满，并进行了批评。2016年2月5日，美国总统奥巴马在白宫召开记者会称，美国最新失业率跌至4.9%，为8年来最低位，这"证明了美国经济的实力"，证明美国的经济"正在健康前进"。

奥巴马大赞美国经济，称美国以更快速、更强劲、更好，以及持久的步调获得相关进展，美国人"应该对此感到自豪"。美国"已经从1930年代以来最糟的经济危机复苏"，这波经济危机是他此生所经历的最糟糕的一次。奥巴马以驾车作比喻，强调要继续脚踏加速器，保持美国经济强劲增长，并要专注个别的劳动力，包括向年长工人提供再培训。不过他也指出，世界上其他经济体的"疲软"对美国出口构成挑战。

奥巴马不认同美国经济衰退的说法，是因为美国就业人数持续增长，家庭资产负债改善，并且房市稳定，这些都不是衰退所呈现的特征。2015年12月美国失业率处于5%，如果2016年1月失业率低于这个心理分水岭，那么这将会进一步证明美国经济的复苏。尽管1月美国就业市场状况指数（LMCI）为0.4（见图1-11），为2015年4月以来的最低，1月非农就业人口仅仅增加15.1万人，但失业率意外跌至4.9%（见图1-12），2008年2月的失业率为4.8%，因此创下2008年2月以来的最低水平，且为2008年2月以来首次低于5%，再加之工资上涨速度远远超出预期，平均时薪提高12美分，同比增长2.5%。奥巴马夸耀称，这些经济数据证明，美国比其他发达经济体复苏更快、更有后劲，他对薪资上涨的迹象表示满意。

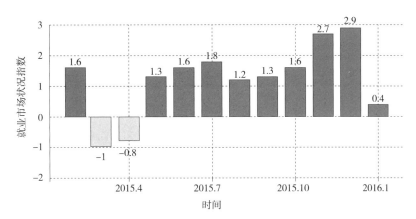

图1-11　2015年2月至2016年1月美国就业市场状况指数

资料来源：美国联邦储备系统。

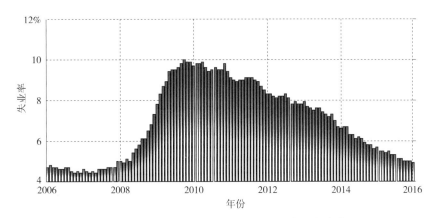

图1-12　2006年1月至2016年1月美国失业率走势

资料来源：美国劳工部。

　　LMCI数据统计运用了一个有19个劳动力市场指标组成的动态模型，是美联储用来全面评估就业状况的指数。美联储每次公布的数据仅反映单月的变化，因此可以通过比对该项数据与所处经济发展周期的总体情况来了解劳动力市场的表现。

　　2016年2月27日下午，85岁的"股神"沃伦·巴菲特（Warren Buffett）给投资者的公开信如期发布。按照惯例，巴菲特每年都会发布一封亲自撰写的"致投资者信"，分析当年的投资得失以及对宏观经济的看法。巴菲特在信中保持其一贯的幽默和乐观风格。他表示，在过去240年中，看空美国始终是最大错误，现在亦无从谈起。

巴菲特是民主党候选人希拉里（Hillary Diane Rodham Clinton）的支持者，但他指出，为了竞选需要，美国总统候选人会不停地指出美国的问题，这便给很多美国人一个印象，好像美国已经不行了，他们的孩子未来会过得不如他们好。巴菲特感叹一些政客（注：指特朗普）发表的末日预言，同时还就人们对经济增长长期放缓的担忧谈了自己的看法。

巴菲特在信中写道："大量负面的消息让很多美国人认为他们的孩子未来会过得不如他们好。这样的观点大错特错，现在出生的孩子们是美国有史以来最幸运的一代人。"巴菲特坚称，发展趋势很强劲，自1930年以来美国人均GDP增长了近6倍，这样的势头还将持续下去。此外，巴菲特还特地就人们对目前美国近2%的经济增长率的担忧谈了自己的观点。巴菲特认为，尽管我们都喜欢看到经济增长率高些，但是这样的增速随着时间推移，也会带来可观的增量。

"美国的人口正在增长，增速为每年0.8%（出生率减去死亡率是0.5%，净移民率是0.3%）。这样一来，近2%的经济增长率就会实现人均国内生产总值1.2%的增速，这个数字听起来可能并不可观，但在25年后人均GDP也能增长34.4%。反过来，34.4%的增长又会实现下一代人人均实际GDP增加1.9万美元。平均下来，一家4口人一年的国内生产总值将增加7.6万美元。看到这样的结果，今天的政客不应该播撒为下一代担忧的种子。"

长期以来，巴菲特都秉持一个投资原则，永远也不要做空自己的国家。而这封信的大部分内容围绕着"创新会使未来人们的生活更好"这一中心。巴菲特在信中表示，美国现在就很伟大（America is still great），将来也将很伟大。

2016年1月失业率为4.9%。市场普遍认为，此一水平已经确实达到自然失业率的水准。美国官方对经济形势的研判是仍然存在向好的趋势。在上海G20会议召开前，2月24日美国财政部长雅各布·卢（Jacob Lew）在接受彭博电视采访时表示："不要预计在非危机的环境下会产生对危机的回应。现在，在某些方面，经济的真实表现比市场想的更好。"卢的这番话一看就是在替美国开脱，他怕美国会成为会议讨论的焦点，所以提前放话，以免被人打脸。因为全球市场动荡，外界在唱衰美国经济，寄望G20会议（注：中国担任2016年G20主席国，2月26—27日在上海首次举行G20财长和央行行长会议）各国联合解决市场骚乱。但按卢的意思，全球经济不处于危机之中，不要期望G20进行危机应对，美国资本市场没有到危机时刻。

2月26—27日，G20（Group of 20，20国集团，简称G20）财长和央行行长会议在上海召开。会议就当前全球经济形势进行了广泛的交流和探讨，会后各方共同发表联合公报称，目前全球正处于实体经济通缩和虚拟经济通胀双重叠加的困境，这种新的复杂挑战前所未有。资本流动出现波动，大宗商品价格大幅下跌，地缘政治风险加剧，英国可能脱离欧盟以及一些地区存在大量难民且人数仍在增加将对经济造成冲击。在此背景下，全球经济下行风险和脆弱性加大。

国际货币基金组织（IMF）总裁克里斯蒂娜·拉加德（Christine Lagarde）则用"极度脆弱"来形容当前全球经济。国际货币基金组织发布的报告称，发达经济体的复苏或将继续维持缓慢态势，而新兴经济体的增长前景已经恶化。在经济复苏疲弱，金融市场却又发生震荡之际，全球经济非常容易受到负面震动的冲击。此外，油价进一步大幅下跌，反映出全球需求疲软，以及外界对石油输出国组织（OPEC，简称欧佩克）成员国持续提高产量抱有预期。在经济极度脆弱的背景下，主要国家必须合作拿出"大胆的"应急措施，以提振经济增长并遏制风险。

读者注意，唱衰新兴经济体，高盛起头，美联储发挥，在这里，国际货币基金组织则进一步强化。由此也证明，美联储、高盛、国际货币基金组织这3家世界金融巨头是联体的，背后串通勾结，对外同出一声，彼此相互呼应。奥巴马不认同美国经济衰退的说法，对于美国经济的困境，国际货币基金组织则从外围作了解答，是因为"新兴经济体的增长前景已经恶化"，这与奥巴马所说的"世界上其他经济体的'疲软'对美国出口构成挑战"是一致的。

在G20会议期间，经合组织（OECD）也发布了有关政府改善经济形势贡献的年度报告，报告称，与前两年相比，各国政府2015年在经济改革方面进程放缓，若与金融危机结束后的几年相比，放缓幅度更大。该组织首席经济学家凯瑟琳·曼恩（Catherine L. Mann）指出，考虑到增长的宽度和进化特性，以及发达经济体和新兴经济体所面临的挑战，这份报告中所提到的结构性改革速度放缓，十分让人担忧。

经合组织发布这份报告，实际上也是在帮美国推卸其加息而扰乱全球经济的责任，试图说明全球经济疲弱是各国政府提振经济不力造成的。在另一份报告中，经合组织敦促各国政府在提振经济增长问题上担负起更大的责任，增加投资支出，同时加速众所周知的"结构性改革"，或者推行通过提高竞争力、鼓励创新和提振生产力来提升长远潜力的政策。

回顾2015年的改革进程，曼恩表示，就在一些国家在执行所需改革方面取得进步的同时，"很多国家却少有作为"，"那些有雄心勃勃改革计划的国家，比如说印度、日本和土耳其，都面临重大的政治挑战，以及失去动力的风险"。经合组织声称，自2000年以来，"全球绝大多数国家"的生产力增长均已放缓。在这一趋势背后，有一个令人感到不安的因素，就是新企业成立的速度放缓。而这反映出"新企业进入门槛"的上行，随之而来的结果是企业之间竞争的走弱。曼恩说，政府有必要重新审视竞争政策、破产立法以及产品市场规范，创造一个公平竞争的市场环境。

对于提升服务供应商之间竞争的改革，经合组织认为尤为必要，理由是服务业的生产力落后于制造业。德国、日本和韩国实施此类举措的需求最为迫切，因为这几个国家制造部门和服务部门之间的生产力差距最大。同时呼吁中国采取类似举措，因为中国目前正在努力提高服务业在经济中所占的份额。当然，在批评其他国家时，经合组织也不忘捎带说几句美国的不是。经合组织表示，虽然美国和英国近些年的经济增长速度比欧元区成员国和日本快，但在提升弱势背景学生的高质量教育问题上，这两个国家都尚有余地。

国际清算银行（BIS）警告称：当前的世界经济和2007年金融危机前一样危险，债务率高企，新兴市场金融市场动荡，处于水深火热之中。在谈及当前金融市场时，国际清算银行总裁杰米·卡鲁阿纳（Jaime Caruana）持悲观态度，并指出，目前的经济和金融市场情形在很多方面都比雷曼危机前的局势更为严重。原因在于，新兴经济体债务率比2007年时上升了20个百分点，目前约为GDP的275%。卡鲁阿纳认为，很难避开这种感觉，金融市场弹性和潜在经济发展间的不同步令人费解。但是，市场能够长久保持非理性状态，远超投资者的承受力。换句话说，金融市场的走势已经完全和经济现状脱离，在这点上来看市场会有一个巨大的修正。

高盛、国际货币基金组织、经合组织、国际清算银行等国际金融机构分析全球经济衰退风险，很少谈及美国加息对全球经济产生的负作用，一味地强调新兴经济体增长放慢对全球经济的负面影响，很明显，这是在替美国辩解，想以此淡化基于美联储加息而导致的市场震荡。值得一提的是，与其他金融机构不同，花旗银行却一直坚持自己的看法，认为全球经济衰退风险主要来自包括美国在内的发达经济体前景的恶化，比如美联储加息、英国可能脱欧。

2016年2月24日，花旗银行发布报告称，鉴于基础性因素仍保持疲软状态，全球经济坠入衰退旋涡的风险正在上行。对于2015年第四季度全球增长处于"不同寻常的疲软"的状态，花旗指出，"在经历了两至三年的相对平静之后，全球增长和资产市场正处于极其危险的环境中。全球前景最近的恶化，归因于发达经济体前景的中度恶化，有关发达经济体前景的不确定性大幅度上行（尤其是美国的），以及全球金融环境的收紧。"与此同时，基础性因素仍疲软，其中包括对于中国经济增长结构性和周期性的放缓、"不可持续的"货币体系和过度的杠杆化的担忧，以及呈现上行轨迹的地区性风险，比如说英国可能退出欧盟的风险。

第六节　美联储徘徊在加息和负利率之间

2016年以来全球金融市场风声鹤唳，股市大幅走低，油价跌跌不休，全球经济重返衰退的警告声不绝于耳。面对海外经济增速下滑和金融市场动荡的风险，美联储不得不重新考虑收紧货币政策的合理性。越来越多的央行加入负利率阵营，也给美联储政策带来新的压力。

2016年1月29日，由于担忧全球经济可能放缓，日本央行（即日本银行，Bank of Japan）在货币政策会议上，以5票赞成4票反对的比例决定实行负利率政策，将超额准备金利率下调至负值，民间银行存入日本央行的部分存款将从2月开始适用–0.1%利率。日本央行历时近3年的量化和质化货币宽松政策（异次元金融缓和政策）迎来了重大转折点。紧接着，瑞典央行意外将回购利率从–0.35%进一步下调至–0.50%，隔夜存款和隔夜借贷利率同步下调15基点，分别至–1.25%和0.25%。至此，全球已有包括瑞典、瑞士、丹麦、欧元区和日本在内的多家央行实施了负利率政策。

多国央行的负利率举措显示对全球经济增长前景的低迷预期，这使得金融市场愈发动荡不安。如果美国货币政策与主要经济体继续背道而驰，很可能进一步迫使美元升值，从而令通胀承压，并加大对出口的冲击。不过，在负利率潮蔓延的背景下，美联储原定的加息节奏完全被打乱，很难独自加息。

2月17日，美联储公布的1月会议纪要显示，由于担心近期全球经济和金融市场动荡给美国经济带来下行风险，决策层对继续加息的态度更加谨慎。在欧洲、日本等重要经济体央行纷纷加入负利率阵营后，美联储在货币政策上面临更大的外部压力。2月10日美联储主席耶伦在出席国会听证会时透露，虽然她认为美国未来出现经济衰退的概率并不高，但美联储正在研究经济形势恶化之际是否有可能推行负利率政策。市场关注美联储的焦点也开始由加息转向负利率。

随着欧洲央行和日本央行相继实施负利率政策，市场猜测美联储是否会在经济趋向疲弱之际逆转货币政策正常化之路、开启负利率之门。继2015年12月加息后，市场对美联储2016年再次加息的预期已经非常低。芝加哥商品交易所联邦基金期货价格显示，交易商预计美联储3月再加息的概率仅为6%，年底前再加息的概率仅为33%。

据美联储公开的备忘录显示，在2010年8月，美联储曾评估银行准备金利率降到0或者0以下政策的效果，其中对于负利率的态度不温不火。按照美国多德—弗兰克法案（Dodd-Frank Act）要求，美联储每年需对大型银行开展压力测试。2016年1

月，美联储告知美国各银行，2016年的财务压力测试中将包括对美国短期国债出现负收益率时的情形进行模拟。在压力测试中，银行需要应对的情况是：3个月国债收益率在2016年第二季度进入负值区域，然后跌至-0.5%，并一直维持至2019年第一季度末。这是历年来美国银行压力测试中首次出现模拟负收益率场景，也是迄今为止美联储迈向负利率的最清晰信号。不过美联储强调这仅仅是个假设场景而非预测。

美联储官员预期2016年、2017年两年美国将进入加息周期，但期权市场却显示投资者正在为预防美国进入负利率而做准备。2017年12月到期的欧洲美元期权合约显示，美联储会在2017年年底将利率降为零以下（负利率）的概率已升至13%（见图1-13），至少是2015年7月以来的最高水平。

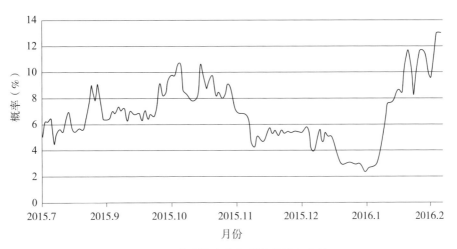

图1-13　美联储实施负利率的概率走势

资料来源：彭博资讯。

美联储会实施负利率政策吗？美联储前主席伯南克（Ben Bernanke）称，负利率工具在可见的未来被使用的概率相当低，但是美联储进一步分析这一选项是值得的。美联储2号人物、副主席费希尔（Stanley Fischer）2016年2月23日在休斯敦演讲后的问答环节上称，虽然美联储正在研究国外负利率的经验，但没有使用负利率的计划。欧洲负利率的经验比预期要好，但欧洲的一些负利率阻止了资本流入。美联储在如何改革的问题上会听取所有建议，央行独立性对好的政策来说很重要。

费希尔认为，如果不是油价暴跌及美元走高对进口的影响，美国通胀率将接近美联储2%的目标值。同时，美国生产率的疲软更多是暂时性的，而并非是经济长期停滞的信号。在引发金融市场波动问题上，费希尔指出，中国与油价共同对市场造成波动，且中国的影响不亚于油价下跌。

美联储加息的一个重要依据是美国通胀率达到或接近2%的目标。从2014年7月以来，美国通胀率一直未能达到美联储2%的目标（见图1-14）。单从通胀率考虑，2015年12月美联储加息的决策是基于前面10月、11月的通胀率连续上升，且通胀率的实际值达到或高于预期。10月通胀率预测0.1%，实际为0.2%，高于预期；11月通胀率预测0.5%，实际为0.5%，与预期持平。到12月，通胀率预测值为0.8%，美联储按照通胀率走势判断实际值至少不会低于预期。因此，美联储在12月议息会议的声明指出，当前状况允许循序渐进加息，美联储决定加息25个基点，同时加息决定为一致决定；现在有合理的信心相信通胀将在中期内升至2%。

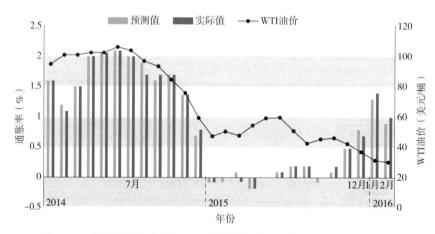

图1-14 美国通胀率走势与WTI油价变化（2014年1月至2016年2月）

资料来源：美国劳工部。美国联邦储备系统。

注：图中WTI油价为月度均价。

但结果怎样呢？2016年1月20日公布的数据显示，美国12月的通胀率实际为0.7%，低于预期。凭此就可断定，美联储本来就不适合在2015年12月加息。如果美联储在12月没加息，那么首次加息的最佳时间应是2016年1月。1月通胀率预测

1.3%，2月19日公布的实际值为1.4%，高于预期，而且较前几个月大幅上升，并接近目标值。在2015年12月加息后，2016年1月美联储没有加息，主要考虑到油价暴跌、金融市场动荡，经济前景面临的不确定性风险（主要是下行风险）上升。如果此时美联储趁火打劫又宣布加息，不仅会拖累美国经济，对全球经济来说更是不道义的做法。

进入2月以来，日本央行的负利率行动再度显示全球经济增长趋缓的迹象，而景气低迷引发年初全球市场动荡不安。欧洲央行（ECB）已暗示可能加码刺激措施。美国货币政策与日本、欧元区背道而驰，投资人对报酬率较高的美国资产趋之若鹜，或迫使美元升值，这必然会进一步压低美国通胀。因此，2月美国通胀率预测较1月被大幅下调至0.9%。

美联储副主席费希尔2月23日在休斯敦演讲时所说的那一番话是有针对性的。按费希尔的说法，如果国际油价在1月没有发生滑跌、陡跌，2月没有发生急跌，2月的通胀率完全有可能进一步上升，按1月1.4%的上升走势，2月的通胀率或能升至1.5%～1.7%，那么美联储3月的议息会议就有充足的理由加息了。不过，费希尔将引发金融市场震荡的问题怪到中国，说"中国的影响不亚于油价下跌"，很明显没安好意。油价暴跌本来就是美联储加息所致。

3月16日美国公布了2月的通胀率实际值为1.0%，高于下调的预期。当日美联储正在召开议息会议，但没有加息。美联储会后声明指出，近几个月通胀有所回升，但仍低于目标水平，基于市场的通胀预期依旧低迷，基于调查的通胀预期基本持稳。仍预期经济将继续温和增长，通胀短期可能仍维持在低位，但仍有望在中期内回升到目标水平；但全球经济及金融市场继续构成风险。美联储还表示将继续密切关注通胀的发展。

BMO Capital Markets驻纽约利率策略师柯利（Aaron Kohli）说："美联储很难独善其身，其他主要央行都把存款利率降到零以下，美国央行难以独自加息，到现在为止，我们本来希望看到汇率稳定，不愿再见到从海外输入的通缩压力。"

美联储现在大约有2.5万亿美元闲置货币，银行希望贷款增长，美联储希望消费增加，而非储蓄。零利率、负利率、降低利率是希望投资者增加贷款，企业增加贷款，个人增加贷款。美国通胀率仍未达到2%目标，市场从债券市场判断，美联储可能会推出负利率。然而，还有一个利率指标可能忽视了，那就是隔夜逆回购协议利率。隔夜逆回购协议利率主要是非银行机构的调节工具，但非银行金融机构不希望提供低于这个利率的借贷基金。

美联储在渐进加息的过程中，其实是有两个调节利率，既要保证债券市场稳定，也要保证股市不能大跌。市场根据美联储3个月期国债收益率降为负数认为，美联储会推出负利率，其实这是从债券市场角度分析。在金融市场中除了有债券还有股票和其他资产。曼哈顿经济学家认为，美联储加息与投资者之间正在进行拉锯战。

美联储鹰派官员、克利夫兰联储主席罗瑞塔·梅斯特（Loretta Mester）表示，近期市场剧烈变动，引发投资者对美国经济可能陷入衰退的担忧。不过，梅斯特指出，她在持续监测市场的动态，美国1月零售销售报告显示，消费者支出颇为强劲，消费者支出占据了产出的2/3。消费者信贷也在增长，这表明美国人民对未来经济表示乐观。此外，美国劳动力市场强劲，薪资增幅有上涨迹象，人们的可支配收入健康，也表明经济基本面是良好的。她预计受消费者支出支持，美国经济有能力抵抗住市场波动，未来重拾动力。梅斯特也坦言，若股市持续下跌，会对整体经济产生溢出效应；能源价格的下跌程度，超过了她和美联储其他委员的想象。梅斯特2016年在FOMC（注：美国联邦储备系统下属的联邦公开市场委员会，The Federal Open Market Committee，简称FOMC）会议上有表决权，她支持美联储进一步缓慢加息。

2016年2月24日，美国圣路易斯联储主席布拉德（James Bullard）在为Money Marketeers债券交易员组织所准备的讲稿中称，由于全球市场下挫，所谓的5年期损益平衡通胀率已下滑，这表明央行在实现通胀目标方面的信誉受损。他认为在当前基于市场的通胀预期不断下降的情况下，继续推进正常化是不明智的。布拉德重申了反对进一步加息的立场，因为美国通胀预期有所下降，并威胁到美联储的信誉。如果美国经济增长形势艰难，美联储更有可能动用量化宽松和前瞻指引等工具，而不是实施负利率。布拉德称，知道其他国家已经做了，但对美国来说，现在离实施负利率还很遥远。

纽约联储主席威廉·杜德利（William Dudley）是美联储3号人物，2016年1月15日他曾公开表示，目前不能进入负利率，但是如果经济遭遇不可预计的衰退，且美联储决定使用相应的货币政策来提供刺激，美联储就有可能这么做。

2月12日，杜德利在纽约发表讲话。他认为，近来市场对美国经济增长的担忧加剧，美国经济的主要部分依然健康。这一点，与美联储主席耶伦在听证会上的表态一致，杜德利称，美国经济并不会因为扩张了数年就一定会随后走入衰退。年初以来，全球风险资产遭遇大幅抛售。美联储关注了国际形势，在3月15—16日举行的联邦公开市场委员会会议上，会参考市场表现，来决定政策行动。不过，杜德利指出，市场过于关注海外形势，而非专注于美国经济。美联储尚需要时间来判断，海外形势变化将如何影响美国经济前景。

在杜德利看来，美国经济有一定增长动力，这有助于抵御住全球金融市场的风暴。美国金融系统比2008年金融危机之前，要更强大，银行业资本实力更强。美国居民方面，也比以往更健康。综合来看，美国应对股市冲击的能力，比金融危机时期要强大。全球金融市场的发展变化，使得通胀朝美联储2%目标前进的速度要比之前预期的慢。杜德利的这番表态，增强了市场对美联储可能推迟加息的预期。

美联储主席耶伦2月在国会作证时也提到了美国经济的风险。耶伦承认，股市下跌、高风险借款的利率和美元均在走高，如果持续，可能影响美国经济和就业前景。中国等其他经济体增速下滑可能进一步冲击美国。但她又说，不认为美联储很快会走到需要降息的地步，毕竟劳动力市场表现尚好，许多抑制通胀的因素是暂时的。

朱洛夫资产管理公司（Zulauf Asset Management）的菲力克斯·朱洛夫（Felix Zulauf）认为美联储2016年不会加息，并建议加码欧洲美元期货。朱洛夫在1月23日接受《巴伦周刊》采访时表示，美联储2016年不会进一步加息，而是会降低利率预期，欧洲美元期货市场预期2016年会有两次加息，但经济走势如此疲软，两次加息都不会实行。

芝加哥商业交易所（CME）美国联邦基金利率期货行情显示，市场预测美联储直到2018年2月才会加息。根据芝加哥商业交易所的美联储观察（CME FedWatch），2016年3月至9月加息的可能性已经降至0，2016年11月至2017年2月加息的可能性不足5%。

标准银行（Standard Bank）G10（10国集团）策略主管史蒂夫·巴罗（Steve Barrow）称，"美联储现在，甚至在遥远的未来，都可能不得不放弃加息计划——这一事实是对这个国际货币体系的谴责。"他认为，"如果系统出了问题，发达经济体注定要陷入低增长和通缩的泥潭，那么这个系统的核心——美联储和美元——有失去信誉的风险。"

第七节　美国经济抑或"增长恐慌"

2016年2月8日（周一）是中国农历春节，中国、韩国等亚洲市场迎来假期。大年初一，欧美股市大跌迎中国新年，欧股收盘创两年新低，日经指数开盘后暴跌4%，收盘狂泻超5%。周一隔夜美股收低，盘间一度跌逾400点。油价重挫逾3%，以及对全球经济增长担忧加深引发了投资者对黄金和债券的需求。

因投资者担心欧元区银行业体质以及全球经济成长放缓，欧洲股市周一收在逾两年最低水准（见表1-3）。德意志银行DBKGn.DE急挫9.5%，领跌欧洲STOXX 50指数。法国巴黎银行、西班牙国际银行集团和巴克莱跌幅均超过5%。受对国际金主评估该国救助计划的不确定性拖累，希腊股指暴挫7.9%，刷新至少1991年来最低水准。能源股也走软，欧洲油气股指数下挫2.8%。因供应过剩忧虑加重，拖累油价再度下滑。汽车、媒体、建筑和科技等对宏观经济敏感的其他类股跌幅也都超过了4%。英股富时100指数大跌2.71%，报5689.36点；法股CAC指数收跌3.2%，报4066.31点；德国DAX指数下挫3.3%，收报8979.36点。美国股市周一大幅下跌，全球经济前景的恶化、油价下滑以及利率前景的不确定性继续令投资者感到不安，能源、金融与科技板块领跌。

表1-3　2016年2月8日欧洲股市暴跌

股市指数	跌幅	2016年初以来累计跌幅
富时100	−2.71%	−8.86%
法国CAC40	−3.20%	−12.31%
德国DAX	−3.30%	−16.42%
欧洲STOXX 50	−2.99%	−13.98%
意大利指数	−4.72%	−22.86%
西班牙IBEX35	−4.44%	−14.90%
瑞士SMI	−0.22%	−0.15%
葡萄牙PSI	−2.44%	−8.69%

资料来源：stockq.cn。

在过去2个月里，尽管主流媒体不改"偏袒牛市"的作风，继续放出希望信号，但经济衰退的趋势似乎更加凸显。全球经济前景处在一个关键时刻，企业和投资者都寄望于美国经济持续扩张，无论包括中国在内的新兴市场前景是否黯淡。各方的担忧已经引起了一场围绕美国经济是否会衰退的辩论。投资者正等待美联储主席耶伦在美国国会的证词。

2月10日，无数投资者都在等候美联储主席耶伦的讲话，然而全世界都失望了。美联储主席耶伦在众议院金融服务委员会发表了半年度货币政策证词。当耶伦被问及美联储是否具有实施负利率的权威时，耶伦表示，美国经济接近正常，"我不预期FOMC将在短期内面临降息的选择，我不认为有降息的必要。"

耶伦在国会的作证给市场增加了悲观情绪，银行类股再次下滑以及油价进一步下跌均加剧了投资者的不安。耶伦作证两天，道琼斯工业平均指数连续下跌（见图

1–15）。10日，道琼斯指数收盘下跌100点，至15915点，跌幅0.62%；11日，美国股市于后市收窄盘中惨重跌幅，道琼斯指数收盘下跌255点，至15660点，跌幅1.6%，标准普尔500指数下跌1.2%，纳斯达克综合指数下跌0.4%。2016年以来，道琼斯指数已累计下跌10%，标准普尔500指数金融类股指数已累计下跌约18%。

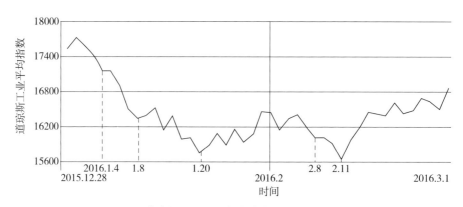

图1–15　道琼斯工业平均指数走势（2016年1—2月）

资料来源：新浪财经。

11日还发生了一件大事，瑞典央行将指标回购利率由−0.35%调降至−0.5%，降幅超出市场预期。瑞典央行称，在全球经济成长的担忧环境下，已准备好采取更多措施来提振疲弱的通胀，会将来自到期债券及其资产组合付息的资金进行再投资，实际扩大了央行债券购买计划。

整个市场巨震都与耶伦作证的"强硬"有关，因为耶伦的作答听起来有些鹰派。她在证词中特别提到美国经济"接近正常"，但结构性因素制约了美国经济增长。耶伦称，美国经济"从很多方面看接近正常"，失业率已经降至或许与充分就业相符的水平。若劳动力市场持续改善，则有希望见到薪资加速上涨。有"很好理由"认为通胀将随着时间推移回归2%。中性联邦基金利率"绝对算不上正常"。美国经济复苏令人苦恼的一个方面是经济增长"相当令人失望"；生产率提高也"非常令人失望"。结构性因素约束了美国经济增长，并且对劳动力市场不平等现象加重负有责任。此外，一些阻力继续拖累美国经济。

透过耶伦的证词，感觉美联储在给全世界打哑谜，就像八字先生说一些模棱两可的话，你怎么理解都可以。无可置疑，这是美国的一贯做法，总是用一些左右逢源的话来掩盖美国的某种真实意图。耶伦证词总体顺应了市场预期，但鹰派释放的信息给人的印象总是"不服输"。这主要体现在信息的修饰词，比如：承认当前金融条件可能影响经济前景；中国经济未明显大幅放缓，但人民币汇率下跌会对经济造成威胁；美国劳动力市场仍在复苏，工资有增长迹象，2%的通胀目标中期内会实现；美国经济仍在复苏；目前不需要减息，毕竟劳动力市场表现尚好，许多抑制通胀的因素是暂时的；维持渐进加息的姿态。

唱衰美国经济的声浪渐高，美国经济状况到底怎样，其实美联储最明白不过。透过耶伦证词中的"承认"、"可能"、"未明显"、"仍在"、"尚好"、"暂时"这些修饰词，美联储对美国的经济前景是有底的，而且有自己的盘算。不过，美联储比较狡猾，不会轻易地表露意向，尤其在当下全球经济动荡的时刻，它更不会透露半点信息，说心里话，它倒是巴不得世界经济就这样乱下去，美国正好从中渔利。

虽然之前德意志银行对美联储经济衰退概率预测模型进行了修正，预测美国经济衰退的几率上升至46%，知名投资人罗杰斯断定美国经济在未来12个月陷入衰退，但美联储的概率模型显示，美国经济今后一年内衰退的几率仅有4%。到底相信谁的数据？说实话，美联储4%的概率更可信。因为造成这场全球性经济衰退恐慌的幕后推手就是美联储。

耶伦在出席国会听证会期间表示，当前金融形势对经济增长的支持度在下降。随着市场对美国经济陷入衰退的担忧加剧，耶伦也承认，未来美国经济确实有一定概率会出现衰退，不过她不认为这个概率高。她指出，在任何一年，美国经济都会有陷入衰退的概率，不过证据显示，美国经济并不会因为扩张了数年就一定会随后走入衰退。

请读者注意，耶伦所说的"并不会因为……就一定会……"这个语式与前面杜德利的表述如出一辙，这话已显露出他们对美国经济并不会陷入衰退的信心。他们所说的美国经济"扩张了数年"，指的是2008年金融危机以来推行了7年近于零的利率政策，以刺激经济增长和通胀率，直到2015年12月才加息。

从美联储官员整体的态度看，反对降息或负利率几乎成为共识。2016年2月29日，美联储前主席艾伦·格林斯潘（Alan Greenspan）接受彭博电台和电视访问时表示，"过低的利率持续太久，最大的争议就是扭曲真正投资的投资模式。""我不愿意说这很危险，可是显然没有助益。"

格林斯潘担任美联储主席将近20年之久，2006年才卸任。最近几年从欧元区到瑞士、瑞典、丹麦、日本等国央行全都把基准利率压低到负值，格林斯潘称，他对美国或全球经济不表乐观，主要是因为企业投资非常低落，削弱企业提高生产力的能力。"我们处于困境，基本上是因为生产力有如一潭死水。""真正的资本投资低于平均水平。为什么？因为商人对于未来感到茫然。"

3月8日全美独立企业联盟（NFIB）公布的一项调查印证了格林斯潘的分析。该调查显示，2月小型企业信心指数下滑1点至92.9点（见图1-16）。所有的分项指数中无一增长。1月份该指数下跌1.3点。表明美国小型企业信心进一步下滑，对于销售增长和获利的担忧损及资本支出和聘雇计划。2月NFIB小企业信心指数下的6个分项指数下滑，其余4个保持不变。劳工市场分项指数稍稍走弱，NFIB表示这可能反映了2015年第四季经济增速不旺。该指数的持续低迷与就业、消费者支出和制造业等经济数据的良好表现形成反差。

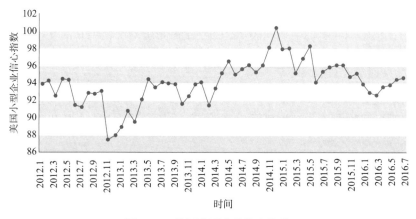

图1-16 美国小型企业信心指数

资料来源：全美独立企业联盟。

注：图中数据截至2016年8月9日发布。

金融数据公司Markit3月1日公布的调查报告显示，美国2月制造业采购经理人指数（PMI）终值为51.3（见图1-17），初值为51.0，1月终值为52.4。3月3日Markit又公布数据，美国2月服务业采购经理人指数（PMI）指数终值为49.7（见图1-18），初值为49.8，1月终值为53.2。

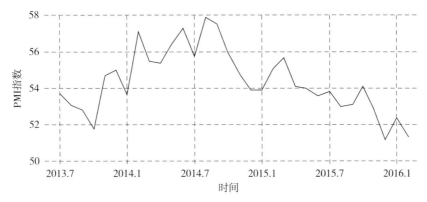

图1-17　美国制造业PMI（2013年7月至2016年2月）

资料来源：Markit Economics。

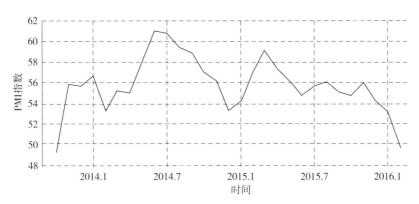

图1-18　美国服务业PMI（2013年10月至2016年2月）

资料来源：Markit Economics。

PMI指数的英文全称为Purchasing Managers' Index，中文含义为采购经理人指数，PMI指数50为荣枯分水线。当PMI大于50时，说明经济在扩张、发展，当PMI小于50时，说明经济在收缩、衰退。采购经理人指数是评估美国商业环境和整体经济状况的重要指标，反映了美国制造业和服务业的综合发展状况。

Markit首席经济学家克里斯·威廉姆森（Chris Williamson）称，2016年2月服务业PMI是2013年10月以来首次终值降至萎缩区域。商业信心低迷和新订单分项数据下滑暗示最糟糕状况可能出现；随着连续第3个月PMI增速放缓，表明美国企业活动有停滞迹象；PMI数据显示美国经济在2016年第一季度有陷入萎缩的重大风险。

威廉姆森指出，从2月PMI数据看出，美国制造业前景黯淡；生产和订单增速继续恶化，因出口下跌所致；就业增幅较小，产出价格跌幅正在创2012年中期以来最大；目前经济存在下行逆风，包括原油行业低迷、金融市场高度不确定性、对全球增速担忧和大选的担忧；美国制造业正面临自全球金融危机以来的最艰难时期，不需要为此感到惊讶。

威廉姆森表示，2月份经济活动滞缓，制造业和服务业发展疲软；此次数据暗示美国经济发展放缓，经济增速可能继续恶化；价格压力正在重现，需求亦较为疲软；此次报告中唯一乐观的信息是服务业就业率较为稳固和持续。

不过，高盛的分析人士依然认为美国经济衰退的可能性不大。高盛首席美国策略师大卫·高斯汀（David Kostin）认为，只要全美约2/3的GDP来源消费者支出继续增长，美国就可以避免经济衰退，更有可能出现的是"增长恐慌"（growth scare），而不是衰退。

前文说了，美联储副主席费希尔认为，金融市场波动是中国与油价共同造成的。然而，美国媒体又有一种说法，美国股市在混乱与低迷间摇摆，最初将这种波动归咎于中国及其变化无常的股市，而且随着出口额下降，很容易将问题归咎于外国人，因为人人都知道中国和欧洲的经济正在降温。但是，深入一点来看，问题更有可能在于日渐强势的美元，美国成功地走出大衰退应对此负责。

从PMI走势看，美国制造业自2014年下半年开始缓慢衰退。与此同时，尽管欧洲和日本的制造业PMI都出现了波动，但都稳定地维持在50以上，表明制造业稳步扩张。无论美国经济下滑的原因是什么，这种因素都没有影响到欧洲和日本。德意志银行首席国际经济学家托斯滕·斯洛克（Torsten Slok）指出，美元升值或许才是原因。美元相对于其他证券升值，令美国制造的商品相对昂贵。随着美元2014年7月开始走强（见图1–19），美国制造业的增长戛然而止。如果真的是中国需求减缓应该对美国制造业衰退负责，那么我们应当也能够在日本和欧洲的数据中发现相似的模式，因为这些地区对中国的出口量也很大。但是，背后的真正原因似乎是美国商品变得相对太贵，因此对其的需求量有所下降。

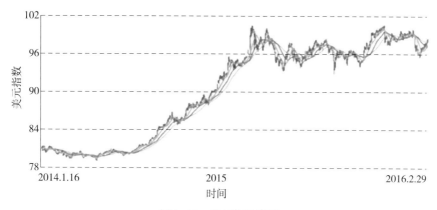

图1–19　美元指数走势

资料来源：新浪财经。

为什么美元如此强势？其根本前提是，有许多人因为要购买美国商品或投资而需要购买美元。美国经济显示，它已经从大衰退中最大程度地恢复过来，全球各地的投资者蜂拥购买美国资产（尤其是股票），因为美企恢复活力令股市表现良好。正因如此，美国国内的经济成功导致了当前经济的暂时性波动，而非中国。

第八节　只有美联储能拯救全球股市

2016年初，全球金融市场动荡不断，以石油为代表的大宗商品的价格持续走低；外汇市场波动剧烈，阿根廷、阿塞拜疆、委内瑞拉以及非洲第一大经济体尼日利亚等国的货币体系濒临崩溃；国际资本流动异动频繁，新兴经济体资本外流迹象明显；世界主要经济体股市接连下挫。全球经济的这些现象与美联储2015年采取的升息政策有着高度的相关性。

2015年12月16日，美国FOMC会议发表声明，将联邦基金利率（即基准利率）提高25个基点，至0.25%～0.5%。这是近10年来美元首次加息。美联储主席耶伦表示，FOMC认为温和的加息是适宜之举，利率正常化之路将会是循序渐进的，希望以审慎的方式行动。

从美元加息后一个多月的情况看，全球主要国家股票指数均出现不同幅度下跌，新兴市场跌幅大于发达市场，其中中国、巴西跌幅较大。美国、中国、澳大利亚等国家虽然国债收益率一直处于下跌过程，但加息后的跌幅明显大于加息之前；加息启动后逐渐表现出调整迹象，欧洲主要国家收益率也出现回落，但幅度小于美债，亚洲主要国家收益率也有不同幅度的回落。整体来看，加息使多数国家国债收益率出现拐点，在加息启动后主要国家10年期国债收益率小幅上扬后重回跌势。

加息后全球主要国家股票指数均出现不同幅度下跌，新兴市场跌幅大于发达市场。美元指数小幅回落，发达市场货币表现不一，英镑、澳元、加元对美元小幅贬值，日元、欧元则表现相对强势，新兴市场货币加息以来贬值幅度较大，俄罗斯卢布、南非兰特、巴西雷亚尔以及人民币一个月贬值幅度分别达6.8%、8.54%、3.15%和1.64%。整体来看，新兴市场货币所受影响明显大于发达市场国家。

从1854年算起，美国历史上经历了33个经济复苏周期。每次美国降息都会使得资本涌入新兴市场，造成新兴市场短暂繁荣的局面，而一旦美国开始加息，大量资本则将重新回流至美国国内，推动美元升值，形成美国向全球范围内吸血的效果。

长久以来美元一直扮演着世界经济的主角，美元是美国主宰世界经济的软刀子。过去10年间，因为低利率，新兴市场一些政府和公司大举借入美元，而投资者也乐意将资金投入到诸如土耳其、马来西亚和拉美等国家和地区，以求获得更好的回报。2015年12月16日，美联储将基准利率提高25个基点，其意图非常明显，就是要将近10年来流出的美元收回去，使那些依靠美元的新兴市场国家一夜回到从前。

美联储控制着美元的发行和美元汇率的波动，利用美元不断地攫取世界的资源。自2014年7月至2015年8月，约1万亿美元的资金从新兴市场流出。美国不费吹灰之力让这些新兴国家为美国免费打工10年。加息之后，美国会继续印制美元，美元汇率缓步下跌，更多的美元走向世界，时机成熟，就将是新的一轮回流，如吸血虫一般汲取着世界的营养。

2015年，新兴市场国家的货币出现了大幅度的贬值。根据MSCI的指数，新兴市场国家的货币贬值幅度在8%左右。人民币也在2015年8月份出现了一次闪贬，虽然闪贬的目的是为了把人民币的中间价与结算价拉近，但人民币贬值带来的影响不小。各国货币开始竞相贬值。2016年1月29日，日本央行宣布实行负利率，当即日元贬值2%；美元指数2015一年一直都很强，从80多走到100左右，猴年春节前突然断崖式下跌，大幅跳水。

美国为了扭转次贷危机后的经济疲弱，一直在实行量化宽松政策，累计4万亿美元。如此庞大的资金，一半留在了美国国内，一半流向了新兴市场。留在美国国内的钱，使其流动性增加，经济好转，道琼斯指数出现6年牛市；流向新兴市场的钱则给新兴市场货币带来了虚假繁荣。现在美元加息，美元走强，流向新兴市场国家的美元回流美国，新兴市场国家的货币自然要贬值。

同时，大宗商品期货价格全线跟着下降，因为大宗商品都是以美元计价的，美元走强，它们的价格自然下跌。而随着新兴市场的增速放缓，对大宗商品的需求也在下降。这也导致了俄罗斯、巴西这种大宗商品的供应国出口下降，贸易顺差减小，货币自然也就难以坚挺。

美联储公布加息后，美元走势相对稳定，而新兴国家市场货币和股票市场承压，因为美元计价资产有着更好的回报前景，从而吸引投资者转向美国。从中长期来看，新兴市场货币走势仍不乐观，美元越升值，流出新兴市场的资本就越多，从而进一步压低新兴市场货币，导致新兴市场股市、债市和房地产市场等以贬值货币标价的资产遭到抛售。

美国结束QE（量化宽松），美元进入强势周期，初期对美国实体经济的负作用较小。市场对美联储提早加息的预期也在升温，似乎没有什么能阻挡美联储的货币政策正常化进程。但从2016年以来的情况看，全球金融市场风声鹤唳，股市大幅走低，油价跌跌不休，全球经济重返衰退的警告声不绝于耳。美国股票市场在2016年经历了有史以来最差的开局；国内金融的恶化程度也已超过了2015年8月的金融动荡行情；在实体经济层面，2015年第四季度美国的经济增长率也只有0.8%，远没有美联储升息时估计的那么乐观。加之公布的多项重要数据令人失望，让2015年12月刚刚启动货币政策正常化进程的美联储陷入两难之地。显然，在全球经济增长整体走低的拖累下，受全球金融动荡的影响，美国经济也未能独善其身，难以"一枝独秀"。正是在这样的背景下，市场已经预期到了美联储可能会改变升息的节奏。

经济学家、亚德尼研究公司（Yardeni Research）总裁埃德·亚德尼（Ed Yardeni）认为，当前全球经济的乱象"归咎于美联储"。"我们是怎样陷入这个乱局的？尽管美联储和其他主要央行大量提供低息货币，但全球经济增长仍低于标准水平。事实上，经济衰退也是可能事件。通胀率不及主要央行2%的目标、大宗商品价格暴跌、股票价格从年初开始就一直疲弱。"

亚德尼称，当前的问题或许能追溯到2014年10月29日，那天美联储终止了量化宽松项目。随后，市场预期升息幅度仅为25个基点，这一期盼最终于2015年12月16日实现。21世纪初美联储的低息货币政策和次贷危机肯定脱不了干系。而近几年，新兴市场借款人受美联储近零利率的驱动从银行和债券市场大额借进美元债务，但随着美联储收紧货币政策，这些贷款人为了还债不得不争相卖出当地的货币以换取美元。亚德尼说，危机在持续蔓延，这将会是一次真正的全球经济危机。

《华尔街传奇》的作者罗恩·英萨纳（Ron Insana）表示，"由于其他国家的央行深化宽松政策，因此即便（美联储）什么也不做，外汇价值也将承压，由于俄罗斯、中国和部分新兴市场国家的货币对美元正在急剧贬值，因此它们的资本外流速度将加快，同时由于这些国家持有大量美元外债，它们的还债成本将快速增加。换句话说，若各国的货币政策保持迥异，那么它们的货币的价值将大幅波动、大宗商品价格将进一步下跌、弱势经济体的资金将争相外流，最终的结果是世界市场破裂。"

加拿大皇家银行（RBC）资本市场公司的全球股票团队在写给客户的调研报告中表示，从目前股市的估值来看，大部分股票的价格似乎没有把衰退的可能性包括在内。因此若出现衰退，其负面影响将相当严重。RBC分析师通过压力测试和对2008—2009年经济衰退期间的最差市盈率估值进行分析后表示，大多数公司的股价将进一步下跌50%或以上。

德意志银行欧洲股市分析师塞巴斯蒂安·赖德乐（Sebastian Raedler）等人在一份名为《闻到了违约的味道》（*The smell of default*）的报告中称，"如果没有政策干预，股市还有更多下行风险。"

赖德乐等人分析的一个重点是美国高风险公司债收益率的上升，这通常被视为当前这轮信贷周期结束的标志，而随之而来的可能就是美国国内的大量违约事件。报告称，投资级和非投资级公司债的利差已经扩大到超过2011年的高点，违约风潮有自我实现的可能，尤其是遭受油价暴跌重创的能源行业。全球投资者对风险资产的抛售，只有美联储改弦易辙重新放松货币政策才能缓解。为避免美国违约事件的增加，需要美联储大发慈悲，从而推动美元走软、油价走高以及减缓能源行业资产负债表的压力。

赖德乐称，美国如果出现违约潮将会导致欧洲股市进一步下跌20%，也会增加美国经济陷入衰退的风险。他认为公司借债成本上升将会导致他们投资和招聘的意愿下滑，而股价的下跌也阻碍消费的增长。不过赖德乐也表示，现实问题却是，美联储并没有改弦易辙的迹象。

2016年3月9日，新兴市场宏观策略师、前渣打银行（Standard Chartered Plc）外汇研究主管卡拉姆·亨德森（Callum Henderson）在Smartkarma发表文章指出，即便美联储加息，美元仍难以摆脱下跌的"厄运"。

亨德森称，多年来的美元涨势一直颇为强劲，但这种势头2016年会逐渐结束并出现逆转。"美联储紧缩对于美元未必是利好，这次就不会是；在2004—2006年的美联储加息周期中，股市涨了，美元跌了，当时美联储是每次会议加息25个基点。"

美元近期的疲软走势让市场感到有些困惑，亨德森表示，美元估值已经偏高，"美元当前实际有效汇率为115.99，相对于102.04的10年移动平均值估值已经过高，Z分数（即z-score，标准分数，standard score）为+2.39。"他还认为，世界经济也需要美元走软，那将会有助于全球货币环境变得宽松。

全球市场动荡，恐慌情绪弥漫，起先市场担忧亚洲与拉美等新兴市场国家债务负担会拖累全球经济增长，认为中国经济数据疲软、货币贬值及股市不稳定是造成全球市场动荡的主要诱因，但后来问题开始转向，美国实行紧缩性货币政策及欧洲经济步履蹒跚似乎正影响着全球经济增长。美联储却不认账，反而倒打一耙，认为"股市下跌、油价下滑以及年初以来美元升值等全球性因素已经对美国经济复苏产生了阻遏影响，其效果类似于升息"。看来，美联储对这场全球性的经济恐慌是早有预谋的。解铃还需系铃人，如今只有美联储才能拯救全球股市。

为什么只有美联储才能拯救全球股市呢？2月11日全球金融市场一团糟，标准普尔500股指数当天触及两年最低水平，美国10年期国债收益率跌至1.66%，为2015年初以来新低，油价低至2003年5月以来最低价位。但随后，金融市场神奇地走上了反弹之路。如此的"洪荒之力"从何而来？这里有个细节，据公布的耶伦2月工作日程表显示，美联储主席耶伦曾在2月市场剧烈震荡期间，先后于11日和12日分别与英国央行行长卡尼（Mark Carney）、欧洲央行总裁德拉吉（Mario Draghi）通了电话（见图1-20），耶伦与卡尼通话30分钟，与德拉吉通话40分钟，还在19日接见了墨西哥央行行长卡斯腾斯（Agustin Carstens）。

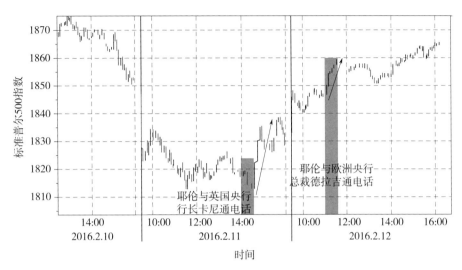

图1-20　耶伦两个电话与标准普尔500指数走势

资料来源：《华尔街日报》。

　　前面讲了，美联储和高盛联手唱衰新兴市场，卡尼、德拉吉都曾是高盛的员工，而今就在全球市场暴跌见底的时候，耶伦与这两位前高盛员工暗通款曲，全球市场立即惊天逆转。这或许是耶伦的功劳，在全球市场最艰难的时候，美联储出手拉了一把。至于耶伦与卡尼、德拉吉说了什么，已经不重要了，倒是耶伦的这两个诡异通话再次证明了这场全球市场震荡的起因和收局都与美联储有着直接关系，也只有美联储才能拯救全球股市。

　　不仅如此，在2月11日，高盛还公开撰文指出，我们仍认为美国经济（以及欧洲和日本经济）正在并将持续表现出韧劲，尤其是服务和消费领域；我们也预计，美国国内薪资及物价压力将变得更加明显，进而导致美联储加息；我们还认为，原油市场已经进入以高动荡性为特征的过渡阶段，但油价于此形成底部。高盛的此番"陈词"恰恰为耶伦神秘电话揭开了谜底。

第二章

油价崩溃 ≠ 经济衰退

国际油价跌势汹汹。市场担忧全球经济衰退，同时期盼原油冻产、减产、库存减少以及需求增强。众多石油生产企业及相关油服企业受到重创，全球油气行业两年内裁员已超过30万人，美国能源公司成为裁员重灾区。美联储官员指出，油气勘探、生产以及能源服务相关企业的信誉恶化情况有所加剧。这次油价暴跌真的会触发经济危机吗？

【本章重要看点】

随着国际油价下跌加剧，美国三大石油公司（埃克森美孚、雪佛龙、康非石油）与三大油服公司（斯伦贝谢、哈里伯顿、贝克休斯）的软实力也在急速下降，按软实力指数从高到低排序为：斯伦贝谢＞埃克森美孚＞哈里伯顿＞雪佛龙＞贝克休斯＞康非石油。长期以来对资源和高油价的高度依赖性是美国乃至全球能源企业的软肋，一旦油价持续下跌，就显得手足无措。低油价下的石油业恐慌反映了石油企业软实力严重不足。斯伦贝谢在国际油价狂跌的时候收购卡梅隆国际，很有战略眼光。2008年和2014年发生了两次油价暴跌，卡梅隆国际软实力有所下降，但挺住了，软实力指数立马回升。

第一节　全球石油行业哀鸿一片

自2014年6月开始，国际油价"断崖式"下跌，能源行业成为裁员最惨烈的行业。许多能源行业公司已大幅削减开支和薪资水平，但失业人数仍在不断攀升，油企破产裁员潮来势汹汹。据休斯顿能源咨询公司2015年11月的一份报告统计，自从2014年6月油价开始大幅下跌以来，全球的石油天然气及相关行业公司裁员总人数已超过25万人，并有超过1000座油井钻探设备被闲置，若加上此前半年裁掉的人，全球油气行业两年内裁员已超过30万人。若油价维持在低位，裁员数仍将继续上升。

油田服务公司的裁员比例最大，占到行业裁员总数的79%，包括全球最大油田服务商斯伦贝谢、世界第二大石油服务公司哈里伯顿、世界第三大油田服务公司贝克休斯、世界第四大油气服务公司威德福国际以及挪威石油服务巨头Subsea、加拿大石油管道公司恩布里奇（见表2-1）。

表2-1　2015年全球油气行业公司裁员

公司	宣布时间	裁员
荷兰皇家壳牌	7月30日	计划裁员6500人，并削减开支70亿美元
英国森特里克	7月30日	裁员6000人，缩减勘探与生产，推动天然气配送与能源服务业务
雪佛龙	10月30日	未来3年将削减资本支出，并裁员6000到7000人
挪威国家石油	6月23日	拟在2016年底前解聘1100～1500名员工和超过500名外聘顾问
英国石油	1月28日	裁减休斯敦分公司员工，在石油产地北海裁员300人，冻结全球近8.4万名员工的工资
康菲石油	9月1日	裁员1800人，占公司员工总数的大约10%
马士基石油	11月26日	到2016年年末，运营成本降低20%，全球范围裁员，2015年裁员约1250人，裁减人数占员工总数的10%～12%，11月9日将年度预算中的资本支出削减10亿美元，英国同安哥拉和美国的旗下油田项目已分别裁减220人和60人
墨西哥国家石油	1月10日	合同到期不再续约，墨西哥湾地区的坎佩切湾卡门城裁员数量可能增加到5万人以上
斯伦贝谢	1月15日	裁减9000名员工，占到企业全球雇员的7.5%
	4月16日	进一步在北美裁员1.1万人，并削减资本支出，两轮裁员总人数达2万人，占员工总数的15%
贝克休斯	1月20日	第一季度在全球范围内裁员7000人，占全球雇员人数的约11%
哈里伯顿	4月	已在6个月内裁员9000人，超过其全球雇员人数的10%，随着钻探活动的进一步放缓，将考虑实施更多削减成本的举措
威德福国际	2月4日	裁员5000人，主要集中在后勤及管理部门，相当于员工总数的约9%，为公司每年节省超过3.5亿美元
Subsea	5月12日	计划到2016年初将全球员工数量在2014年底1.3万人的基础上裁减约2500人，将全球船只数量裁减至多11艘。鉴于石油和天然气市场困难的业务和经济环境，将推出新的成本节约措施，包括重新调整其船队和员工队伍的规模，以及重组其公司结构
恩布里奇	11月	裁员500人，并取消100个职位空缺

资料来源：《华尔街日报》。

国际油价跌势汹汹，这对于石油市场而言犹如一场"噩梦"，众多石油生产企业及相关油服企业受到重创。进入2016年，除了裁员之外，全球油气行业公司进一步加大了削减支出的力度（见表2-2），全球石油巨头们在近10年来最恶劣的市场环境下已经伤痕累累。

表2-2　2016年全球油气行业公司裁员和削减支出

公司	宣布时间	裁员和削减支出
英国石油	1月12日	通过一项35亿美元的重组计划，并计划在上游勘探领域裁员4000人，使该部门的员工数量降至2万人以下；进一步裁员3000人，将于2017年底前完成总计7000人的裁员目标，占到全部员工数量的9%
荷兰皇家壳牌	2月4日	裁员1万人，在放弃了阿拉斯加近海的钻探项目之后，该公司美国地区主管马文·奥德姆（Marvin Odum）即将卸任离职，美国页岩和加拿大油砂部门也将被拆分
埃克森美孚	3月2日	计划将2016年资本支出削减25%至230亿美元
雪佛龙	3月8日	将把2017—2018年资本支出预算削减至170亿美元到220亿美元，此前预算为200亿美元到240亿美元
阿纳达科石油	3月11日	计划2016年裁员约1000人，之前已宣布计划2016年货币化高达30亿美元的资产，已结束或签署货币化大约13亿美元的资产
马拉松石油	2月29日	2016年资本项目规模为14亿美元，较2015年公司的资本项目规模30亿美元减少16亿美元
戴文能源	2月	2016年的产量比2015年削减10%
马拉松石油	2月	2016年的产量比2015年削减10%
EOG资源	2月	计划削减2016年油气开采量5%
哈里伯顿	2月25日	裁员5000人，约占该公司全球员工总数的8%
巴西石油	1月12日	将2015—2019年的投资规模从1303亿美元削减至984亿美元，削减24.5%，降低2016年的石油产量，由原计划的日产219万桶，降至日产215万桶
马来西亚国家石油	1月20日	计划在未来4年大幅削减500亿林吉特（114亿美元）的资本和运营开支
斯伦贝谢	1月21日	未来将大幅裁员1万人，自2014年11月以来，已经总共裁撤了3.4万名员工，是其之前雇员总数的26%
中国海油	1月19日	2016年资本支出总额将低于600亿元人民币，这是该指标连续第二年下降。与此同时，其2016年的净产量目标也是近几年首次出现下调，定为470～485百万桶油当量

资料来源：《华尔街日报》。

巴西国家石油计划2016年通过自愿裁员削减15%员工（1.2万人），同时削减1/5

的资本支出。削减投资和裁员凸显了巴西国家石油的前景，自10年前发现了一些有史以来最大的海上石油资源以来，出现了引人注目的大幅下滑。

英国石油2015年年度业绩为近20年以来最差，公司决定将于2017年底前完成总计7000人的裁员目标，占到全部员工数量的9%。全球最大钻井船东瑞士越洋钻探公司（Transocean）2016年将裁减近200名雇员并停运墨西哥湾的两台钻机。在墨西哥湾和西非海上拥有深水资产的美国库伯国际能源公司（Cobalt International Energy）将从其位于休斯敦的总部削减50个工作岗位。

全球能源巨头荷兰皇家壳牌因油价下跌损及获利，全年利润则暴跌87%至19.39亿美元，2014年利润额为148.74亿美元。在国际原油价格出现历史性下跌并导致该公司利润下降后，荷兰皇家壳牌首席执行官本·范伯登（Ben van Beurden）2015年薪酬下降8%，其直接薪酬下降至510万欧元（约合561万美元）。范伯登2015年的薪酬和奖金保持稳定，但其与业绩挂钩的股票价值出现下跌。根据一项长期的股权激励计划，范伯登2015年只获得了长期激励计划框架内16%的股票，该计划将公司3年内的业绩表现纳入考核范围。2013—2015年，荷兰皇家壳牌在多个方面的表现均不及竞争对手，包括股东总回报和油气产量的增长。

2015年，荷兰皇家壳牌克服油价下跌造成的困境，放弃了数十亿美元的原油项目，其中包括颇具争议的阿拉斯加勘探计划、阿布扎比天然气项目、尼日利亚的深海石油项目以及加拿大卡尔蒙克里克的油砂项目，进一步简化公司架构，页岩、油砂等非常规部门将不再独立开来。该公司美国页岩和加拿大油砂部门也将被拆分，页岩资源部门并入全球上游业务部门；加拿大的阿萨巴斯卡油砂项目和斯科特福德提质加工厂并入全球下游业务部门。2015年资本支出为289亿美元，较2014年减少84亿美元，2015年内共出售了价值55亿美元的资产，2016年将削减1万个职位。标准普尔在2016年2月1日发布声明，将荷兰皇家壳牌的债务评级从AA–下调一级至A+，评级跌至1990年来最低。

英国石油天然气协会（Oil & Gas UK）预计，倘若油价仍保持在每桶30美元左右的低位，2016年英国北海油田中的43%将会亏损。根据这个行业组织给出的预测数据，2016年用于新石油项目的支出将滑至10亿英镑（约合14亿美元）以下。通常情况下，新石油项目的年支出为80亿英镑（约合113亿美元）。英国石油天然气协会首席执行官蒂尔德里·米奇（Deirdre Michie）指出，"我们的行业正处于崩溃的危险边缘。"

由于全球油价暴跌、叛乱分子的袭击以及应用新会计准则，哥伦比亚国家控制的石油生产公司Ecopetrol 2015年亏损了12.6亿美元。Ecopetrol在给金融监管机构的一份文件中说，该公司2015年净亏损总数为3.98万亿哥伦比亚比索（12.6亿美元），比2014年5.72万亿比索利润下降了170%。Ecopetrol 2015年第四季度亏损同比增加了153.2%，从2.49万亿比索增加到6.31万亿比索。

西班牙石油巨头雷普索尔2015年第一次出现了年度亏损，该公司将削减股息20%。雷普索尔报告称，2015年该公司净亏损12.3亿欧元（约合14亿美元），将支付每股0.3欧元的补充股息。而在2016年1月，雷普索尔已经支付了每股0.466欧元的股息，其2015年总股息也由此变为每股0.77欧元，较之前3年的每股0.96欧元减少约20%。雷普索尔还宣布，已将英国风能业务出售给中国国投电力公司（SDIC Power），并从中获得了1.09亿欧元的资本增值。

在欧佩克和其他一些产油国正在抗拒冻结石油产量的时候，哥伦比亚却在削减石油产量。2016年2月哥伦比亚的石油产量为95.5万桶/天，比1月份减少了3.1%。哥伦比亚石油产量已经连续4个月低于100万桶/天，这是自2012年以来首次发生这种情况。哥伦比亚国家石油（Ecopetrol）已经暂停了一些油井，主要是因为生产成本太高。基础设施的不完善、仍有可能爆发的游击战争以及与邻国委内瑞拉相比没有优势的地质情况，令哥伦比亚的石油生产和运输成本较为昂贵。

2016年3月21日，在摩洛哥的唯一炼油公司SAMIR无法偿还高达数十亿欧元的债务，被卡萨布兰卡的一家法院下令关闭和清盘。SAMIR（摩洛哥和意大利炼油公司）曾向债权人提议偿还3.7亿欧元，但遭到海关部门和所有债权人拒绝，因为债务大约在40亿欧元，SAMIR提出的报价少得可怜。成立于1959年的SAMIR在1999年与Sherifian汽油公司合并，具有日加工15万桶原油能力，直接雇用1200名工人以及间接雇用3000名工人。

低油价也迫使波斯湾国家用债务市场填补预算赤字。低油价也影响到公共财政，波斯湾国家的财政储备正在逐步减少，债务水平正在增加。越来越多的波斯湾国家将被迫利用债务市场来填补正在扩大的预算赤字。穆迪公司预计波斯湾国家的合计财政赤字占该地区GDP的比例将从2015年的9%升至2016年的12.5%。巴林、阿曼和沙特阿拉伯或将成为该地区最依赖债务市场的国家。沙特阿拉伯外汇储备2015年已经从7320亿美元下降至6160亿美元。这也是促使沙特阿拉伯愿意"冻结产量"的一个重要原因。沙特阿拉伯表示，即使伊朗拒绝参加，该国仍将参加"冻结产量"会议。

第二节　美国能源公司成为裁员重灾区

低油价下，美国能源公司成为裁员重灾区。2015年美国能源公司裁员达9.38万人，较2014年1.15万人的裁员幅度大增逾700%。美国就业咨询公司挑战者发布的数据显示，仅2014年6月至2015年4月，直接受累于油价暴跌，美国企业已经裁员至少5.1万人。2015年初至9月，美国三大油田服务巨头斯伦贝谢（Schlumberger）、贝克休斯（Baker Hughes）、哈里伯顿（Halliburton）分别宣布裁员9000人、7000人以及6400人。世界第四大油田服务供货商威德福国际（Weatherford International Plc）旗下美国业务也宣布裁减4000人。纳伯斯工业钻探设备公司（Nabors Industries）裁员近3500人。

2014年6月国际油价暴跌以来，不仅全球石油公司业绩大幅下滑，与石油公司几乎是命运共同体的油田服务公司也难逃此劫。不过，与石油公司相比，油服公司的损失程度相对小些，而且在此艰难时刻油服公司所表现的运营弹性和化解风险的软实力更强。这轮油价暴跌，美国能源行业是重灾区，页岩油公司经不起低油价冲击，大幅停钻和减产，使得油服公司的业务量大幅萎缩，不得不进行大规模的裁员。

从2015年的业绩看，美国三大油服公司——斯伦贝谢、哈里伯顿、贝克休斯的营业收入和利润均有大幅下滑（见表2-3），营业收入比上年分别下降了27%、28.1%、35.9%。利润方面，斯伦贝谢软实力指数最高（见表2-4），为0.192，在与低油价的斗争中仍能保持盈利20.72亿美元，尽管利润减幅高达61.9%，但仍体现出作为全球第一大油服公司的抗风险能力和一流运营水平；哈里伯顿、贝克休斯的软实力指数则较低，比斯伦贝谢分别低7个百分点和8.6个百分点，因此抗风险能力相对较弱，2015年均出现亏损；软实力最弱的贝克休斯亏损高达19.67亿美元，不但把上年17.19亿美元的利润亏光了，还增亏2.48亿美元；哈里伯顿软实力比贝克休斯略高1.6个百分点，因此亏损也少些，仅亏6.71亿美元。其实，3家油服公司的营业收入降幅也反映了软实力强弱与对抗低油价风险能力的差异，软实力愈强者，营业收入减幅愈小，而软实力愈弱者，营业收入减幅愈大。

表2-3　美国三大油田服务公司2015年业绩（亿美元）

公司	营业收入		利润	
	2015年	2014年	2015年	2014年
斯伦贝谢	354.75	485.80	20.72	54.38
哈里伯顿	236.33	328.70	−6.71	35.00
贝克休斯	157.42	245.51	−19.67	17.19

资料来源：美国证券交易监督委员会。

表2-4　美国三大油田服务公司2011—2015年软实力指数变化

公司	2015年	2014年	2013年	2012年	2011年
斯伦贝谢	0.192	0.241	0.260	0.238	0.253
哈里伯顿	0.122	0.181	0.213	0.194	0.212
贝克休斯	0.106	0.147	0.143	0.129	0.158

资料来源：邓正红软实力研究应用中心。

2016年2月，尽管美国增加了24.2万个工作岗位，然而，采矿业的工作岗位减少了1.9万个。全球最大的油田技术服务公司斯伦贝谢不堪国际油价持续18个月的跌势，2015年最后一个财季，斯伦贝谢报亏10亿美元，受此影响未来公司将大幅裁员1万人。自2014年11月以来，斯伦贝谢已经总共裁撤了3.4万名员工，是其之前雇员总数的26%。在宣布2015年最后一季度业绩数据的同时，斯伦贝谢还警告称，未来石油钻探与生产行业或将遭遇"严重危机"。由于油价暴跌不止，越来越多的客户可能会缩减投资，并减少在相关项目方面的开支。

哈里伯顿是仅次于斯伦贝谢的第二大油田服务公司，2015年底裁员4000人，第四财季亏损，主要受到北美业务收入大幅下降的打击。自2014年11月以来，该公司裁员总数达到2.2万人，占公司员工总数的25%。哈利伯顿称："不幸的是我们正面临困境，我们必须通过减员来应对这个充满挑战的市场环境。"2016年哈利伯顿将裁员5000人，约占该公司全球员工总数的8%。

对美国页岩油气商来说，只有原油价格升至50~60美元/桶的水平时，才会提高原油生产。伴随着原油价格继续暴跌，美国油气商们不堪重负，不得不关停钻机、裁员、削减支出。因为在过去的两年中油气价格大幅下挫，被视为能源工业活动指标的美国钻机数量已经大幅减少。根据贝克休斯公司2016年3月11日提供的数据，美国原油钻探活动降至新低，3月上旬美国石油和天然气钻机减少9台，至480台，为1975年以来的最低水平。石油钻机减少6台，至386台，为2009年12月以来的最低水平，且连续12周下降。天然气钻机减少3台，至94台，为贝克休斯自1987年开始单独统计石油和天然气钻机数以来的最低水平。

2015年尽管油价继续下跌，生产商仍继续开采石油和天然气。但2016年美国页岩油气生产商的政策却与2015年迥然不同。美国油气公司正在大幅压缩2016年的预算，削减油气开采量，试图在30美元/桶的油价环境下得以幸存，渡过油价低迷的难关。削减产量政策，对于美国页岩油气商们来说，这在过去几年里还是第一次。美国涉及页岩油气领域的三大企业分别是阿美拉达赫斯公司、大陆资源公司以及诺布尔能源公司。这3家企业2016年缩减资本支出规模将达到40%~66%，并且是连续第二年削减该开支。

　　戴文能源公司和马拉松石油公司计划把2016年的产量比2015年削减10%，而EOG资源公司计划削减2016年油气开采量5%。曾是北达科他州最大石油生产商的怀廷石油2015年亏损22亿美元，主要是因为对得克萨斯州一个油田进行了计提减值。该公司已宣布，将2016年预算大幅削减80%。

　　阿纳达科石油计划2016年货币化高达30亿美元的资产，已结束或签署货币化大约13亿美元的资产。与2015年83.6万桶/天相比，阿纳达科还把2016年总销售量预测（不包括等待剥离）下调到了77万桶/天至78.1万桶/天。截至2月22日已有超过24家的美国油气生产商宣布将2016年的支出至少削减250亿美元，接近于2015年支出水平的一半。与2014年相比，美国油气生产商预计2016年将把预算下调51%至896亿美元，下降幅度超过20世纪80年代最糟糕的时期。

　　不过也有一些美国油气公司正逆势而动，提高油气产量，比如采取套期保值合约应对油价下跌。先锋自然资源计划将2016年油气产量至少提高10%，主要得益于其签署了套期保值合约，销售油价高于市场价格。

　　全球油价在2015年6月至2016年1月之间已从每桶115美元暴跌到了不到30美元，跌到了2003年以来的最低水平。原油价格的暴跌已使得钻井作业变得不经济，美国顶级页岩油公司不得不决定降低产量和削减成本来维持经营。2016年3月1日，美国前能源事务助理国务卿查克·麦康奈尔（Chuck Mcconnell）在华盛顿接受俄罗斯卫星新闻通讯社记者采访时表示，由于低油价，美国石油市场在今后的两年里将看到合并、减速和可能的破产。麦康奈尔说，美国的顶级页岩油公司将重点关注降低成本和技术改进。市场领先的公司将推动这个过程，而缺乏竞争力的企业将无法生存。

　　埃克森美孚计划将2016年资本支出削减25%至230亿美元。该公司在发表的一则声明中称，公司计划专注于基本面，选择性地进行业务投资，并逐渐提高股息，从而经受住当前大宗商品低迷周期。埃克森美孚预计在2016年、2017年两年启动10个新的上游项目，并增加权益产能45万桶油当量/天。自2012年以来，该公司新增了22个上游项目，增加了权益产能94万桶油当量/天。埃克森美孚2015年削减了120亿美元的资本支出及营业成本。

雪佛龙将把2017—2018年资本支出预算削减至170亿美元到220亿美元，此前预算为200亿美元到240亿美元。雪佛龙维持其对直到2020年为止的产量增长预期不变，原因是该公司在此前多年时间里一直都在从事的多个项目终于上线了。该公司首席执行官约翰·沃森（JohnWatson）称："目前的工业状况很艰难，原油和天然气价格都处在较低水平。我们认为市场状况将会改善，并将为这种前景做好准备。"

2015年7月28日，雪佛龙宣布裁员1500人，约占全球员工总数的2%，削减成本，以应对油价下跌。这次被裁岗位几乎都在得州和雪佛龙总部所在的加州。得州主要是雪佛龙近年来开发了二叠纪地区的页岩油气。被裁的1500个岗位中，有50名国际员工被裁，大约600个外包岗位被砍去，有270个空缺，而且不会补缺。10月30日，雪佛龙再次宣布，预计2016年资本支出将在2015年水平上下降约25%，2017年和2018年将进一步削减支出，并将裁员6000~7000人。

相较于2014年的预算，康菲石油在2015年12月就计划将2016年预算削减55%，至77亿美元。2016年2月康菲石油宣布计划将2016年资本支出进一步削减至64亿美元。2015年9月1日，康菲石油宣布计划裁去全球员工总数约10%，其中北美地区裁减幅度最大。按照当时康菲石油全球雇佣人数约1.81万人，裁员1800人，在休斯敦一地，康菲石油就将裁减超过500个就业岗位，而该地区原有员工人数为3753人。康菲石油表示，裁员的原因是全球油价下跌对公司业务造成很大影响。为此，公司将采取各种应对措施，其中包括减少资本开支和深水勘探项目。

理论上讲，美国原油减产所需的时间越长，原油价格下跌的过程就将越长。原油价格走低的趋势已经引发了能源企业一场大规模的资产减记。能源公司正利用大宗商品价格来估算原油和天然气的价值，以及当价格下降时这些资产遭受的损失。

2015年，油价从69美元/桶跌至约38美元/桶，而天然气价格则从每百万英热单位4美元暴跌至2美元以下。正如原油价格崩溃一样，天然气价格下跌同样冲击着美国能源公司。据标准普尔资本收集的数据显示，2015年第三季度原油和天然气生产商的账面价值减少超过600亿美元。其中一些最高的资产减记数额是由天然气价格下跌造成的，在过去12个月，天然气价格跌幅超过原油价格。截至2015年12月，美国能源生产商的账面价值已经损失了约1340亿美元，第三季的损失幅度就占到近一半。随着天然气价格吞噬掉所持有的美国国债的价值，EOG资源、西方石油等几家最著名的美国能源生产商出现了20亿美元、甚至更多的账面亏损。巴克莱银行董事总经理汤姆·德里斯科（Tom Driscoll）表示："这种大的亏损表明过去的投资并没有带来良好的经济效益，你收购的是不值得要的资产。"

诺布尔能源（Noble Energy）受累于22亿美元的资产减记，2015年第四季度出现亏损，净亏损20.3亿美元，或每股4.73美元，2014年同期则有4.02亿美元的净收益，合每股1.05美元。雪佛龙2015年第四季度迎来13年来首次季度亏损。油价下跌迫使雪佛龙减记资产价值，致使第四季度业绩出现2002年以来首次亏损，从2014年同期的盈利35亿美元，合每股1.85美元，转为净亏损5.88亿美元，合每股31美分，远逊于汤森路透（Thomson Reuters）分析师平均预期的每股45美分。该公司上游业务影响最大，美国的上游业务从2014年同期的盈利4.32亿美元降至亏损19.5亿美元；下游业务利润下滑近一半，降至4.96亿美元。

埃克森美孚的情况稍微好点。2015年第四季度盈利大幅下挫58%，从2014年同期的65.7亿美元，合每股1.56美元，降至27.8亿美元，合每股67美分，略高于汤森路透分析师平均预期的每股63美分。此外，埃克森美孚第四季度油气产量增长4.8%。

对比美国三大石油公司（埃克森美孚、雪佛龙、康非石油）与三大油服公司（斯伦贝谢、哈里伯顿、贝克休斯）在国际油价暴跌期间的软实力走势（见图2-1）便会发现，随着国际油价下跌加剧，6家公司的软实力也在急速下降。油价下跌从2014年6月开始，2014年6家公司的软实力除了贝克休斯微升0.4个百分点，其他5家公司都是下降的；2015年油价持续下跌，6家公司的软实力全部下滑，按软实力指数从高到低排序为：斯伦贝谢＞埃克森美孚＞哈里伯顿＞雪佛龙＞贝克休斯＞康非石油。

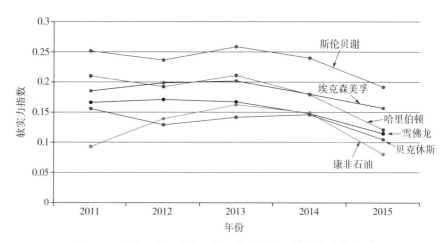

图2-1　美国三大石油公司与三大油服公司软实力走势比对

资料来源：邓正红软实力研究应用中心。

　　这说明，美国石油行业无论从事石油生产还是从事油田服务，长期以来对资源和高油价的高度依赖性是美国乃至全球能源企业的软肋，一旦油价持续下跌，就显得措手不及，难以应对抑或疲于应对，而这种情况在高油价时期很难发现。油价持续下跌所引发的全球石油行业恐慌实质是石油企业软实力严重不足的恐慌。油服公司的服务对象是石油公司，服务首先输出的是企业软实力，因此，油服公司的软实力强于直接经营石油的油气生产商，受低油价的打击在经过油气生产商的"缓冲"后相对要小些。但有一点毋庸置疑，油气生产商和油服公司的业绩都受到了低油价的冲击，这是因为都处在石油行业，油价走势已成为这一行业兴衰的风向标。石油行业要扭转这种被动局面，除了提升企业软实力，别无他法。

第三节　低油价引发能源债务违约潮

　　2015年下半年油价跌到40多美元/桶的时候，美联储官员指出，油气勘探、生产以及能源服务相关企业的信誉恶化情况有所加剧。包括富国银行集团、美国银行以及摩根大通公司在内的美国主要银行，就信贷健康状况发出了警告，预计2016年将会有更多的能源企业拖欠债务以及申请坏账注销。

石油生产商在初期都采用大规模举债的方式以实现融资。过去10年时间，得益于美国银行机构的疯狂放贷，能源公司从各大银行获得了大量的低利率贷款，美国能源行业迎来了一阵发展狂潮。就在石油公司大规模举债的同时，国际油价稳定在每桶100美元以上，但随着油价暴跌，当初的繁荣正在破灭。石油企业一方面面对自身营业收入逐渐干涸，另一方面还要负担巨额债务。评级机构穆迪公司称，能源领域企业处于巨大的麻烦之中，2015年出现债务违约的79家企业之中，有近1/4来自能源领域，油气企业的负债率将出现涨幅。

富国银行表示，因为能源领域情况恶化，公司不得不准备更多的现金应对潜在的商业违约事件。美国银行称，可能需要额外预留15%的资金用于应对商业贷款风险，特别是石油和天然气领域的贷款问题。摩根大通也提高了应对石油和天然气领域贷款损失的准备金，金额高达1.6亿美元。摩根大通表示，这么做的原因是预计油价将继续保持低位。

面对债务违约风险，一些银行正在同油气企业重新讨论信贷额度，而另一些银行准备下调油气企业的信贷额度。2015年11月，Avenue资本集团压力投资部门首席执行官马洛克·拉斯瑞（Marc Lasry）表示，这些企业信贷额已经提升至2500亿到3000亿美元之间，而在2015年年初时这一数字只有1000亿美元。

高盛2015年报显示，截至2015年12月底，该行对石油和天然气行业的已发贷款与未拨付授信总计敞口为106亿美元，包括18亿美元已发贷款和88亿美元的授信。其中，有42亿美元贷款的发放对象为低于投资级信评的企业，包括15亿美元已发贷款和27亿美元授信。所谓"低于投资级信评"，就是信用评级为垃圾级。2015年高盛有四成的天然气和原油类贷款流向信用评级为垃圾级的企业。花旗已发放和承诺发放的能源类敞口为580亿美元，富国银行相关款项为170亿美元，摩根士丹利相关款项为160亿美元。

如果油价继续保持低位，各大银行可能需要拨备更多的资金用于应对贷款损失的情况。根据2015年第四季度财报，花旗集团和摩根大通均预留了超过20亿美元的不良贷款拨备，用于覆盖激增的能源类贷款敞口。摩根士丹利预计，2016年2%的坏账拨备将会对每股利润造成6%～27%的影响。

由于原油价格暴跌，2016年2月1日，权威金融分析机构标准普尔的评级服务公司（Standard & Poor's Ratings Services）下调了美国10家油气勘探和生产企业的信用评级。此次遭遇标准普尔降级的美国公司中，包括美国第二大能源生产商雪佛龙，其企业信用评级被下调一级至AA–。在2015年第四财季，雪佛龙亏损5.88亿美元，上年同期则盈利35亿美元。其他评级被下调一级的美国油气公司包括阿帕奇、大陆资源、戴文能源、EOG资源、赫斯、亨特石油、马拉松石油、墨菲石油以及西南能源。

全球最大的石油生产商埃克森美孚的长期企业信用AAA评级也被标准普尔列入了负面观察名单。这也可能是埃克森美孚的信用评级在历史上首次遭遇下调。埃克森美孚2015年第四季度财报显示，其盈利下降58%，至27.8亿美元。其他评级展望被修正为负面，可能被降评的公司则包括阿纳达科石油、国家燃气和诺布尔能源。此外，石油巨头康菲石油的短期企业信用评级也被标准普尔置于负面观察名单之中。

标准普尔在报告中称，过去15个月油价大跌，大部分美国投资级评级的油气公司并无降级之忧，但由于最近标准普尔调降油价预期，大多数投资级公司以此标准都受到影响。此前的1月12日，因石油市场供大于求的状况仍会持续，标准普尔将2016年的油价预期下调15美元至40美元/桶。

标准普尔在报告中分析，2015年，原油价格平均跌幅约为52%，远远超出大部分油气公司的成本支出削减的幅度，考虑到油价会继续下跌，未来两三年内，很多大型油气公司的核心债务偿还能力很有可能会继续低于标准普尔的评级标准。

此外，标准普尔还将全球第三大石油商荷兰皇家壳牌石油的债务评级从AA–下调一级至A+，这也是荷兰皇家壳牌自1990年来的最低评级。2015年巨亏65亿美元的英国石油、埃尼石油、雷普索尔、挪威国家石油和道达尔均被列入了标准普尔的负面观察名单。

在标准普尔之前，另一家国际权威信用评级机构穆迪（Moody's Investors Service）也在1月23日为大部分能源企业敲响了可能面临降级风险的警钟。包括全球最大油服公司谢伦贝谢、全球最大天然气生产企业俄罗斯天然气、全球最大离岸石油天然气公司挪威国家石油以及荷兰皇家壳牌等120家油气公司，均被穆迪置于降级观察名单中。穆迪称，由于价格下跌接近数年低位、需求削弱和供应过剩时间延长，将对石油与天然气企业的信用状况继续施加重压。

在低油价的肆意侵袭、供需关系没有根本改变的市场环境下，油气企业的"噩梦"或许还将继续。全球最大资产管理公司贝莱德（BlackRock）首席执行官劳伦斯·蒂·芬克（Laurence D. Fink）就给出了对油气企业更为不利的观点。他虽未表明他对油价的预期，也未具名列出哪些能源企业未来将有倒闭的风险，但他指出，油价的持续低迷可能导致超过400家能源企业无力偿债，被迫关张。

如果银行猛然抽走贷款，石油公司将可能倒闭。贝恩资本合伙人里卡尔多·贝尔托科（Riccardo Bertocco）表示，"如果石油公司的财政状况恶化，破产事件将会上升。"各大银行可能会选择从石油公司抽走贷款，对一些资产进行拍卖或者是彻底退出这一行业。花旗银行的分析师指出，实力较弱生产商的生死存亡只在资本提供者的一念之间。花期对75家勘探与生产企业证券文件的分析显示，如果银行的贷款基数下调15%，则可能有约100亿美元的流动性枯竭，只有少数几家石油公司得以幸免。

曾经大量举债以期从美国石油繁荣期中分一杯羹的能源公司已别无选择，只能继续生产以创造能够支付利息的现金流，当然，这种做法无异于饮鸩止渴，反而会使公司陷入更深的债务泥潭。根据穆迪投资服务公司2016年2月发布的一份报告，处于债务违约高风险的美国公司数量正在接近金融危机高度以来从未看到过的高峰，其中28%的公司（74家借款公司）来自油气行业。Versa资本管理公司首席投资官保罗·哈尔彭（Paul Halpern）说："我们正处在下一波能源违约的开始。"投机公司正等待破产潮的到来，因为破产公司的债务抹掉之后，油气田会变得比较便宜。低油价迫使美国的页岩油气生产公司破产，而美国的银行正在储备资金来迎接能源公司一波又一波的违约。

对于那些无法逃脱债务违约的企业，就只能继续承受低油价的重压并且开始申请破产保护。据知名律师事务所Haynes and Boone公布的《油田破产监控》报告显示，2015年36家北美石油及天然气生产商进入了破产保护程序。这36家公司崩溃的债务总计有70亿美元担保债务和61亿美元无担保债务，债权人的总损失估计为131亿美元。16份破产申请是在美国得克萨斯州提交的，6份在加拿大，此外美国特拉华州、科罗拉多州各有4份，其余的则分布在路易斯安那州、阿拉斯加州、马萨诸塞州和纽约州等地。萨姆森（Samson）资源公司、萨宾（Sabine）油气公司以及水银（Quicksilver）资源公司是2015年最大的油气破产公司，违约的总金额大部分集中在这些公司身上。萨姆森资源无法偿还的债务有43亿美元，萨宾油气有29亿美元，水银资源有21亿美元。

据美国彭博新闻社2016年2月25日报道，由于自2014年6月以来暴跌大约70%的低油价，美国两家共欠债76亿美元的大型页岩油生产公司可能会被迫破产。欠债34亿美元的能源XXI（Energy XXI）公司未能支付880万美元的利息，而欠债42亿美元的桑德里奇（SandRidge）能源公司也未能支付2170万美元的利息。

低油价导致美国页岩油生产企业融资困难，影响企业通过负债维持生产经营活动。美国独立石油公司开发页岩油气的模式主要是先融资，再大规模钻井开发，实现油气销售后偿还债务并获得利润。参照国际大型石油公司对资本负债率不超过20%的控制水平，美国独立石油公司的负债率会接近40%～50%，部分公司甚至高达70%～80%。低油价几乎导致所有石油公司资产减值、股价大跌，给高负债的页岩油生产企业带来较长时间的负现金流，甚至导致其资不抵债，难以通过进一步负债融资获取资金维持经营，只能通过变卖资产等方式勉强支撑。

当然，一些能源企业也正在通过自身的努力来降低债务压力，比如出售资产、削减支出、发行新股，对石油产品的价格进行核准以使得价格固定。2016年3月8

日，埃克森美孚加拿大子公司帝国石油公司表示，已同意将加拿大境内剩余零售加油站出售给5家燃料分销商。这笔出售加拿大国内497座埃索品牌加油站的交易价值为28亿加元（约合21亿美元）。买家包括：加拿大零售商Alimentation Couche-Tard公司将收购位于安大略省和魁北克省部分加油站，日本连锁便利店7-Eleven加拿大公司将收购艾伯塔省和不列颠哥伦比亚省的加油站，Harnois Groupe petrolier公司将收购魁北克省部分加油站，Parkland燃料公司将收购萨斯喀彻温省和马尼托巴省的加油站，Wilson 燃料公司将收购新斯科舍省和纽芬兰省的加油站。加拿大境内有1700家埃索品牌的零售加油站，帝国石油公司作为批发商向它们提供油品。该交易涉及的便是上述埃索品牌零售加油站中的一部分。

除了出售高收益债券以外，2015年能源公司整体的债券价值失去了24%，一些美国能源公司不得不从众多银行借钱度日，其中有苏格兰皇家银行、瑞银集团、法国巴黎银行、巴克莱集团、加拿大皇家银行和摩根士丹利。然而，油价的持续下跌使得页岩油气行业的债主们损失惨重，在石油与天然气行业融资当中扮演关键性角色的银行等金融机构也变得更为不乐观，更加不愿意以油气储备为抵押对油气公司放款。但是，像埃克森美孚这样信誉好、高质量的能源巨头，投资者仍然愿意借钱给它们。比如2016年2月29日，仍然拥有AAA评级的石油巨头埃克森美孚发行价值120亿美元的新债券，美银美林、花旗集团和摩根大通就担任埃克森美孚债券发行交易的牵头经办行。一些能源生产商通过发行股票也成功融得了资金。2016年2月，爱内珍（Energen）、QEP 资源、卡伯特油气和戴文能源均扩大了公开发行股票的规模。马拉松石油计划发行1.35亿股股票（最多约12.3亿美元，以2月29日收盘价计），此次发行附有2025万股的超额配售条款。股票出售所得将用于增强该公司的资产负债状况并为部分资本项目提供资金。马拉松石油2015年出现了20年来的首次年度亏损。该公司宣布2016年资本项目规模为14亿美元，而2015年公司的资本项目规模为30亿美元。

第四节　全球油气勘探投资萎缩

全球主要石油商尽管在2015年生产指标（包括油气产量、原油加工量、油品销售量）普遍保持增长势头，但公司业绩受到油价大幅下跌的重创。埃克森美孚、荷兰皇家壳牌、英国石油、雪佛龙和道达尔5家国际大石油公司，以及俄油、俄气、挪威国家石油、巴西国家石油、马来西亚国家石油、墨西哥国家石油6家国家石油公司的营业收入、净利润分别下降40%和70%左右；康菲石油、阿纳达科石油等10家独立石油公司的营业收入下降45%左右，全部陷入亏损；斯伦贝谢、哈里伯顿等7家技术服务公司收入下降幅度接近30%，多数公司亏损。

为应对行业寒冬，各大石油采取了控制投资、控制高风险项目、控制成本、控制员工数量和控制重大事故等措施，突出核心业务，保上游投资、保现金流、保科技创新和保股东回报。5家国际大石油公司的投资降幅在15%左右，计划削减运营成本82亿美元；为应对挑战，国际大石油公司采取减人不减薪的策略，国家石油公司则是减薪不减人。斯伦贝谢等7家技术服务公司资本支出下降近40%，裁员近7万人，在极端困难的情况下，技术服务公司研发投入强度基本不降，仍保持在2%~3%。

金融机构对能源企业减少投资所带来的市场效果持保守意见，认为油价上升阻力较大，且基本面支撑力不足。巴克莱银行全球投资策略部主管汉斯·奥尔森（Hans Olsson）表示，目前美国许多公司因低油价减少或暂停了不少投资项目，能源企业的投资意愿已经降到冰点。削减投资规模成为国际石油公司应对低油价的手段。

在2015年，国际大石油公司继续剥离低效、非核心资产，以提高生产效益。上游方面，荷兰皇家壳牌以17亿美元出售尼日利亚资产；雪佛龙出售其在尼日利亚两个浅水石油区块中持有的40%股份；道达尔出售34.72亿美元资产；康菲石油出售了在与俄罗斯石油公司（Rosneft）合资的北极光公司（Polar Lights）50%的股份。中下游方面，荷兰皇家壳牌以14亿美元出售所持有昭和壳牌（Showa Shell）33%股权；雪佛龙出售了在新西兰唯一炼油厂的持股；道达尔以3亿美元出售其持有的德国施韦特（Schwet）炼油厂16.67%的股权；英国石油出售了英国北海中部地区运输管线系统（Cats）36.22%的权益。

石油行业在经过2015年一年的低油价冲击后，2016年正在进入适应期。2016年3月，巴克莱银行下调了2016年全球勘探和生产支出前景，将1月份曾预测将下降15%下调至27%，将1月份曾预测北美洲2016年勘探和生产支出将下降27%下调至40%，而全年国际勘探和生产支出预计同比将下降21%。自从巴克莱银行在1月份发表上游支出调查报告以来，占71%总支出的运营商修改了他们的预算，以此体现在持续低油价前景中减少了的2016年支出计划。墨西哥国家石油、巴西国家石油和中国石油已分别把2016年勘探和生产支出削减了31%、22%和20%。意大利石油巨头埃尼公司计划在2019年前削减成本和出售资产达130亿欧元（147.1亿美元），出售价值70亿欧元的资产，部分是近来发现的油气田的股份，削减60亿欧元的成本，包括通过对现有合同的重新谈判削减35亿欧元的成本。

据统计，2016年全球油气勘探投资将削减至410亿美元，资源国政府和油企纷纷祭出相应调整方案。众多油气商正在调整发展策略，日常运作模式方面主要是调整业务中心与其他地区的人力资源配置，调整核心业务分布，调整非核心业务投资，实行业务外包为主；与供应商抱团取暖，风险共担，通过完善和巩固供应链着眼于公司的可持续发展；调整人力资源管理模式与组织机构以提高效率，通过建立专家库及充分发挥专家职能提高效率；在经济下行形势面前，面对低油价，更多的公司愿意通过分工协作来改善经营。

勘探衰退的影响远远超过预算削减本身。一些大型的勘探公司，如康菲石油和马拉松石油等，开始调整资产组合，重新聚焦陆上勘探；一些以常规油气勘探为核心的公司依然保持谨慎态度，延续2015年的短期主义投资策略，更加重视眼前利益，这与这些公司现金流吃紧有关。

低油价对全球主要油气资源国的影响逐步显现，俄罗斯和中亚、中东、拉美等地区主要产油国出口收入大幅下降，财政紧张、货币贬值、外汇储备缩水，部分国家经济增速大幅放缓甚至陷入衰退，特别是中东、西非地区恐怖活动增加，资源国经济、社会、安全和政治风险明显上升。

资源国采取多种政策和措施来吸引外资，减轻企业负担。伊朗积极修改合同，放宽在投资、工作量、开发期、成本回收、报酬等条款方面的限制，突破了原有回购合同模式的限制；墨西哥、乌干达、安哥拉等国放宽招标限制，有针对性地给予难开采区域财税优惠。俄罗斯、哈萨克斯坦、英国、印尼等国通过降低特定地区和特定资源的开采税、收益税和取消部分税费减轻企业负担。

部分资源国为减轻财政负担，采取减少补贴、增加税收、出售资产等措施，以筹措资金渡过难关。以沙特阿拉伯为代表的多个资源国上调国内能源价格，减少补贴；俄罗斯调整国内矿产资源开采税，计划由776卢布/吨增至950卢布/吨；俄罗斯已累计出售油气资产超过100亿美元，包括部分战略性资产，改变了不对外出售战略资产的政策。哈萨克斯坦将实施私有化计划，向国际投资者出售多家国有企业股份。

挪威国家统计局2016年2月24日在奥斯陆公布的调查结果显示，挪威的石油公司进一步削减了2016年的投资计划，此举将削弱挪威货币克朗以及提高挪威中央银行下个月降息的预期。由于布伦特原油价格自2015年年中以来迄今暴跌70%，导致了挪威经济增长停滞，挪威的主导产业不得不进一步削减2016年的投资计划。挪威的石油公司计划2016年投资1639亿挪威克朗（188.9亿美元），比挪威国家统计局2015年11月调查时预计投资1710亿挪威克朗大幅减少了71亿挪威克朗。芬兰商业银行（Handelsbanken）首席经济学家卡里·安德森（Cary Anderson）说："我们预计挪威石油公司今后将有可能继续下调2016年的投资计划，但下调的幅度不会像此次那样大。"

伊拉克石油部长阿代尔·阿卜杜·迈赫迪（Adel Abdul Mahdi）2月22日在其官方脸谱说，外国石油公司2016年在伊拉克的开发费用已从230亿美元大幅削减至90亿美元。大多数外国石油公司已先后批准了修改后的开发费用，但削减开发费用将不会影响生产和开发计划。由于伊拉克面临经济危机以及资助针对伊斯兰国军事行动不断飙升的支出，原油价格的暴跌已大幅削减了伊拉克政府的收入。

油价下跌已严重影响到一些较小的产油国，并迫使很多石油企业削减投资预算。沙特阿拉伯国家石油（沙特阿美）表示，能源价格大幅下跌将打击全球石油和天然气项目的投资，该行业未来几年全球可能有约1万亿美元的拟定项目取消。沙特阿美本身就已搁置红海的深水油气勘探和钻井活动，并已暂停在其位于拉斯坦努拉（Ras Tanura）的最大炼油厂建设造价20亿美元的清洁燃料工厂的计划。

大型跨国石油公司在2013年巴西海上油气区块招标活动中获得的诸多深水区块正面临两难选择。一方面，在油价持续低迷和石油公司大幅削减开支的背景下，暂时搁置开发成本较高的深水项目成为首选；另一方面，石油公司又必须继续履行最低工作量承诺，否则将失去这些区块。

道达尔、英国石油、荷兰皇家壳牌、埃克森美孚都有巴西深水项目。相比放弃区块，他们更愿将赌注押在这些项目投产前油价会恢复至较高水平上。道达尔已在洽谈海上钻机租赁事项，最早将于2017年第一季度在亚马孙河口盆地钻首口预探井；英国石油表示，将按协议完成所需的最低义务工作量；荷兰皇家壳牌因收购英国天然气集团（BG）获得所持深水区块454日的延期权限，初步计划2016年中期完成地震资料采集和分析工作。

经济日益下行让资源国政府意识到刚性的财税政策及苛刻的招标制度、工作量承诺要求已难以有效运行，需要作出调整。一些新的区块的招标可能伴有有竞争力的财税条款出台，但是已存在的运行项目的财税条款不会发生改变。

墨西哥的深水油气招标将在2016年第三季度结束，投标者对墨西哥的资源潜力及政府的积极作为比较感兴趣。墨西哥国内招标区块面积达到3000平方公里，合同周期可能持续10年；而且根据本轮的调整，在墨西哥投资的公司没有太多限制，政府不会要求投标者与本地企业高度联盟，本土化的比例不高于10%。

挪威的政策优惠力度较大，政府将允许当年回收勘探成本的78%，不考虑产收入限制。即便如此，挪威国内的勘探工作量投入还是会下降，估计年度新勘探井数会由2014—2015年的40口降至2016年的30口。

油气勘探及开采投资削减给石油服务企业带来了冲击。穆迪分析师萨贾德·阿拉姆（Sajjad Alam）表示："没有一家油田服务公司或钻探公司能够幸免。"这主要表现在油气服务行业的萎缩，2014年第三季度以来，已有近40套浮式钻井系统被搁置，每台被搁置的钻机耗资约500万美元，2016年新增钻机数不能有效抵消搁置钻机数。同时，设备的结构性短缺现象也存在着，适应深水勘探的钻井船虽然技术先进且效率高，但不能适应勘探形势好转及勘探需求大面积恢复时的需要。一些合同作业者的生存成为问题，特别是从事风险勘探服务的公司压力会更大。2015年年末以来，有不少这样的作业者破产。在签署钻井合同的作业者中，自升降钻井平台市场的挑战尤为严峻。美国墨西哥湾的赫尔克乐斯（Hercules）公司就曾在2015年8月申请破产。

尽管石油公司普遍削减勘探投资，但是2016年不排除获得油气大发现的可能，这主要是基于油企过去制定的长期发展战略及钻井工作量的投入或者具备低成本的竞争优势。削减投资不等于不投资。据分析，石油大发现可能出现在一些已有苗头的潜力区，如在加拿大、圭亚那及塞内加尔已有发现的深水区块；大型天然气发现有可能出现在保加利亚、塞浦路斯和缅甸。在毛里塔尼亚和埃及，天然气发现储量评价井方面的工作已完成。2016年10月4日，美国凯洛斯能源宣布，该公司在阿拉斯加州北斜坡以外海域（北极水域）地下发现了储量高达60亿桶轻质石油的大油田。油田位于史密斯湾的浅水区，北极圈北部约300英里处。储量估计数是基于该公司2016年年初在史密斯湾扇形复合体所钻的两口井以及126平方英里的现有三维地震数据作出的。凯洛斯能源还估计，如果计入毗邻探区，史密斯湾扇形复合体可能拥有100多亿桶的石油储量。

相比之下，传统油气区将表现得比较平静，非洲大陆、北海及北极油气勘探不会有太大起色。在当前低迷的经济形势下，非常规油气勘探也同样遭遇低潮，北美之外地区页岩油气钻井将显著下降，工作量较2015年下降30%，具体数量为

350～400口，这些探井主要分布在中国和阿根廷，沙特阿拉伯和俄罗斯会有少数几口，其他几个国家可能会有小作为。

国际能源信息署报告指出，国际油价在2017—2021年间存在飙升的风险，由于对于石油产出"投资不足"，世界各地许多石油生产商正通过削减成本、关闭设备来寻求缓解油价低迷之痛。

第五节　豪赌700亿美元只为压缩供应链成本

国际石油公司缩减资本开支、调整投资结构、剥离非核心资产的步伐将在未来较长一段时间内持续，这在一定程度上也为国际油气并购重组带来了一定机遇。2015年石油行业再次出现巨型并购。最大的一宗是荷兰皇家壳牌以470亿英镑现金加股票（约合700亿美元）的方式收购英国天然气集团（BG）。此宗收购交易意味着英国第一大和第三大天然气制造商合并为新的能源巨头，英国天然气"巨无霸"企业由此诞生。

世界经济和油价持续低迷，石油巨头们纷纷裁员出售资产，在行业一片哀嚎的背景下，荷兰皇家壳牌却豪掷700亿美元收购英国天然气集团公司（BG），业界哗然。2015年4月荷兰皇家壳牌披露对BG的收购交易时表示，该公司为油价制定的长期规划区间为每桶70美元到110美元之间。到了2015年7月，荷兰皇家壳牌曾表示该交易在70美元/桶的油价水平上是划算的。而12月，国际油价已经跌至35美元/桶附近，创近7年来新低，早已跌出"划算"的范围。相比香饽饽，BG或许更像一个"烫手山芋"。2014年财报显示，BG的业绩并不理想，营业利润下滑14%，油气产量下滑4%，股价也出现了大幅下跌，由于其澳大利亚的资产因大宗商品价格下跌而被迫进行资产减记，2014年第四季度，BG的亏损额达到了50亿美元。而过去一年，该公司股价累计跌去20%。

事实上，从2012年起，有关BG的坏消息就屡屡传出，特别是产量的停滞不前，一度让国际评级机构穆迪对BG的评级展望从"稳定"下调至"负面"。BG巴西业务不佳是该交易中的大隐患。BG是巴西国家石油的合作伙伴。2015年，两家公司共同发现了史上最大的超深潜水油田，包括位于圣保罗州海岸桑托斯盆地的图皮油田BM-S-11探索区块。

荷兰皇家壳牌和BG曾发表联合声明，10年后，海上石油产量将上升至近60万桶/天，远高于目前的15万桶/天。但因其合作伙伴巴西国家石油腐败蔓延且成本膨胀，许多新发现大型油田的开采一直停滞不前。在业内人士看来，这项合并是"一场赌博"。一方面，赌中国、印度等发展中国家为了应对限排，将用天然气等更清洁的燃料取代煤炭，天然气需求保持快速增长；另一方面，赌亚洲市场将依赖天然气特别是液化天然气（LNG）进口。完成并购后的荷兰皇家壳牌将成为全球液化天然气的最大供应商。

与此同时，荷兰皇家壳牌自身也深陷业绩萎缩泥潭。2015年荷兰皇家壳牌营业收入为2649.60亿美元，较上年4211.05亿美元减幅达37%，利润19.39亿美元，较上年148.74亿美元减幅达87%。在宣布并购时，荷兰皇家壳牌表示将在交易完成后裁撤总计2800名员工，占合并后员工总数的3%。而早在2015年年初，荷兰皇家壳牌已经宣布2015年将裁员7500人。尽管处境艰难，未来形势并不明朗。荷兰皇家壳牌表示，必须适应市场环境，并相信油价在中长期内有望回升到每桶70美元至90美元区间，2018年将达到每桶90美元。"此次并购荷兰皇家壳牌太依赖于油价的回升。"业内人士认为，不过现在荷兰皇家壳牌只能把宝押在油价和天然气需求尽快回升上，这就像是一场"豪赌"。

BG是英国最大的能源公司之一，资本总额超过480亿美元，在全球天然气行业处于领军地位，尤其在LNG和巴西海上油田市场地位强劲。荷兰皇家壳牌收购BG，是过去10年能源并购市场上罕见的大宗并购案，也是荷兰皇家石油和英国皇家壳牌2005年合并以来规模最大的并购。

　　尽管经济处境艰难，但对于未来，荷兰皇家壳牌仍在坚持在油价低迷的时候进行抄底收购。不过以前的合并收购浪潮，多是为了成立规模更大、资金实力更强的公司，并不断寻找新的油田储备；相比之下，这次合并的目的是压缩供应链成本。

　　荷兰皇家壳牌为了在阿拉斯加北岸附近的海上寻找石油，已花费了大约60亿美元，却连一口井都没有打完。这说明油气勘探成本正日益升高。收购英国天然气集团使荷兰皇家壳牌获得大量石油和天然气储备，并能节省勘探成本，提高在深水、LNG等领域的竞争能力。荷兰皇家壳牌表示，并购BG能为公司创造35亿美元的税前协同效应。在澳大利亚东北部的昆士兰，两家公司的大型液化天然气项目位置比较接近，共享基础设施有利于提高双方效益。两家公司期望2016年能将资本支出压缩到400亿美元以下，2015年支出为450亿美元。

　　上游资产和遍布全球的LNG供应链，是BG最为诱人的筹码。BG的深水和一体化天然气业务将为荷兰皇家壳牌的上游业务增添活力，该业务能够带来有吸引力的回报和现金流，并具有增长潜力，未来荷兰皇家壳牌将专注于继续发展这两项业务。整合两家企业优质资源，能扩大规模经营效益。直接表现在并购后荷兰皇家壳牌天然气供给能力大幅提高，同时荷兰皇家壳牌在天然气国际贸易中的地位显著提高。不过业内人士认为，这一切都还是荷兰皇家壳牌的美好期望。

　　对于荷兰皇家壳牌来说，收购BG确实可以大幅增加公司石油和天然气储备，会使荷兰皇家壳牌的未开采石油和天然气储备量增加28%，节省了通过勘探来提升能源储备的资金。荷兰皇家壳牌首席执行官本·范伯登（Ben van Beurden）表示："这是个战略性的交易，将在油气价格可能会在一段时间内保持较低水平之际，提高荷兰皇家壳牌的盈利能力和承压能力。"

　　在经过近一年的谈判后，2016年2月15日，荷兰皇家壳牌终于完成了收购BG的计划，使荷兰皇家壳牌一举摘下全球最大液化天然气（LNG）公司的头衔，并取代雪佛龙成为全球第二大石油天然气公司。

　　世界逐渐转向偏好低污染能源，荷兰皇家壳牌十分看好未来几十年内全球液化天然气市场的快速增长。然而油价却迫近12年来最低点。荷兰皇家壳牌正在全球范围内进行油气业务的重大重组，这项合并对一个即使拥有126年历史的公司来说，仍是一个巨大挑战。范伯登对荷兰皇家壳牌的未来展望获得了股东们的压倒性支持，尽管还有一些大股东表示担忧，缓慢复苏的低油价可能导致荷兰皇家壳牌资金紧张，并且对其增长计划带来风险。

2015年另一起大的油气行业并购案就是斯伦贝谢收购油田设备制造商卡梅隆国际（Cameron International）。此项交易通过现金加股票方式收购，交易价值约为127.1亿美元，若加上其他费用，并购总规模约为148亿美元，其中包括承担11亿美元的债务。

斯伦贝谢并购卡梅隆国际可谓强强联合。近年来双方合作频繁，曾组建合资公司为海底油气市场提供产品、系统和服务。斯伦贝谢首席执行官帕尔·吉布斯贾德（Paal Kibsgaard）发布声明称："我们相信，斯伦贝谢的油服技术与卡梅隆在设备制造领域领先地位的结合将造就下一轮的行业技术突破。"油价下跌迫使油气生产商不断收缩勘探活动，油田服务需求也同步下降。吉布斯贾德表示，并购卡梅隆将有利于斯伦贝谢削减成本，精简供应链，改进生产流程。

斯伦贝谢在国际油价狂跌的时候收购卡梅隆国际，反映了斯伦贝谢作为全球最大油服公司的综合实力和前瞻性的战略眼光。在油服公司中，卡梅隆国际是一家比较优质的企业，软实力强大，2015年卡梅隆国际营业收入87.82亿美元，较2014年缩减15.4%，利润5.01亿美元，减幅38.2%。但是，与其他石油公司和油服公司不同的是，卡梅隆国际的软实力没降反升至0.167，较上年提高2.8个百分点，这是其比较优秀之处。2008年和2014年发生了两次油价暴跌，卡梅隆国际软实力有所下降（见图2-2），但挺住了，软实力指数立马回升。2015年卡梅隆国际软实力指数高于哈里伯顿和贝克休斯，仅次于斯伦贝谢。2016年第一季度，斯伦贝谢完成了对卡梅隆国际的收购，卡梅隆国际市值126亿美元和127亿美元的直接交易价相当，较2015年年末市值120亿美元上涨6亿美元，卡梅隆国际的市场价值得到市场充分认可。

图2-2 卡梅隆国际市值及软实力走势（2006年至2016年3月）

资料来源：邓正红软实力研究应用中心。

2015年斯伦贝谢营业收入354.75亿美元，较2014年485.80亿美元下降27%；利润20.72亿美元，较2014年54.38亿美元下降62%。为应对长时间以来石油生产活动低迷和油价暴跌的局面，2015年斯伦贝谢进行了两轮裁员，裁员总人数达2万人，占员工总数的15%，并削减资本支出。石油产业链上游的石油钻探能产生巨大的利润，实现快速资金回笼，但公司必须提前支出大笔资金，用于新油田的勘探和开采。斯伦贝谢预计，美国陆上钻探活动的复苏将会推迟，面对原油价格的下滑，美国页岩油行业或许已经永久放弃了那种大手大脚的支出方式。斯伦贝谢还警告称，未来石油钻探与生产行业或将遭遇"严重危机"。由于油价暴跌不止，越来越多的客户可能会缩减投资，并减少在相关项目方面的开支。

油价的暴跌让全世界震惊不已。没有人预测到原油的需求会变得如此疲软，这也造成了意料之外的原油供应过剩。然而，斯伦贝谢预测，原油市场正从供应过剩的状态逐渐向供需平衡的状态恢复。

在2015年第三季度的公司电话会议上，一名分析员问吉布斯贾德，公司所提出的关于原油市场和原油价格的宏观观点是否有所变化。该分析员还特别问道："鉴于最近的资本支出削减，您认为目前疲软的原油供应市场与您3个月、6个月甚至12

月以前所想的，有什么相同或者不同之处吗？"

吉布斯贾德回答道："我认为全球市场的变化与我们所预期的大体上是一样的。我认为你在欧佩克所看到的情况，对于整个行业的生产能力并没有多大的改变。闲置的产能将会继续不断地转化为市场供应。"

吉布斯贾德所说的欧佩克的情况，是指由于欧佩克的战略由原油价格保护变成了市场份额保护，欧佩克正在利用他们的备用闲置产能，将更多的原油倾倒到原油市场。欧佩克正在使劲开发他们的油田，也就是说将有更多的原油流入市场。这给本来就处于下行的油价施加了更多的压力，也让其他石油生产商压力巨大，大家不得不纷纷削减投资。

斯伦贝谢的观点是，如果生产商的投资跟不上，那么全球范围内的产油水平自然也会不断下降。投资不足最终会使得原油市场重新恢复平衡，当然这没有考虑欧佩克可能的人为减产行为，正如他们在供应过剩这段时期所做的一样。

在某种意义上，欧佩克这种准备用原油冲击市场的决定，还给他们带来了意想不到的好处——对手们不得不更大程度地削减投资。在吉布斯贾德看来，这显然非常有用。吉布斯贾德说："在加拿大、俄罗斯和北海3个主要原油供应区内，尽管产量已经开始下降，但是这些区域都做了产能最大化的尝试。一些项目采取了各种各样的短期措施来实现产能最大化，这对于长期采收率来说其实是有负面影响的。这些措施都只能使用一段时间，当生产商用尽了各种方法后，投资如果还是跟不上，未来我们将会看到原油产量的迅速下跌。""在北美，产量正如当初预期的一样不断下降，在全球范围内也如此。同时，我们也开始看到了供应疲软现象已经出现。"

吉布斯贾德指出，一些生产商正在冒着牺牲长期投资利益的风险，不惜一切代价地提高短期原油产量。例如，康菲石油正在削减一些长期项目，包括他们正在进行的墨西哥湾深水勘探项目，以及新的油砂扩建计划，原因是这些项目在未来几年内都不会带来任何原油和现金流。康菲以及其他一些石油生产商，更倾向于能够提高原油产量和现金流的短期项目，如来自鹰滩和巴肯页岩油的项目。该区域的产量占到康菲年产量的16%。

石油公司之所以努力地提高短期现金流，很大程度上是为了弥补目前的开支。而除了期待油价上涨外，唯一的方法就是提高产量。但是这种做法导致的后果不仅延长了寒冬期的时间，更严重的是可能会造成长期的供应问题。大型的长期项目无法得到运行，原油供应的风险也就会不断增加。没有来自这些项目的足够的原油，未来市场的需求也无法得到满足。

第六节　美国页岩油开启战略性减产模式

美国页岩油达到产量峰值是在2015年3月（见图2-3），为546.9万桶/日，当时WTI原油均价为47.82美元/桶，不及页岩油60美元/桶的盈亏平衡点（注：美国页岩油盈方平衡点随着开采效率的提高在不断下降），美国页岩油从4月开始降产。从2016年2月油价暴跌至12年低点以来，美国能源公司相继宣布减支出、降产量。美国能源信息署（EIA）3月8日发布的短期能源展望指出，由于页岩商为节省开支闲置了越来越多的钻井平台，2017年美国原油产量将降至4年来最低。美国能源信息署将2017年美国的原油产量预期由846万桶/日下调至819万桶/日，还下调了美国2016—2017两年的原油需求预期和油价预期，并预计产量下降的页岩区主要有巴肯、鹰滩、奈厄布拉勒和二叠纪盆地，降幅最大的是鹰滩页岩区，可能高达5.8万桶/日。这些页岩区是美国油气产量增长的主要来源，分别占美国油气增量的92%和100%。

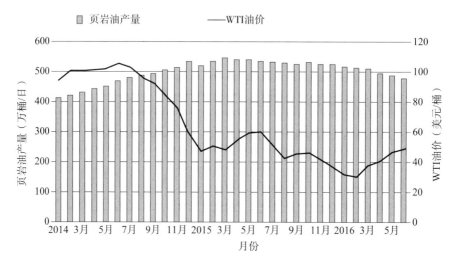

图2-3 美国页岩油产量和WTI油价走势（2014年1月至2016年6月）

资料来源：美国能源信息署。

注：图中WTI油价为月度均价，产量数据为美国能源信息署2016年7月12日公布。

截至2016年6月，美国页岩油进入梯度式减产模式（注：梯度式减产并非持续减产，而是分阶段减产）已有15个月，6月的产量为477万桶/日，相比2015年3月的产量峰值，美国页岩油每日已减产70万桶。2015年12月至2016年第一季度，WTI油价跌至每桶40美元以下，美国主要的石油和天然气生产商在2015、2016年已连续两年大幅削减资本支出目标，以应对低油价，支撑财务状况。美国产量最多的29家石油公司，将2016年的预算总共削减了38%，达530亿美元。其中戴文能源削减75%，达40亿美元，为全球最多；而切萨皮克能源削减了57%，达20亿美元，在美国页岩公司中最多。《华尔街见闻》称，美国几家最大页岩油气企业已经开始削减产量，这是这些企业多年来首次减产。大陆资源、戴文能源和马拉松石油分别表态，2016年原油产量将比2015年减少10%，EOG资源则减产5%。

美国页岩油持续减产的一个重要标志就是石油活跃钻机数量的持续减少（见图2-4）。当然，石油运转钻机数量的减少并不完全等同于原油产量的下降，因为有的老油井产量已经很低，甚至接近报废，如果继续运转，经济上是很不合算的，增加了维持成本；那些继续运转的钻机，技术进步导致压裂效率提升，老井增产能力增强，即使钻机数下滑，产量衰减也大为缓解，成本也在大幅下降。从时间上算，美国页岩油的"减产模式"和"减钻模式"并不同步，"减钻模式"是从2014年10月10日当周活跃钻机数量达到1609台的峰值之后开启的，而"减产模式"则是从2015年3月达到546.9万桶/日的峰值之后开启的，前后相差6个月。在这6个月中，截至2015年4月2日当周，石油活跃钻机数已降至802台，较1609台的峰值减少了807台活跃钻机，减幅达50%；而页岩油产量则从2014年10月的每日506.9万桶增至2015年3月的每日546.9万桶，页岩油每日产量整整增加了40万桶。不过，页岩油减钻确实代表了减产的趋势，随着产量迈过峰值之后，后期的"双减"基本实现了同步。

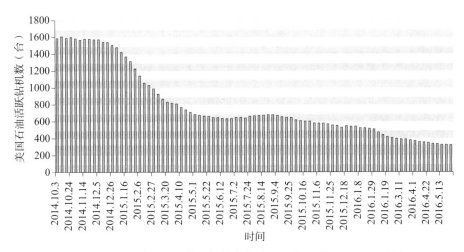

图2-4 美国页岩油活跃钻机数量走势（2014年10月至2016年5月）
资料来源：贝克休斯。

美国页岩油减产分为两个阶段：第一阶段是2015年4月至2015年9月，美国页岩油产量在达到546.9万桶/日的峰值后连续6个月降产。在达到产量峰值的3月，美国能源投资大亨、亿万富翁T. 布恩·皮肯斯（T. Boone Pickens）在接受英国《金融时报》采访时表示，美国原油产量过剩，助推油价下跌，美国生产商必须对此作出产量方面的调整。他预测，页岩油产量可能在5月或6月停止增加。

86岁高龄的皮肯斯自上世纪50年代就以持不同意见而闻名业界，他在美国达拉斯市拥有一家名为BP Capital的能源投资集团，个人身家达10亿美元。2008年，皮肯斯宣布了名为"皮肯斯计划（Pickens Plan）"的能源方案，旨在倡导美国减少对进口原油的依赖性。虽然页岩油减产较皮肯斯的预测提早了1个月，但相对来说，皮肯斯的预测还是比较准确的，反映了这位老石油投资商对石油行业的资深阅历和敏锐观察。在第一阶段，美国页岩油产量从峰值546.9万桶/日降至526.3万桶/日，每天产量减幅达20.6万桶。

第二阶段是2015年11月至2016年9月，第二阶段减产的起点定在11月，是因为10月美国页岩油出现增产，当月每日产量为529.3万桶，较上月每天增产3万桶；第二阶段减产的终点定在2016年9月，这是根据2016年7月12日美国能源信息署公布的有关产量实际值和预测值确定的（注：美国能源信息署2016年8月公布的数据将页岩油第二阶段减产的起点调至12月，不过此处遵循时间节奏仍按7月公布的数据处理）。截至2016年6月，美国页岩油已连续8个月减产，已减至477万桶/日，较2015年10月每日已减产52.3万桶。根据7月12日采集的数据信息，美国能源信息署对7月、8月的页岩油产量公布了预测值，分别为465.3万桶/日、455.3万桶/日，仍然是连续减产；9月的页岩油产量预测值虽未公布，但从公布的美国原油产量2016年下半年各月的预测值（见表2-5）来看，9月恰恰是美国原油持续减产的终点，据此推断，9月也可能是美国页岩油第二阶段持续减产的终点，第二阶段页岩油减产或将持续11个月，按8月的预测值推算，第二阶段美国页岩油产量减幅至少达74万桶/日。

表2-5　美国能源信息署公布2016年美国原油产量（万桶/日）

项目	1月	2月	3月	4月	5月	6月	7月	8月	9月	10月	11月	12月
产量	919	916	915	893	881	863	*847*	*822*	*810*	*819*	*826*	*825*

资料来源：美国能源信息署。

注：表中数据为美国能源信息署在2016年7月12日公布，斜体数字为预测值。

对于页岩油的第二阶段减产，2016年2月23日，最早参与运用液压分裂开采技术的美国页岩业人士马克·帕帕（Mark Papa）在素有"能源达沃斯"之称的IHS CERAWeek年会上表示，未来数月将是美国页岩油企业最难熬的一段日子，一些企业可能遭遇破产重组。不过他仍然看好美国页岩油行业发展，并预计美国页岩油生产商在未来全球市场占据支配地位。帕帕认为，美国页岩油行业的前景非常光明，美国到2022年产量可以达到每天1300万到1400万桶，未来会比大家认为的更为光明。

页岩油井的超高递减率给企业经营带来很大压力，企业需通过融资等方式保证资金的持续投入。然而，油价的长期低位使银行对页岩油企业的贷款发放愈发谨慎，甚至出现贷款额度的削减。由于企业资金不到位，加之油价长期低位，页岩油行业也受到沉重打击，大量美国页岩油井已关闭，行业迅速出现了整合。截至2016年4月的过去一年，北美已有逾50家油气生产商宣告破产。

从页岩油的生产成本来看，油井一旦投产，后期运营所需的现金流就会大幅下降，这一降幅比传统油田更大。在已拥有高产的投产油井的情况下，页岩油生产商只要暂停新油井的建设，就可以在基本不缩减产量的情况下砍掉大量支出。比如，EOG资源缩减3%的产量，就可以削减40%的支出。同时，即使在价格重压下不得不关闭油井，和传统油井相比，页岩油井的关闭和重启非常简单。而传统的油井必须采取"封井"，不但耗资巨大，重新启动油井也需要更长时间（数个月甚至数年）。在未来，美国页岩油行业未来能否再现快速增长，取决于其技术到底能将成本降到多低。

将已经钻好的油井推迟产油是美国油企减产的主要方式。这些库存井只待市场行情好转后重新启用。根据贝克休斯统计，截至2016年3月6日当周，美国油田钻机运转数量已连续11周下降，活动石油钻机数量下降至392台，自2009年12月11日当周以来首次低于400台。过去17个月以来，美国石油钻井平台闲置数量已超总平台数量的2/3。相比之下，2015年3月6日当周美国活跃的钻机数量还曾高企在922台。2015年，美国平均每周减少18台钻机，全年共计减少963台钻机，成为自1988年以来最大年度跌幅。埃克森美孚已破例减少了60%的钻井数量，阿纳达科石油已减少80%美国陆上钻井，油气勘探公司比尔巴雷特（Bill Barrett Corp）表示，能源价格暴跌已限制了该公司的钻探活动，他们将仅保留最后一座钻井。

按照国际油价走势分析，WTI和布伦特两种国际基准价格持续走低，2016年初创下近12年来的新低，尽管2月14日至3月22日美国原油价格曾攀升至41.90美元的高位（见图2-5），但仍低于美国页岩油50美元/桶的盈亏平衡点。因此，部分资源禀赋较好、开发成本较低的页岩油企业在此油价水平下仍有赢利；也有部分页岩油企业的生产成本已高于油价，短期内尚可勉强支持，但中长期生产经营活动将无法维持。据美国达拉斯联储数据显示，2015年第四季度至少有9家美国油企提出破产申请，债务合计超过20亿美元，预计2016年还将有更多企业破产。此外，据彭博社和路透社统计，2015年以来，美国石油业已裁员超过25万人，另有数十家公司只能勉强支付利息、濒临倒闭。如果国际油价维持现状，将有更多页岩油生产企业停产，并导致美国页岩油产量总体下降。

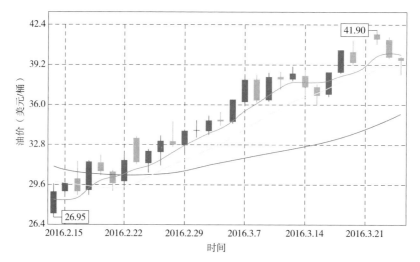

图2-5　WTI油价走势（2016年2月14日至3月24日）

资料来源：新浪财经。

注：图中标注的最高价、最低价均为盘中价。

供给和需求的失衡，过剩的原油库存，以及伴随着欧佩克12个成员国为维持市场份额向竞争对手施压而选择不削减产量，使得国际油价持续下跌。非欧佩克石油生产商，例如美国页岩油生产商在收支平衡的边缘苦苦挣扎，并通过大幅削减成本以及降低产量来艰难度日。国际能源信息署（IEA）预测，国际原油供应在2015年至2021年间，将增加410万桶/日，远低于2009年至2015年间的1100万桶/日总的增量水平。同时，全球石油需求到2021年将增加至10160万桶/日。尽管美国石油产量在收缩，美国石油产量到2021年底将恢复至"历史高点"的1420万桶/日的水平，但是这会是在短期产量减少发生之后。2016年美国轻质致密油产量下降60万桶，而随着石油价格的复苏，2017年将会进一步下降20万桶。与此同时，随着产油效率的提高以及成本的降低，美国石油生产将回到攀升轨道上。

美国页岩油气生产已变得更高效，如钻井速度更快、成本更低和采收率更高，但在油价持续低迷的情况下，美国页岩油气公司已不堪重负。生产效率最高的EOG资源2015年首次出现亏损，并加入减产阵营。该公司首席执行官比尔·托马斯（Bill Thomas）表示，由于公司追求至少30%的高回报率，只有在油价升至40美元/桶以上时，才会考虑增产。

实际上，美国页岩油气生产商是不情愿减产的，是低油价逼得无奈才为之的，而且这种暂时性的减产只是在等待油价回升的机会，它们已钻新油井，但不急于投产。目前美国有大量新油气井，一旦确定油价开始反弹，将投入生产。大陆资源和怀廷石油表示，2016年不会从北达科他州巴肯页岩区的新井输出更多原油。大陆资源计划，在一些新区进行钻井活动，但2016年不打算投产。其预计，2016年将在北达科他州储备195口新油气井。怀廷石油表示，2016年将储备73口新油气井。大陆资源首席执行官哈罗德·汉姆（Harold Hamm）表示，在当前情况下，我们并不希望新油井生产石油，除非看到油价真正开始复苏。

减产只是等待油价复苏，汉姆的这种观点早在2015年5月就已公开了。当时，英国《金融时报》报道称，沙特阿拉伯一名官员声称，较低的油价阻碍了成本较高的石油（比如页岩油）的投资。作为美国石油业领军人物的汉姆驳斥了这种说法。汉姆坚持认为，页岩油产量下滑是临时的，他拒绝接受沙特阿拉伯有关成功排挤美国页岩油生产商的说法。

"他们希望阻止页岩油，"汉姆向英国《金融时报》表示，"他们也许在6个月期间得逞，但不会永远如此。"他还认为，沙特阿拉伯官员的评论很可能会加强美国政界对松绑实行数十年的原油出口禁令的支持。2015年年底美国国会解除原油出口禁令，就已表明汉姆的一些说法确实代表了美国官方的动向。

美国自从上世纪石油危机以来，对国家石油安全是非常担心的。由于页岩油的技术不断提升，同时生产成本和开采成本逐渐下滑，已经形成了一个巨大的产业链，美国政府不会眼睁睁地看着这种产业链被传统的产油国击败。美国认为，当国际油价很高的时候可以自己开采，当国际油价低的时候，再坚持自己开采页岩油就显得不划算了，很多页岩油企业甚至面临倒闭。在持续低油价的情况下，美国生产过多的页岩油只能赔本，即使不赔本也赚不到太多的钱。另外，在页岩油的开采过程中，一口油井打下去，刚开始产量会非常多，但是随着时间的推移产量会自然慢慢减少，这段时间的页岩油减产仅仅是美国放缓了打新井的速度，并不是说已经不投入了，现阶段美国页岩油的减产只是一个战略性减产。

第七节　油价反弹大部分归因于市场情绪

2016年2月19日（周五），国际油市大跌近4%。美国原油下跌1.13美元，跌幅3.7%，结算价报每桶29.64美元；布伦特原油下跌1.27美元，跌幅3.7%，结算价报每桶33.01美元。原因是美国原油库存创纪录，市场非常担忧这种形势可能会使欧佩克冻产计划无助于减少市场现有的巨量供应。美国政府周四发布的数据显示，上周原油库存增加210万桶，至纪录新高5.041亿桶，这盖过了产油国之间达成的冻产计划的影响。

在接下来的20个原油交易日，油价反弹明显，其中有12个交易日出现不同程度的涨幅。美国原油从2月19日的29.64美元涨至39.44美元，涨幅达33%；布伦特原油也从33.01美元涨至41.20美元，涨幅达25%。对于已经出现的油价涨势，国际能源信息署（IEA）称，原油价格可能已经触底回升。但高盛称油价触底的情况"为时过早"（注：2月11日高盛称油价已筑底，此处的说法有放烟幕弹之嫌）。

本轮油价反弹到底是咋回事呢？读者不妨看看这20个交易日（2016年2月22日至3月18日）国际原油价格的变化及简要分析。

2月22日（周一）：油价高涨6%。因美国页岩油产量下降的臆测和股市反弹支持了油市在经历长达20个月的暴跌后可能已经触底的观点。

上周五美国石油钻井平台数减少，在连续第9周减少后，美国活跃钻井平台数降至2009年12月以来最少。国际能源信息署称，美国2016年页岩油产量可能每日减少60万桶，2017年再减少20万桶。这给油价提供了进一步支撑。

油价自上周以来一直处于反弹模式，此前欧佩克成员国沙特阿拉伯、卡塔尔和委内瑞拉与非欧佩克产油国俄罗斯达成了将产量冻结在1月水平的协议。但欧佩克第四大产油国伊拉克周一称，该国计划在未来5年将日产量提高至700万桶之上，每日出口量达到600万桶。伊朗之前曾多次声称要将产量提高至制裁前水平。路透调查预计，上周美国原油库存增加320万桶，至5.04亿桶之上的纪录高位。

2月23日（周二）：油价重挫逾4%。因沙特阿拉伯石油大臣纳伊米（Ali Al-Naimi）讲话称减产不会发生，并支持原油供应的继续增加，认为原油需求回升终将消化掉过剩的原油产量。

2月24日（周三）：油价上涨3%。北海原油暂停装运的消息推高布兰特原油，美国原油期货也攀升，因汽油需求强劲盖过对原油库存处于纪录高位的担忧。

2月25日（周四）：油价跳升3%。因美国原油库存（库欣库存）创新高，油价稍早下滑；美国页岩油开采商大陆资源推迟在巴肯油田项目的完工时间以及哈里伯顿裁员5000人扶助油价反弹；委内瑞拉确认，包括沙特阿拉伯、俄罗斯和卡塔尔在内的产油国将在3月中举行稳定油价会议，油市转升。

2月26日（周五）：油价小跌。美国原油下跌29美分，结算价报每桶32.78美元；布伦特原油下跌19美分，结算价每桶35.10美元。因减产无望，市场对严重供应过剩的担忧依然拖累油价的复苏。

2月29日（周一）：油价上涨3%。全球最大石油进口国中国一年来第5次下调了存款准备金率，欧佩克和美国的石油产量下降，沙特阿拉伯誓言要限制市场波动，暗示油价长达20个月的跌势可能触底。

但是，从高盛到摩根士丹利到巴克莱，各大银行认为，如不减产，产量冻结不会大幅提振价格。伊朗是沙特阿拉伯计划的绊脚石，该国计划将石油产量提升至制裁前的出口水平。伊朗政府周一称，上月出口增加至每日175万桶的峰值。

3月1日（周二）：油价劲升2%。维持住了上涨势头，因股市的反弹帮助逆转了油市稍早因美国库存将再创纪录高位预期带动的跌势。俄罗斯能源部长诺瓦克（Alexander Novak）讲话称，俄罗斯油企支持将产量维持在1月水平的建议。这支撑了油价。但诺瓦克不赞成任何通过减产来提振国际油价。

3月2日（周三）：油价小涨，布兰特原油涨0.33%，美国原油涨0.76%。因买家摆脱美国上周原油库存创纪录的影响，相反聚焦欧佩克冻产计划，长达近两年的油市跌势已经触底的预期犹存。但部分交易商并不那么乐观，他们表示，油市可能重拾跌势，因美国炼厂春季维护期，原油库存将会进一步增加。

3月3日（周四）：美国原油期货收盘小跌，布兰特原油期货小涨。因美国原油库存不断创纪录，抵消了欧佩克计划冻产的利好影响。

3月4日（周五）：油价跳升，大涨4%。因美国就业数据强劲及技术性因素带动了买盘，本周升势在暂歇一日后又被激活。美国原油期货连续第3周上扬，得益于美国就业增长且产量下降，过去3周累计涨幅达到22%。布伦特原油期货连升第2周，本周布伦特原油和美国原油期货都大涨约10%。

油田服务商贝克休斯周五称，衡量原油业活动情况的美国原油钻井平台在过去一周减少8座，至392座，为2009年以来最低水平。根据贝克休斯的数据，原油和天然气钻井平台总数下降13座，至489座，仅略高于从1948年底开始统计以来的历史最低水平488座。

3月7日（周一）：油价大涨5.5%，连续突破40和41美元关口。受助于美元回落和技术性仓位调整。美国钻井数量连续11周下跌为油价上涨提供了来自供应面的支撑，而需求面也将因美国就业人数大增有所增长。尽管基本面形势依然不佳，但原油多头信心提升或暗示油价底部已经形成。布伦特原油期货收涨2.12美元，涨幅5.48%，报40.84美元/桶；美国原油期货收涨1.98美元，涨幅5.51%，报37.90美元/桶。

3月8日（周二）：油价重挫近4%。布伦特原油收跌1.19美元，跌幅2.9%，报每桶39.65美元。美国原油收跌1.40美元，跌幅3.7%，报每桶36.50美元。受油价重挫拖累的是美国能源股，标准普尔500指数中的能源股创下6周来的最大跌幅。分析师预计上周美国原油库存将再创纪录高位，原油供需关系继续恶化，美原油因而受到拖累。高盛也暗示油价反弹不可持续，加剧了油价的跌势。

高盛表示，在当前环境下，油价上涨是不可持续的。能源市场"需要低油价"，才能让美国页岩油生产商减少产出。"否则，油价反弹是自欺欺人的，正如去年春天的行情一样。"

欧佩克原油和美国页岩油的市场份额之争一直是市场关注的焦点，被认为是欧佩克国家放纵油价跌破30美元而依然不减产的最大原因。高盛再次强调了这一关系，对当天的原油市场也造成了很大的利空影响。

3月9日（周三）：油价飙涨5%至3个月来最高水平。主要受美国周三发布的汽油库存数据影响。布伦特原油期货收涨1.42美元，涨幅约4%，报每桶41.07美元；美国原油期货收高1.79美元，涨幅5%，报每桶38.29美元，盘中触及3个月高位38.51美元。美国能源信息署的数据显示，上周汽油库存减少453万桶；接受彭博调查的分析师预期为减少150万桶。美国能源信息署称，过去4周，美国汽油需求较上年同期增长了7%。

3月10日（周四）：油价跳水逾2%。市场猜测3月20日欧佩克与非欧佩克产油国之间讨论冻结产量的会议不太可能发生，因伊朗尚未承诺冻产。美国原油、布伦特原油应声下挫，5分钟内均跌去0.5美元。

3月11日（周五）：油价大涨近2%。国际能源信息署周五称，原油价格可能已经触底回升。伊朗重返国际市场的势头并不像该国曾预料的那么强劲，且有迹象显示非欧佩克产油国的供给量正在下降。不过高盛称油价在不到两个月内大幅反弹

50%的升势"为时过早"。高盛周五在一篇客户报告中指出，由于美国石油库存升至纪录高位，抵销了美国石油产量下滑的正面影响，未来几周油价有可能大幅下跌。

3月14日（周一）：油价下挫3%。周末，伊朗表示会将产量提高到制裁前水平——日产量400万桶，然后才会加入冻结产量的会谈。伊朗目前的石油日产量仅为200万桶，这意味着未来伊朗还将不断增加产量。欧佩克表示，伊朗2月份石油产量增幅创1997年来最大。受此消息影响，油价重挫。美国原油期货收跌1.32美元，跌幅3.4%，报每桶37.18美元；布兰特原油期货收挫0.86美元，跌幅2%，报每桶39.53美元。

3月15日（周二）：油价下跌2%。布伦特原油期货下跌0.79美元，跌幅2%，结算价报每桶38.74美元；美国原油期货下跌0.84美元，跌幅2.3%，结算价报每桶36.34美元。因伊朗增加原油出口，并且俄罗斯暗示伊朗不会参加主要产油国冻结产量协议，使得欧佩克和俄罗斯之间的冻产计划未取得任何进展。俄罗斯能源部长诺瓦克在与伊朗部长会谈后表示，伊朗有"合理理由"现在不参加冻结产量的协议。伊朗上月产量创近20年来最大增幅。美国原油库存上周可能增加，从而让库存水平继续保持在1930年以来高位。

还有一件事情令金融市场感到紧张，就是美联储周三会议声明将如何措辞的不确定性。尽管外界预计美联储不会对货币政策作出调整，投资者们仍将密切关注美联储政策声明及经济预期，以及美联储主席耶伦将于周三召开的新闻发布会。

3月16日（周三）：油价跳涨6%。美国原油期货收涨2.12美元，涨幅5.8%，报每桶38.46美元；布伦特原油期货收高1.59美元，涨幅4%，报每桶40.33美元。产油国支持4月在卡塔尔开会，讨论冻产计划；上周美国原油库存增幅小于预期；美联储宣布维持利率不变，并下调了降息预期。这些因素支撑了油价的涨势。卡塔尔能源和工业大臣称，欧佩克和非欧佩克产油国将于4月17日在多哈开会，讨论冻产计划。约15个欧佩克和非欧佩克产油国支持上述计划。这些国家的石油产量占全球总产量的73%。

3月17日（周四）：油价飙升5%突破40美元。因对主要产油国下月就冻产协议达成一致感到乐观，且美国原油出口上升和汽油需求增强。美国原油收涨1.74美元，涨幅4.5%，报每桶40.20美元；布伦特原油收涨1.21美元，涨幅3%，报41.54美元。自欧佩克提出冻产想法以来，油价从12年低位上涨逾50%，提振布伦特原油从约每桶27美元反弹，美国原油从大约26美元回升。

3月18日（周五）：油价小跌，布伦特原油跌0.8%，美国原油跌1.9%。尽管周五下跌，但原油价格连续数周上涨，布伦特原油连续第4周攀升，美国原油连升第5周。两份合约本周都上涨约2%。欧佩克提出将原油产量冻结在1月的水准后，油价在过去两个月反弹，至每桶40美元以上。

回顾20个交易日的油价反弹，市场充斥着对有关原油冻产、减产、库存减少以及需求增强的主观期盼。其一，沙特阿拉伯、俄罗斯等主要产油国商讨"冻结产量"，虽然并不会减少原油供给，但至少能避免供给过剩的局面进一步恶化。其二，美国等高成本生产国的供给开始下降。其三，至少在美国地区，市场对原油、特别是天然气的需求持续强劲。其四，伊朗重归原油市场，但其出口增速较其政府的预期更为温和。其五，原油期货空头头寸的明显下降，很多人宣称眼下油价的上涨只不过是空头回补，同时，多头头寸也增长了，这意味着一些人已经开始押注油价筑底。其六，近期美元表现疲弱，推动以美元计价的原油价格上涨，但这一因素随时可能逆转。

而油价下跌都是基于逆市场期望的某种担忧，真正意义上的由供给需求变化来决定油价的情况并没有出现。在原油供给过剩的条件下，只有减少产量求得市场平衡，才是油价持续回升的动力所在。在低息贷款使得生产商们不顾低油价和利润持续生产石油的大背景中，石油生产就像一台一直运作的机器，市场也因此变得无序。油价回升大部分归因于市场情绪，当然还有美元疲软以及"欧佩克和俄罗斯将削减产量"等因素的影响，但是，油市受中国经济成长减速、伊朗产量增加、市场竞争更激烈影响，供过于求的情况依旧。不只是这20个交易日，就是过去两个月以来，作为油价上涨约50%的原因都是太乏力的。可以肯定的是，一场有关产量冻结的对话是苍白的，美国页岩油气的降产也是暂时的，库存量太多，而需求又太疲软，国际原油价格回升势头将注定不能持久。

卡塔尔已邀请欧佩克所有13个成员国及非欧佩克主要产油国，于4月17日齐聚多哈，就扩大冻产协议再举行一轮谈判。对此，国际能源信息署石油行业及市场部门主管内尔·阿特金森（Neil Atkinson）在3月23日一次行业会议上表示，在所有与会的国家中，沙特阿拉伯是唯一有能力提高石油产量的国家。"所以冻产可能根本就毫无意义。更像是摆出某种姿态，可能旨在树立起对于油价将企稳的信心。"

第八节　油价暴跌引发反常的经济危机警报

2016年1月15日（周五），国际油价挫跌6%，布兰特原油结算价报每桶28.94美元，美国原油结算价报每桶29.42美元，这是12年来首次收盘低于每桶30美元。至此，从年初以来累计跌幅已超过20%，创下2008年金融危机以来最大两周跌幅。

油价持续暴跌，市场担忧全球经济衰退，消极情绪在全球市场蔓延。这次油价暴跌真的会触发经济危机吗？以布伦特原油为例，自20世纪80年代以来到2009年，国际油价共发生了6次暴跌（见表2-6），其中历时最长、跌幅最大的是1981年3月至1986年8月的油价暴跌，历时5年半，跌幅达73%，暴跌的大背景是第二次石油危机（1979年至1980年）爆发引发的经济衰退，因此也称后石油危机时代的油价暴跌。

表2-6　布伦特原油价格20世纪80年代以来7次暴跌一览

时间	事件影响	油价跌幅	暴跌原因
1981.3—1986.8	后石油危机	73%	供给大幅放大。当时，随着非石油输出国组织产油国原油产量增长，以及替代能源的发展，欧佩克对油价的控制能力下降，原油价格回落。1981年，非欧佩克国家产量首次超过欧佩克。1985—1986年，沙特阿拉伯单方面宣布低价销售石油。

续表

时间	事件影响	油价跌幅	暴跌原因
1990.9—1991.2	海湾战争	51%	1991年油价暴跌有海湾战争的历史背景，油价在战争影响下暴涨后急剧下跌。
1997.1—1998.12	亚洲金融危机	63%	需求冲击叠加供给扩张。一方面受亚洲金融危机影响，需求下降；另一方面，欧佩克国家不合时宜地增产。
2000.11—2001.12	互联网泡沫危机	48%	世界经济明显减速，互联网泡沫破灭，美、欧、日三大经济体增速自1993年以来首次同时下降；"9·11"事件的政治冲击；随着全球供需紧张状况的缓解和油价的回落，石油消费国借机补充库存；原油供给相对平稳，非欧佩克与欧佩克之间关系复杂，并未显著减产。
2006.7—2007.1		27%	天气影响叠加政治事件。2006年下半年美国暖冬、高库存，对原油需求减少；美国选举带来的政治事件冲击。油价快速上涨途中的短暂下滑，油价重挫。
2008.7—2009.2	金融危机	73%	金融危机爆发，全球经济陷入危机，需求萎缩，油价急速下跌。
2014.6—2016.2		75%	一方面，2014年下半年开始，由于美国页岩油革命带来的原油供给上升，以及欧佩克内部国家不减产的决定，石油价格一路下行；另一方面，全球经济疲软带来需求不振。

资料来源：邓正红软实力研究应用中心。

1990年9月至1991年2月的油价暴跌源于海湾战争造成的经济危机，也称第三次石油危机。1997年1月至1998年12月的油价暴跌受了亚洲金融危机影响，2000年11月至2001年12月的油价暴跌源于互联网泡沫经济危机引发的经济衰退，2008年7月至2009年2月的油价暴跌受了金融危机的影响。2006年7月至2007年1月的油价暴跌却看不到经济衰退的影子，且跌幅最低仅27%，油价下滑的主要原因是天气和政治事件的影响，说它"暴跌"有点言过其实，充其量也就是偶然性因素给油价造成的短暂下滑。因此，自20世纪80年代以来到2009年，国际油价真正意义上的暴跌实际为5次。

纵观布伦特原油史上的5次价格暴跌，一个共同特点就是伴随着经济危机而油价走低。而本轮油价暴跌与经济危机的逻辑似乎与前5次暴跌恰好相反。换言之，就是经济危机引发了前5次油价暴跌。而本轮暴跌的逻辑则是倒推经济危机，油价下跌自2014年6月到2016年1月已持续20个月，跌幅超70%，是否会爆发经济危机？

自2016年2月16日沙特阿拉伯石油大臣纳伊米在多哈会晤俄罗斯能源部长诺瓦克以来，世界就一直在探讨（或者对话）两个问题，即欧佩克成员国与非欧佩克产油国是否会达成实质性的原油冻结产量协议和油价暴跌是否导致全球经济衰退。对于第一个问题，冻产的希望还是有的，但要看最终达成的结果。对于第二个问题，国际经济学界多半还是持怀疑态度，但也有经济学家认为，即使低油价对消费者有利，其对经济造成的损害可能比想象的还要严重。汇丰高级经济学家斯蒂芬·金（Stephen King）表示"过去一个月油价的下跌不是经济好转信号，而是经济继续恶化的标志"。

油价"跌跌不休"，2016年整个1月，标准普尔500指数已下挫逾7%。要知道该股指在非经济衰退期一般表现稳健，通常呈上涨趋势，只有经济衰退时才会下跌。油价的崩溃是否预示着美国经济正在衰退？

首先，如果爆发经济危机，那么这次的油价走势与前5次经济危机爆发前后的油价走势刚好相反，前5次的油价在经济衰退快到来的时候都是剧增，并且随着经济危机爆发而暴跌（见图2-6），而本轮油价走势只看到暴跌却不见猛升。嘉信理财（Charles Schwab）公司首席投资策略师桑德斯（Liz Ann Sonders）认为，"如果经济衰退将至，这将是有史以来第一次以油价崩溃开始的经济衰退。通常来说，原油价格的激增才会触发经济衰退。"

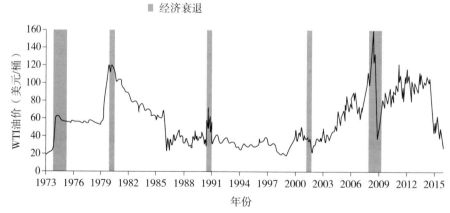

图2-6　20世纪70年代以来WTI油价走势与5次经济衰退（1973年1月至2016年2月）

资料来源：macrotrends.net。

以美国原油为例，1973年石油危机，也称第一次石油危机，经济衰退前油价最高涨幅达4倍；1979年石油危机，经济衰退前油价最高涨幅达2倍多；1990年海湾战争，经济衰退前油价最高涨幅近1倍；2000年科技泡沫破灭，经济衰退前油价最高涨幅达92%；2008年金融危机，经济衰退前油价最高涨幅达1.5倍。本轮油价走势，2014年年中以来石油价格持续下跌，并未出现油价激增的迹象，如果以油价持续暴跌作为经济危机爆发的信号，则是有史以来最反常的一次经济危机警报。

尽管全球经济因油价暴跌发出危机警报，尽管美股在下跌，但在一些经济学家看来，"经济衰退的风险较低"。换句话说，"它可能已经过头了，跌势快接近尾声了。"加拿大财富管理公司Gluskin Sheff & Associates首席经济学家大卫·罗森伯格（DaVid Rosenberg）则表示"2016年美国衰退的几率几乎为0"。他的理由是，"20世纪70年代以来，每次经济出现衰退之前，油价都会出现上涨，而不是下跌。因为油价下跌而担心美国经济衰退还是首次。"

其次，从油价暴跌的原因看，本轮油价暴跌反映的只是全球经济增长乏力，或者放缓，从根本上讲还没有到衰退的地步，当然全球经济也正面临着衰退的风险。供应过剩和需求疲软是自2014年6月以来油价持续下滑背后的主要因素，而供应过剩问题主要源于美国页岩油生产商的迅速崛起，以及欧佩克拒绝减产，需求疲软主要归咎于以新兴市场为代表全球经济增速放缓，从市场情况来看供应过剩的影响远超需求疲软对油价的影响。

但要注意的是，任何一个行业出现严重下滑都有可能导致债务违约进而影响金融局势。高收益债券市场已经非常危险，因为能源公司自上次衰退之后贡献了市场绝大多数的增长。在2013年之前的5年时间里，能源业的票面价值上升了181%，而其他行业只上升了69%。一些投资者认为经济下滑风险主要来源于新兴市场，因为新兴市场对原油的需求下滑让通缩的压力变得更大。黄豆和玉米的价格已经过度下降，钢铁的价格也在过去一年下降了30%。全球需求的下滑让美国经济的风险加大。美联储发布的数据表明工业生产已经在2015年下降了1.8%。自20世纪70年代以来，这样的下跌只有在衰退的时候才会出现。

经济学家对于制造业和贸易的下滑表示非常担心，因为正是它们造成了整体经济增长的乏力。但更大的担心是美国的经济不再能够免受世界经济波动的影响了。自从2009年的危机过后，出口已经占据了美国经济15%的增长，而之前平均的水平只有9%。巴尔的摩的钢铁经销商比尔·赫顿（Bill Hutton）认为最近金融市场的动荡是因为投资者最终"认清了美国现在面临的风险"。

再者，美国经济是否真正出现衰退，美联储的官员们最清楚。美联储加息是根据经济数据和就业状况来定的，美国2016年2月的就业数据俱佳，只有工资增长欠佳，核心物价通胀加速，市场预期3月的美联储会议会加息，但美联储会议最终还是维持利率不变，并下调了降息预期。旧金山联储主席威廉姆斯（John Williams）早些时候表示，美国经济状况看上去很好，若非全球因素的影响，美联储将采取更快的加息步伐。

随后，亚特兰大联储主席洛克哈特（Dennis Lockhart）也表示，3月的美联储FOMC会议决定维持利率不变，更多是为了确保全球金融动荡已经平静下来。但考虑到美国经济持续增长，"经济数据已经证明，有足够的动力在未来的会议上采取进一步行动。"

尽管洛克哈特和威廉姆斯在2016年的FOMC会议上都没有投票权，但他们的表态，反映了美联储官员对美国经济增长状况形成一定共识。在他们看来，美国经济的基本面相当不错，但仍面临来自全球经济不确定的风险，比如中国经济增速如期放缓，多个新兴市场受到油价下跌的打击，日本的经济收缩有点出人意料，加拿大和墨西哥经济感受到油价下跌的影响，指标显示欧元区经济增速稍稍疲软等，美联储不加息是为了照顾全球经济。与1月的政策声明一样，美联储3月的政策声明并未就如何看待美国经济面临风险的平衡状态直接表态。这也是美联储最狡猾之处。

在美联储会议后的几天里，国际油价窜升并维持在40美元/桶的价位，不过市场人士认为这很大程度上是由于投机。在过去不到2个月的时间里，由于空头头寸见顶后大幅削减，交易员迅速平仓，从而推动原油价格上涨了12～13美元/桶。然而相应的市场基本面仍然没有变，美国的原油库存反而在继续创新高。

　　这不仅仅是一个投机者的游戏。随着原油价格的上涨，原油现货市场也会出现转变，因为当原油价格升至40美元/桶及以上时，页岩钻井就会"复出"。对美国页岩油来说，40美元/桶油价可浮出水面，50美元/桶有利可图，60美元/桶则可图发展。美国北达科他州一些地区的保本价格位于20~25美元/桶左右。页岩油开采活动已经成为一个"短周期"事件，一口页岩油井可以在数周或数月内完成，而此前的离岸原油开采项目却需要数年。

　　与此同时，美国页岩油气公司拥有数千口钻探过而又未完成的库存井（DUC）。在过去一年里，石油公司不愿意钻透其油井，同时也不愿意出售至低迷的原油市场上去，然而为了节省短期流动资金，因而决定推迟进一步的钻探活动。如果"半成品钻井"投入生产的数量意外飙升，这将意味着美国的石油生产并不会如预期下降的那么快，石油公司可能因急于偿付其债务而打通更多的油井；也意味着当原油价格涨至足以诱人的地步，将会有一波规模未明的产能巨浪迎面而来。

第三章

美元政策下的页岩油气战略

　　从2008年11月至2014年10月的近6年内，美联储一共进行了4次量化宽松，共计资产购买的规模3.9万亿美元，为市场注入巨大流动性。实施量化宽松政策，表面上看是刺激经济增长，使美国经济尽快摆脱金融危机的影响，实现经济复苏。但仔细分析，一个深藏已久却被大多数人忽视的秘密暴露出来了，美元政策行动和美国页岩油气开发存在勾连。

【本章重要看点】

美国页岩革命分为两个阶段，以金融危机爆发、美联储开始推行量化宽松为界，之前是页岩气革命，之后是页岩油革命。美联储量化宽松的开始也是页岩气减钻的开始。2011年4月21日当周，页岩油钻数量首次超越页岩气钻，标志着美国页岩革命进入页岩油繁荣的时代。量化宽松从经济衰退中拯救了美国，也催生了美国页岩油行业的迅猛发展。量化宽松期间，美国原油产量与美联储资产负债表规模成正相关。美国页岩革命是由中小油气企业推动的，敢于冒险的乔治·米歇尔，79岁时在水力压裂技术上取得成功，91岁时获美国天然气技术终身成就奖，他是美国页岩气之父、页岩气钻井和压裂技术的先驱。

第一节 史无前例的"货币盛宴"

量化宽松（Quantitative Easing，简称QE），美联储发明的一种货币政策，主要指各国央行在实行零利率或近似零利率的政策下，通过购买政府债券、银行金融资产，增加基础货币供给，向市场注入大量流动性资金，以鼓励开支和借贷的做法。量化指的是扩大一定数量的货币发行，宽松即减少银行的资金压力。量化宽松直接导致市场的货币供应量增加，可视为变相增印钞票。量化宽松政策所涉及的政府债券，不仅金额庞大，而且周期也较长。一般来说，只有在利率等常规工具不再有效的情况下，货币当局才会采取这种极端做法。

自2008年金融危机以来，为维持金融系统稳定，刺激经济增长，促进就业市场改善，美联储共实施了4次量化宽松政策，总共购买资产3.9万亿美元。这一"海量"宽松货币实验，号称史上最大规模的"货币盛宴"。

2008年11月25日，美联储开始实施第一次量化宽松政策（QE1），宣布将购买美国政府支持企业（简称GSE）房利美、房地美和联邦住房贷款银行与房地产有关的直接债务，还将购买由"两房"、联邦政府国民抵押贷款协会所担保的抵押贷款支持证券（MBS）。2009年3月18日，机构抵押贷款支持证券2009年的采购额最高增至1.25万亿美元，机构债的采购额最高增至2000亿美元。此外，为促进私有信贷市场状况的改善，美联储还决定在未来6个月中最高再购买3000亿美元的较长期国债证券。2010年4月28日，QE1结束。美联储在QE1的执行期间总计购买政府支持企业债券及相关抵押贷款支持证券1.725万亿美元（见图3-1），并将联邦基金利率降至0.25%的历史低位。

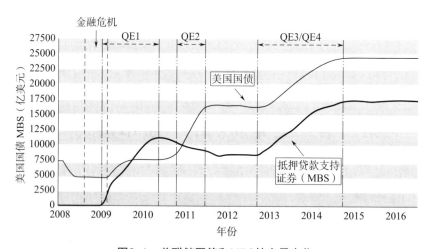

图3-1　美联储国债和MBS持有量变化

资料来源：美国联邦储备系统。邓正红软实力研究应用中心。

注：图中数据截至2016年7月27日，以每月最后一周美联储的资产负债表数据为准。

QE1把华尔街的金融公司从破产边缘拯救了出来，但美国就业率没有根本改善，美国经济复苏仍陷困局。2010年11月4日，美联储宣布启动第二次量化宽松政策（QE2）。截至2011年6月结束，美联储从市场购入6000亿美元中长期国债，并对资产负债表中到期债券回笼资金进行再投资。QE1购买的是国家担保的问题金融资产，旨在重建金融机构信用，向信贷市场注入流动性，稳定信贷市场。QE2购买的是美国国债，实际上是通过增加基础货币投放，解决美国政府的财政危机。在QE2的执行期间，美联储把购入的国债又"出售"给其他国家，这样就套现还原成美元现金，增加了储备的规模（准备金大幅度增加），为解决未来的财政危机准备了弹药。QE2优化了美国经济结构，进一步改善了美国经济状况，但美国失业问题仍然严峻，经济复苏依然脆弱，物价大涨。

2012年9月13日，美联储FOMC在结束为期两天的会议后宣布，0%～0.25%超低利率的维持期限将延长到2015年中，将从14日开始推出第三次量化宽松政策（QE3），每月采购400亿美元的抵押贷款支持证券（未说明总购买规模和执行期限），继续执行6月实施的卖出短期国债、买入长期国债的扭转操作（OT）至年底，继续把到期的机构债券和机构抵押贷款支持证券的本金进行再投资。9月剩余时间购债规模为230亿美元，将主要购买新发行的机构抵押贷款支持债券。

随着扭转操作到期，2012年12月12日，美联储宣布推出第四次量化宽松政策（QE4），每月采购450亿美元国债，替代扭转操作，加上QE3每月400亿美元的宽松额度，联储每月资产采购额达到850亿美元。美联储还史无前例地设定了失业率的量化指标作为未来加息的依据。

QE3更多的是暴露了美国的战略意图，美联储通过宽松货币政策，以美元的输出将通胀的风险加之于其他国家，其实是其他国家在为美国衰退的经济埋单。QE4的推出使得美国经济出现改善，美国就业也呈现温和增长态势，但随着时间的延长，其效能已经越来越小。从4次量化宽松看，QE1是铲除美国经济毒瘤，QE2是优化美国经济结构，QE3、QE4是捍卫美元霸主地位。

2013年12月18日，美联储在结束货币政策例会后发表声明说，考虑到就业市场已取得的进展和前景的改善，决定从2014年1月起小幅削减月度资产购买规模，将长期国债的购买规模从450亿美元降至400亿美元，将抵押贷款支持证券的购买规模从400亿美元降至350亿美元。这样一来，美联储月度资产购买规模将从原来的850亿美元缩减至750亿美元。这标志着美联储在金融危机后实施5年的4次量化宽松货币政策开始进入退出行程。

2014年10月29日，美联储FOMC发布货币政策声明，宣布到本月为止结束资产购买计划，下个月开始不进行资产购买。这意味着，从2012年12月开始的QE4至此正式结束，美联储史无前例规模巨大的资产购买计划收官。

从2008年11月至2014年10月的6年内，美联储一共进行了4次QE，共计资产购买的规模3.9万亿美元，为市场注入巨大流动性。美联储的资产负债表规模已经膨胀到了4.48万亿美元（见图3-2），成为4次QE留下来的最直接"成果"。当然，6年来，美国经济有起有落，但总体上已经彻底从危机的阴影中走出，步入复苏的轨道：经济增长加速、失业率显著下降、美元震荡走低后企稳爬升、美股则经历了持续5年的大牛市……这些都为美联储执行这一非常规的货币政策的正确性提供了注脚。

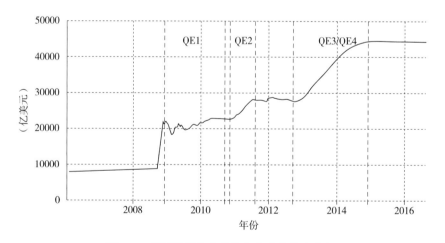

图3-2　美联储量化宽松期间资产负债表变化

资料来源：美国联邦储备系统。

注：图中数据截至2016年8月10日。

2008年11月开始，由于金融危机愈演愈烈，市场流动性发生巨大障碍，美联储决定购买一些机构债和抵押担保债券以启动量化宽松。美联储将基准利率下调至零后，2009年3月决定开始购买国债，使得QE更加名正言顺。所谓QE，简单地说，即美联储通过从银行和其他金融机构购买到期日较远的长期债券来调节长期利率，从而降低市场的长期融资成本，同时也为市场注入足够的流动性，使得实体经济有能力开展经济活动。这是在美联储利用常规工具，已经将短期利率调整到零之后，仍然没有办法改变经济衰退情况下的临时举措，避免经济陷入通缩。

6年后，美联储的目的达到了：市场数据方面，和2008年11月刚启动第一次QE时相比较，标准普尔500指数在6年中上涨近110%（见图3-3），显示投资信心和活动逐年增加；10年期国债收益率从2.96%下调到2.32%，意味着融资成本有所降低；美元指数则在此期间增长了大约3%，显示QE注入流动性并没有最终造成美元大幅下跌。

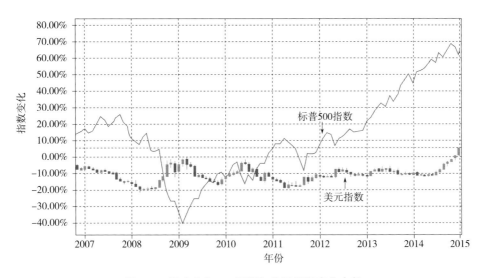

图3-3 标准普尔500指数和美元指数变化走势

资料来源：tradingeconomics.com。

宏观经济数据方面，就业市场上非农失业率从当初的8.1%，恶化到2010年超过10%，随后则一路下降到2014年9月的5.9%，9月份新增就业人数24.8万人，显示就业市场企稳反弹；从实际GDP增长来看，按年率计算，GDP增速由2008年第四季度最糟糕的-8.9%，上升至2014年第二季度的4.6%，第三季度GDP增长高达5%，创2003年第三季度以来最快增速。

在退出QE前，美联储之所以能够容忍缩减QE的规模，一个很大的原因就是财政赤字缩减后，美国财政部发行的债券规模也在缩小。由于共和党和民主党的不断斗争，美国政府的支出和财政赤字出现了大幅缩减。政府财政赤字减少，国债发行受限，是美联储退出QE的原因之一。

其次，美联储的资产购买计划已经达到最初的目标，9月的就业数据证实了这一点。"美联储的发言"总是牵动着市场的神经。每次议息会议之后耶伦讲话时，市场总是会揣摩她的只言片语中的含义。耶伦的讲话都在不断重申经济已经取得了足够的改善，即便没有货币政策的支撑也能够继续扩展。如果美联储决定推迟结束QE，那么很有可能会被认为美国经济其实并没有统计数据显示的那么强劲。这将引发市场对风险重新定价，资产价格将面临暴跌，然后反过来进一步打击消费信心。这显然并非美联储希望看到的。也就是说，不结束QE将向市场发送出错误的经济信号。

美国经济已经连续5年处于扩张状态，不过这次复苏的速度是自二战以来最缓慢的一次。从历史来看，每次发生经济危机时，美联储都会下调联邦基金利率，以期促进贷款，推动经济发展。美联储已经将零利率保持了5年，如果不久之后发生衰退，那么美联储将失去进一步降息的空间。因此，美联储必须尽快提高短期利率，赶在下一次衰退到来之前将货币政策回归正常，以便给自己留下更大的应对空间。

美联储的量化宽松政策，为拯救金融业保了"底"，但没有对实体经济保底。QE政策大印钞票所产生的流动性未能抵达实体经济，基本上在金融市场打转，导致契约松散的高风险垃圾债券发行增加，股票市场在经济增长放缓的同时却连创新高，而且，QE政策还将"祸水"引向了世界各地，尤其是吹胀了新兴国家的资产价格泡沫。对此，以准确预测美国次贷危机而闻名的"末日博士"、纽约大学教授鲁比尼（Nouriel Roubini）就警告称，如果美联储继续推行QE政策，未来两年有可能形成信贷和资产、权益泡沫。如果不趁泡沫还不是很大时停止QE政策，加上美国垃圾债券发行过快，很可能将重蹈2008年全球金融危机覆辙。及早停止QE，虽然同样会造成对新兴市场的冲击，但伤害显然比全球金融危机要小得多。

美元作为国际货币，汇率需要长期坚挺，才能使各国对其放心持有，各国民众手中所持的美元及美元资产才不会贬值，才有利可图。但是，自美联储实施QE政策以来，由于大印美元导致美元供应增多，相对其他国家的货币，美元汇率近6年来一直处于贬值状态。自2012年9月份以来，以美联储的美元指数来衡量的美元兑全球其他货币汇率上涨了6.7%。如果美联储继续实施QE政策，美元长时间贬值的话，各国民众越来越不愿持有美元及美元资产，长此以往，美元有可能失去国际货币的地位，也将随之失去数量庞大的铸币税。因此，美联储只有尽快退出QE政策，降低美元供给量，让美元重新恢复升值至少不再继续贬值，以提高美元资产吸引力，国际资金将重新流入美国，重新保住美元作为世界货币的地位。

美联储的QE政策，只是成功帮助美国渡过一半危机，就是将个人和企业债务转移到政府和美联储资产负债表上。后一半危机则是美联储、美国政府的资产负债表必须缩减债务。要成功解决后一半危机，前提是美元必须继续作为全球结算和储备货币。假如美国的国债没人要或少人要，美国会迅速被债务危机淹没，将会面临远比欧债问题严重得多的美债危机。一旦如此，美国的噩梦将开始。

美联储成立100多年来，一般都声称尽量避免政治影响其政策的独立性。但是，推行QE政策却令美联储的政治独立性遭受质疑。美联储的QE政策，购买美国政府的国债，等于借钱给政府，即所谓的债务货币化。这无疑令外界怀疑，美联储是在政界的威胁或诱导下购买国债的，或者二者之间有私下交易。这对美联储的独立性、声誉都带来极大的影响。再者，QE政策是世界货币政策史上的异类，也是极富创意的超常规货币政策，会否解决了一个问题，却制造出另外一个更大的问题？这一点，连美联储自己都没有答案。与其在充满未知的情况下，继续推行QE政策，还不如在情况看起来还可控的时候，停止QE政策，避免像美国电影《星际迷航》那样，"进入未知的领域，面对未知的后果"。

吊诡的是，美国的量化宽松政策实施6年，货币供应量海量增加，居然没有引起物价上升！2014年9月份公布的数据显示通货膨胀率再次下行，美国通胀率已经连续28个月低于美联储2%的目标值（见图3-4）。2014年10月29日，前美联储主席艾伦·格林斯潘（Alan Greenspan）在纽约出席公开活动时便表示，目前货币政策正处在一个"未知"地带，并称其担心当市场需要美联储加息时带来的"真正压力"。通胀水平依然低于联储2%的政策目标，显示经济未来增长依然存在乏力的隐忧。不过，美联储在29日的声明中说，美国经济的潜力将有能力支持实现就业最大化和通胀目标。

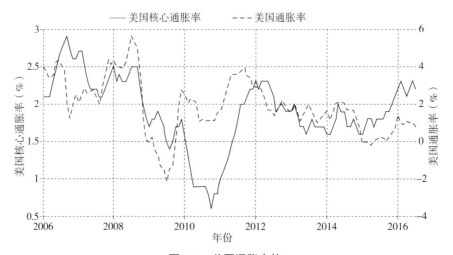

图3-4　美国通胀走势

资料来源：美国劳工部。

注：图中数据截至2016年7月。

第二节　量化宽松刺激页岩油气疯狂开发

从2008年11月25日到2014年10月31日的6年间，美联储共实施了4次量化宽松政策，总共购买资产3.9万亿美元。实施量化宽松政策，表面上看是刺激经济增长，使美国经济尽快摆脱金融危机的影响，实现经济复苏。但仔细分析美联储推出第一次量化宽松政策、终结第四次量化宽松政策的时点，一个深藏已久却被大多数人忽视的秘密就暴露出来了，那就是量化宽松政策的起点和终点都处在国际油价的下跌阶段（见图3-5），也就是，美元政策行动和石油的某种勾连开始浮出水面。

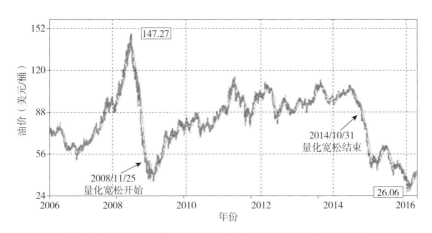

图3-5　WTI油价走势（2006年4月16日至2016年4月15日）

资料来源：新浪财经。

注：图中标注的最高价、最低价均为盘中价。

金融危机之后，全球各大央行都在扩张自己的资产负债表。美联储通过一系列刺激政策，放水超过3万亿美元。如图3-6所示，2008年后，美联储资产规模就呈指数级趋势上升。2013年圣诞节前夕，美联储资产就达到4万亿美元规模。从2015年年初开始，资产扩张逐渐停止，维持在4.5万亿美元的水平。显而易见，美国2008年之后的原油产量增长和美联储资产扩张呈现高度的正相关关系。

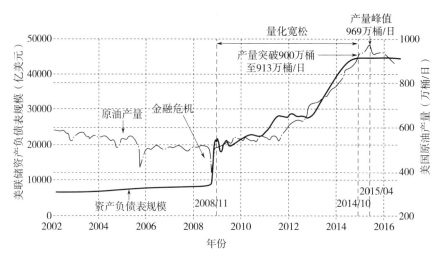

图3-6 美联储资产扩张与美国原油产量走势

资料来源：美国联邦储备系统。美国能源信息署。邓正红软实力研究应用中心。

注：图中资产负债表数据截至2016年8月10日，原油产量截至2016年5月。

金融危机之前，美国页岩气生产商视石油和天然气勘探开采为投机行为。但金融危机之后，低利率环境叠加投资者急需回报的心情，大量资金涌入页岩油气生产。2011年1月，WTI油价攀升至每桶100美元高位，一度超过每桶125美元。美国页岩油产量爆增主要集中在美联储推行QE3、QE4期间（2012—2014年），这期间WTI油价在每桶100美元上下的高位波动（见图3-7），美联储量化宽松和油价高位共同推动了美国页岩油产量的快速增长，2014年10月，也是美联储推行量化宽松的最后一个月，当月美国原油产量突破900万～913万桶/日，为2015年美国原油产量走向峰值969万桶/日打下了产能基础。但是，2014年8月后，油价跌回100美元大关以下，自此一蹶不振。由此也可看出，油价暴跌其实是美联储一手造成的。

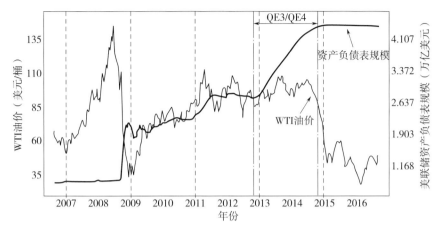

图3-7　WTI油价随美联储资产扩张逐渐跌至历史低位

资料来源：美国联邦储备系统。tradingeconomics.com。

注：WTI油价截至2016年8月25日，为当日收盘价；资产负债表数据截至2016年8月10日。

　　美联储在2008年11月25日宣布实施QE1，当时油价正在暴跌。2008年，国际油价总体上呈现出暴涨暴跌、急剧波动的走势。年初以来，国际油价出现急剧暴涨，至7月11日WTI原油期货价格盘中飙升至每桶147.27美元的历史最高价位，较上年底大涨超过50%，但7月中旬以后，国际油价改变了单边暴涨的走势，并随着金融风暴蔓延震荡明显加剧，油价迅速回落，月底跌至124美元。8月底跌至115美元，9月底探到96美元，10月底甚至下滑至64美元，11月底仅剩54美元。到了12月下旬国际油价跌至每桶36美元，与最高点相比跌幅达75%。这也是2004年以来国际油价的最低点。从2004年原油价格从每桶40美元飙升到2008年的最高点用了整整4年时间，而跌回原来的水平，只用了不到5个月。

　　到2009年3月18日，美联储将2009年机构抵押贷款支持证券采购额最高增至1.25万亿美元，机构债的采购额最高增至2000亿美元，在未来6个月中最高再购买3000亿美元的较长期国债证券，使得QE1的资产购买增至1.725万亿美元，占4次QE资产购买总量的44.23%。而此时的油价已跌至金融危机以来的最低点。2009年第一季度，世界经济继续恶化，石油市场供过于求，投机资金快速离场促使油价持续回落。1月12日，WTI油价跌破40美元/桶；2月12日，油价下探至33.98美元/桶的2009年年内最低点。

　　2014年6月是国际油价震荡幅度收窄趋势的终结时点，恰恰也是美国经济确定不再需要更多额外刺激政策的时间。事实上，美联储在2013年12月宣布开始削减量化宽松措施规模时已经确认了美国经济的完全复苏。11月美国非农就业人数增加20.3万人，失业率下降0.3个百分点，至7.0%，创5年来最低水平（见图3-8）。这是美国经济增长加速、美联储考虑削减购债规模的一个信号。

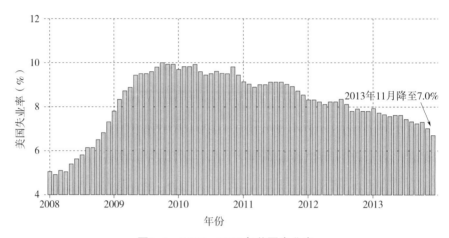

图3-8　2008—2013年美国失业率

资料来源：美国劳工部。

　　多轮的量化宽松政策，一定程度上刺激了美国的经济复苏。在国际金融危机之后的复苏过程中，美国经济在发达经济体中可谓一枝独秀，呈现加速回暖的态势。美国经济稳步复苏，得益于量化宽松、结构调整及技术革命三方面因素的共同推动，通过改善经济需求面、重构经济供给面，为美国经济稳定复苏奠定了坚实的基础。

　　尤其值得一提的是，在2008年金融危机后，美国经济得以稳步复苏，能源因素扮演了重要角色。在量化宽松政策的推动下，美国页岩气的开发和产量增长获得了革命性的突破（见图3-9）。2011年美国首次超越俄罗斯，成为世界最大的天然气生产国，2014年超过沙特阿拉伯，成为世界第一大原油生产国。2000年至2013年，美国页岩气年产量由117.96亿立方米上升至3025亿立方米。2014年，美国页岩气总产量达3681亿立方米，占美国天然气总产量的43.3%，而2007年这一比例仅为8%。

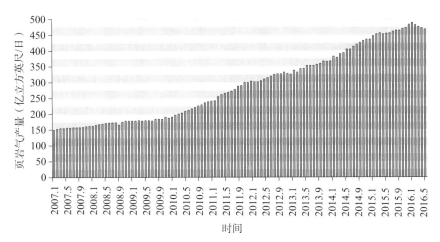

图3-9　美国页岩气产量走势（2007年1月至2016年6月）

资料来源：美国能源信息署。

注：图中数据为美国能源信息署2016年7月公布。

页岩气的开发，给美国带来了一次能源革命，不仅让美国实现了能源的基本自给，更重要的是，页岩气产量井喷式增长，大大降低了美国天然气价格，从2008年到2012年4月天然气价格降幅超过80%（见图3-10），是全球最低水平。2008年6月，美国天然气价格达到了每千立方英尺13.07美元，仅低于2005年12月13.44美元的最高价，到2012年4月降至2美元的低位，降幅为84.6%。

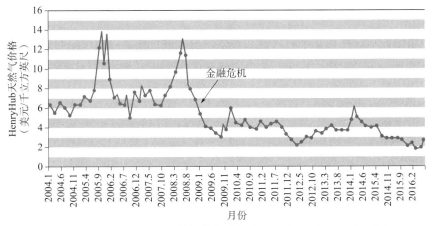

图3-10　美国HenryHub天然气价格走势（2004年1月至2016年6月）

资料来源：美国能源信息署。

注：图中天然气价格为月均价。

相对廉价的页岩气支持着电价下降，低廉的能源价格促进了美国先进制造业的回流，美国制造业进入上升期，成本优势进一步凸显，为奥巴马政府的"再工业化"战略奠定了基础。另外，能源产量的提高也在不断减轻美国政府赤字负担。2000—2010年，美国油气贸易赤字累计高达2.15万亿美元，其中，原油贸易年赤字从894.1亿美元涨至2587.4亿美元，增长了近2倍。2008年高峰时油气贸易赤字曾高达3512.7亿美元，此后不断回落，但天然气贸易赤字在2005年后逐步走低，从2005年的318.2亿美元回落至2010年的124.8亿美元。页岩气开发支撑美元步入强势周期，促使美国走出金融危机的影响，踏上经济复苏之路。

美国页岩气开发为何能在量化宽松政策执行期间获得革命性突破？一方面，国际油价2003年后进入新一轮上升通道，使页岩气开采变得可行，美国在全球金融危机之后实行量化宽松的货币政策抬高了石油价格，促使人们开始开发页岩气；另一方面，美国长期低利率政策使得借贷成本变得很低，被激发出来的投资热情在遭遇网络经济泡沫之后，只能寻找新的投资方向，加之水平钻井和水力压裂技术的突破和大范围使用，量化宽松政策向市场注入了大量流动性资金，页岩气最终成为最合适的选择，使得美国风险投资和私募股权投资大举进入页岩油气风险勘探市场，大规模开采页岩气，从而推升页岩油气产量快速增长。

据2013年2月美联储褐皮书显示，多家地方联储都在报告中提到页岩气开发。美国费城联储表示，在马塞勒斯页岩气地区，多家银行称客户用收取的特许开采款还贷，避免了用现金还贷增加债务，许多能源项目正吸引着大银行的目光，这些银行对相关项目有着很高的投资兴趣。美国克里夫兰联储提到，页岩气生产商扩大了用工规模，传统煤炭公司的用工水平则持平。美国达拉斯联储则表示，鹰滩页岩区的开采活动继续推动圣安东尼奥、休斯顿以及周边地区贷款活动增加。

页岩（Shale）是一种主要由黏土沉积经压力和温度而形成的沉积岩。页岩中富含石油和天然气资源，但它们的开发并不能通过常规的油气开发手段，所以又称非常规油气资源。除了常规油气资源外，美国蕴藏着极为丰富的非常规油气资源，即运用非常规技术和方法，在较高的价格水平下可以经济开采的低渗、高密和"难采"的油气资源，包括页岩油、致密油、致密气、页岩气、煤层气、深盆气和天然气水合物等。美国页岩气已探明储量接近5万亿立方米，这是天然气增长的坚实基础。

　　页岩气从19世纪末被人类发现以来，由于技术原因，一直无法实现大规模商业化开采。美国能够低成本、大规模地开发页岩资源，其关键源于掌握了迄今为止最先进的两项开采技术：水平钻井技术在页岩层平行的方向钻井，打通一条能源通道；水力压裂技术则是依靠水压撑开页岩，释放其中的天然气和石油。开采页岩油与开采页岩气的技术基本一样，技术上不存在瓶颈，所用设备也基本一样。从水平井中开采页岩气，其最终采收率是传统直井的3~4倍（见图3-11），而成本仅是直井的1.5~2.5倍。此外，与20世纪90年代使用的凝胶压裂技术相比，水力压裂法可节约50%~60%的成本。页岩气已经在美国形成开发与利用并重的一整套产业体系，进一步提高了美国天然气自给能力，达到94.6%。

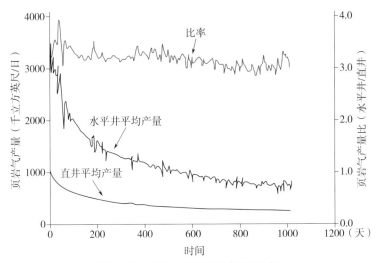

图3-11　水平井与直井采气效益对比

资料来源：哈里伯顿。

　　页岩气开采是资金密集型行业，需要持续不断地注入资金。在美国页岩油气市场上，大多是中小规模的独立开发商，他们多是通过借贷或发债融资进行页岩油气开发。而从油气田开发规律看，一般从削减资本支出到产量下降，约为半年左右，而且页岩油气新井产出率在半年后又会大幅下降，若没有大量的投资进行钻井、压裂和开采，现有的产量水平很难维持不变。2009年以来美联储一直坚持的量化宽松政策催生了美国页岩油气行业的迅猛发展。巴克莱银行估计从2009年到2014年上半年，美国页岩企业共从债券市场筹集了2600亿美元。能募资的一个重要原因就是高油价，高油价使得这些页岩企业的页岩油矿储量更值钱，能作为抵押资产获得银行和债券市场的支持，所以尽管页岩企业的经营性现金流很差，但仍然能在垃圾债券市场上融资。

美国这轮页岩气开发热潮始于互联网泡沫经济危机爆发后的2002年，从那时开始，由于大量资本的投入，页岩气活跃钻机迅猛增加，活跃钻机数从泡沫危机后的最低591台（2002年4月5日当周）增至2008年9月12日当周的1606台，6年多时间，活跃钻机增加了1015台（见图3-12），增幅达172%。页岩气产量从2000年的11.4亿立方英尺/日增至2008年12月的175.8亿立方英尺/日，产量暴增了14倍多。

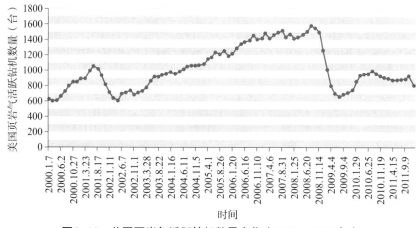

图3-12 美国页岩气活跃钻机数量变化（2000—2011年）

资料来源：贝克休斯。

2008年金融危机爆发后，页岩气开发经过短暂的萧条后又繁荣起来，大量资本再次蜂拥而入。2003年至2005年的3年间，北美油气上游业务的经营现金流达1600亿美元，同期油气上游业务的资本投资为1100亿美元，经营现金流大于资本投资500亿美元，富余的500亿美元大多投向了海外的油气上游业务。这也就是说，2005年前，北美是油气资本的净输出国。而6年后的2009年至2011年的3年间，北美油气上游业务的经营现金流接近2200亿美元，而同期的资本投入则上升到了3500亿美元，资本投入超过同期经营现金流1300亿美元，接近2/5的资本投入来自于北美以外的地区和石油以外的行业。2011年外国资本在美国页岩气领域并购多达40起，总投资564亿美元。这些风险投资和国际资本的注入，直接推动了页岩气开发热潮的到来。

2012年12月19日，挪威国家石油（Statoil ASA）宣布以5.9亿美元购买位于美国弗吉尼亚州西部和俄亥俄州阿巴拉契亚山脉地区的马尔采鲁斯（Marcellus）页岩气储备土地。而此前，中海油以10.8亿美元购入美国第二大天然气生产商切萨皮克（Chesapeake）能源公司的鹰滩页岩油气项目33.3%的权益，以及澳洲矿业巨头必和必拓（BHP Billiton）以47.5亿美元收购切萨皮克位于阿肯色州的费耶特维尔（Fayetteville）页岩天然气油田，以及该区的油管运输系统。2012年之前，境外跨国企业对美国页岩气投资总额就超过900亿美元，而2014年美国有180个项目投向页岩气，累计资金高达1180亿美元。截至2014年6月，全球页岩气勘探开发总钻井数超过14万口，实际总的投资累计达到8000亿至10000亿美元，而北美之外的页岩气钻井总数不超过800口，实际总投入不足150亿美元。

尽管2013和2014的两年，美国石油日产量激增超过200万桶，且所有增量几乎全部来自近年开发的页岩井，但在骄人的成绩背后却有数据显示，2010年，美国石油和天然气企业债务总额为1280亿美元，到2014年第三季度，这些企业的债务总额已经暴增至1990亿美元，增幅高达55%。此外，4年前，美国石油和天然气企业发行的债券占美国垃圾债券的比例还不到5%，2015年第一季度却已高达16%，整体债务风险暴增。

美国推出QE以后，发行了大量的垃圾债券，美国能源公司发行的债券占美国垃圾债券的15%，而正是这些垃圾债券支撑着美国的页岩气不断走向繁荣。过去几年，由于美国能源业繁荣，美国页岩气公司不断加大债务量，即使生产商的支出超过收入，也能获得资金去钻井。正是这些大量借来的资金，才使得这些企业能填补资金缺口。然而，从2014年6月油价崩盘开始，这些企业的收入就迅速下降，但是同期的借款还在飙升。据彭博社搜集的数据，页岩油气开发商们的债务水平在2014年有16%的增长，并于2015年第一季度达到2350亿美元。

美联储结束量化宽松政策，就是因为美国页岩油气的开发带来了一场能源革命。美国减少对进口原油的依赖，也使得美联储在货币政策上有了更大的操作空间。这主要是因为，美联储在调整货币政策刺激经济增长的同时，不必太过担心由油价引发的通货膨胀，消费者也不必为石油支出花费更多的金钱。以页岩气革命为代表的能源产业推动，逐渐让美国显现出制造业回暖的态势，经济复苏的脚步进一步加快。

第三节 企业家精神驱动页岩气革命

说起来也许难以令人置信，引爆美国页岩气革命的竟是一家不起眼的油气企业——米歇尔能源。这家公司在页岩气开采关键技术的突破和优化方面发挥了重要作用，2002年该公司被美国戴文能源收购时，收购价仅为35亿美元，而当年埃克森美孚的资产总值为1526亿美元，营业收入2045亿美元。

20世纪80年代，美国逐步取消对天然气的价格管制，生产商可以按市场价格出售天然气，美国任何企业都可以进入油气勘探开发领域。随后天然气价格不断上涨，吸引大量企业和风险投资进入该领域，中小油气公司成为页岩气开发的主力军，当时仅西弗吉尼亚就有页岩气开采公司200多家，且都是小公司。

麻省理工学院能源和环境政策研究中心教授亨利·雅各比（Henry Jacoby）带领的页岩气研究小组一直致力于跟踪美国的页岩气革命。雅各比表示，"真正开启页岩气革命的是那些小企业，而不是埃克森美孚和雪佛龙等大型石油能源企业。"

在页岩气开发中，米歇尔能源从成千上万的小企业中脱颖而出，得归功于其公司创始人乔治·米歇尔（George Mitchell）敢于冒险的企业家精神。从1981年以来，米歇尔和他创立的米歇尔能源开发（Mitchell Energy & Development）公司用了整整17年时间，寻找从页岩中提取天然气的办法，先后钻了30多口试验井，测试了多种钻井和各种地层压裂的方法，以及压裂液支撑剂的组合，直到1998年，79岁高龄的米歇尔在水力压裂技术上取得了成功，终于把束缚在页岩里的天然气大规模地、经济地开采出来，为美国页岩气革命奠定了基础。2010年6月，在阿姆斯特丹召开的"解放您的潜力——全球非常规天然气2010年会"上，91岁的米歇尔被美国天然气技术研究所（GTI）授予终身成就奖。乔治·米歇尔被誉为美国页岩气之父、页岩气钻井和压裂技术的先驱。

美国大规模页岩气生产始于米歇尔能源最早投入开发的位于得克萨斯州沃斯堡（Fort Worth）盆地的巴奈特（Barnett）页岩区，并迅速蔓延至海恩斯维尔（Haynesville）、马塞勒斯（Marcellus）、伍德福德（Woodford）、鹰滩（Eagle Ford）等页岩区的勘探，使得页岩油气资源开始迈向大规模商业开采时代。2002年1月米歇尔能源被戴文能源收购之前，米歇尔能源是巴奈特页岩的主要开发者。图3-13显示了1982年至2001年间米歇尔能源及其竞争对手的完井数量。到1995年，米歇尔能源在巴奈特的完井数量累计为264口，而8个竞争对手的完井数量总数仅为20口。因此，巴奈特区块的开发历史主要是米歇尔能源的开发历史。

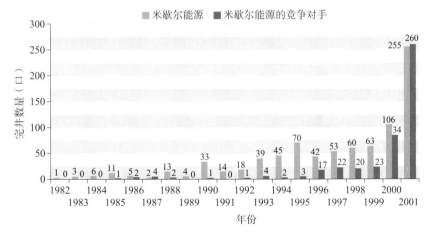

图3-13　米歇尔能源及其竞争对手在巴奈特的完井数量（1982—2001年）

资料来源：美国能源信息署。

米歇尔能源开发巴奈特区块的最初动机，是源于履行与美国天然气管道公司（Natural Gas Pipeline Company of America，NGPL）的长期合同，合同可以保障管道公司的天然气供应稳定，也可以为米歇尔能源锁定订单。因为预计来自浅常规地层的天然气产量将在大约10年内呈现下降趋势，这家州际天然气管道公司试图取代从浅常规地层开采的天然气供应。所以，米歇尔能源需要寻找和开发新的天然气资源，以满足大型天然气加工厂、气体收集系统的需要。当然，这份合同为米歇尔能源提供了丰厚的利润。如米歇尔能源前高管丹·斯图尔特（Dan Stewart）所言，"米歇尔能源的天然气合约销售价格比现货价格高出1.25美元。如果没有该合同，我们就不会有能力开发巴奈特页岩气项目"。因为在巴奈特地块，常规天然气和页岩气有很大部分是重合的（常规天然气往往在浅层，页岩气在深层）。对于米歇尔能源来说，因为有长期合同的存在，即使页岩气项目产出小，常规天然气也能确保它不至于亏损太多。当时，米歇尔能源规模不是太大，却是北得克萨斯最大的天然气生产企业和多元化上市公司，其业务范围涵盖天然气的勘探、生产、收集和加工，钻探设备和不动产业务，有一定的财政能力。

米歇尔决定尝试一项重大技术挑战，即试图从巴奈特部分页岩中开发出页岩气。1981年，米歇尔能源通过钻探可勘探气井以及掌握和分析二维地震数据来了解巴奈特的地质条件，在这一评估基础上进入了页岩气项目。但在这之前，谁都没有想过可能。有人告诉米歇尔说："你这是在浪费钱，你不可能从石头里榨出血来，因为页岩本质上是矿物泥，所以你不可能从中挤出石油或天然气。"

确实，在1981年至1997年间，米歇尔能源共投入约2.5亿美元，在此期间公司亏损运营，累计收入低于累计投资，也就是说，这一阶段更多的是烧钱。米歇尔能源甚至多次想到放弃页岩气项目。

1986年，石油价格暴跌，导致天然气价格下降，没有人知道这一趋势将持续多久。米歇尔能源管理层开始重新调整资本支出，减少了页岩气项目的投资。"在进一步评估之前，把对巴奈特的资本支出降低至最低程度。"

1989年，因为天然气价格持续走低，页岩气项目再次受到限制。米歇尔能源将资源都投入到这一区块浅层的常规天然气的开采，而不是深层的页岩气。

1995年，美国天然气管道公司买断了与米歇尔能源的供应合同。这也就是说，页岩气项目的最初动机没有了。米歇尔能源必须以较低的现货价格供给天然气。"整个页岩气项目都受到了质疑。"

但是，乔治·米歇尔很执着，他一直坚信能够从页岩中开采天然气。如果停止页岩气项目的开发，米歇尔能源的钻探设备、天然气加工厂的设备就会闲置。这样一来，损失无疑更是巨大。因此，米歇尔能源决定"在等待行业增长、技术突破或气井成本降低的同时，保持设备正常运行"。可以看出，此时米歇尔将希望寄托在天然气价格上升、技术突破或气井成本降低3个方面。这3个方面，如果有一个方面有大的突破，页岩气项目就可能商业化。如果同时有突破，那或许就会爆发革命。

很早之前，米歇尔就预期页岩气具有很好的商业可行性，并预见到了一定的时候页岩气将会获得大的爆发。他做的第一件事情就是到处跑马圈地，以最低廉的价格将土地全部租下来或买下来。1987年，米歇尔能源的页岩气项目开发受阻，美国天然气技术研究所（Gas Technology Institute，GTI）提出要共同研发，这样就能够给予一定的支持。然而，米歇尔却拒绝了GTI的好意，米歇尔"担心任何不必要的公开报道可能会给公司的土地面积增长带来负面影响"。当确信技术将突破的时候，米歇尔更是进一步跑马圈地。

1991年，米歇尔能源和美国天然气技术研究所联合开展了一个项目，通过分析巴奈特井的岩样估算天然气地质储量。该评估结果对于米歇尔能源来说非常不利，储量并没有很好地支持页岩气的商业化。不过转折点很快就出现了，米歇尔能源获得了一家大石油公司曾经测算过巴奈特地区的页岩气储量，测算结果远远多于米歇尔自己的评估。因为有两个版本的存在，米歇尔能源决定自己用新的技术去重新钻探、取样、测算，而最终的评估显示，实际储量应该是1991年测算结果的2.5~3倍。

这时候，米歇尔加大了页岩气可行性的对外宣传，并很快获得投资者的认同。当投资者兴冲冲地要进入页岩气的开发时，却突然发现好的页岩区块都已被米歇尔廉价买走了，而当他们只能从米歇尔手中高价获得矿产权，米歇尔自然因此大赚了一把。2002年，83岁的米歇尔将自己创立的米歇尔能源以35亿美元的高价卖给了更大的戴文能源。戴文能源乘势加大对页岩气的投入，此时其他中小企业也纷纷搭便车进入了这一行业，美国页岩气开发正式进入了爆发期。

戴文能源收购米歇尔能源，就如同互联网巨头收购互联网技术初创公司，花大价钱买入先进技术，以此强化和提升企业软实力。戴文能源从米歇尔能源取得了其从无到有的独占性和突破性的技术，运用3D地震成像、微地震波压裂成像、水平钻井以及大型水力压裂这4项关键性的成熟技术，并通过有效的技术改造大大降低了开发成本，提升了效率。在米歇尔开采技术和天然气价格的双轮驱动下，戴文能源的软实力指数从2001年的0.078一路升至2010年的最高水平0.307（见图3-14），营业收入从仅30亿美元猛增至近100亿美元，利润从不足1亿美元增至45亿美元，9年间，戴文能源的营业收入增长了233%，利润增长了4792%，利润率从3%提高至45.8%，提高了42.8个百分点，这一切都得益于从米歇尔能源获得的软实力，使得戴文能源抓住了美国页岩气革命爆发的黄金10年，业绩获得了爆炸式增长，到2011年，戴文能源营业收入达114亿美元，利润高达47亿美元。

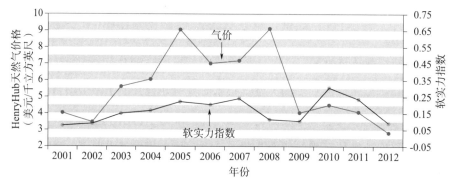

图3-14 美国HenryHub天然气价格及戴文能源软实力走势（2001—2012年）

资料来源：美国能源信息署。邓正红软实力研究应用中心。

注：图中天然气价格为年均价。

戴文能源2002年以35亿美元收购米歇尔能源后，从2003年到2008年的5年间，累计实现利润达132.65亿美元，而之前的2001、2002年的利润均不足1亿美元，分别为9300万美元、9400万美元。当然，这5年恰恰是美国天然气价格的上升期。2008至2009年金融危机爆发，导致能源需求萎缩，天然气价格一下暴跌，这两年戴文能源共计亏损46亿美元，不过在经过短暂的气价下跌后，戴文能源迅速调整经营以适应低气价的市场环境，2010、2011年利润暴增，共计盈利92.54亿美元。

这说明，戴文能源收购米歇尔能源很有市场战略眼光，不仅企业软实力得到迅速提升，而且挺住了金融危机期间油价、气价暴跌的冲击，跨过两年短暂的亏损后，戴文潜在的盈利能力再次得到充分释放。但是，能源行业有个先天不足，就是靠"天"吃饭，这个"天"指的是市场，一旦市场价格持续低位，再强的企业也难以承受这种长期的市场拖累。2015年美国天然气价格全年均价跌至仅2.71美元/千立方英尺，戴文能源遭受重创，营业收入减幅达33%，亏损高达144.54亿美元，占戴文收购米歇尔能源后12年盈利总额192.28亿美元的75%。戴文能源2015年软实力指数跌至0.008，企业已到极端脆弱的地步，濒临破产。

这里讲戴文能源的经营情况比较多，主要表明两个观点：一是美国页岩革命能否最终取得成功，取决于开采的经济性，如果油价、气价长期低位，对需求、对生产都有抑制；二是美国页岩开发热潮奠定了美国能源独立的基础，这是从国家战略层面考量的，但如果从市场需求方面考虑，美国页岩商的经营在国家与市场之间面临两难抉择。

闲话少叙，话归本节正题。在美国页岩气开发中，水平钻井技术、3D地震成像技术、微地震波压裂成像技术以及大型水力压裂技术4项关键性的技术助推了革命的爆发，而米歇尔能源在页岩气的开发中发挥了关键性的作用。需要说明的是，这4项技术并非米歇尔能源的发明，米歇尔能源只是将这些技术嫁接过来，首次应用到页岩气的开发中。在引入页岩气开发前，水平钻井技术在石油开采的应用上已经成熟，早在1980年，法国石油公司埃尔夫阿奎坦就利用该技术钻探了4口油井，证明该技术可以商业化应用。紧接着，这一技术被英国石油应用于阿拉斯加的一块油田上。

3D地震成像技术对于页岩气的勘探和开发有着革命性的意义。以前，页岩气的勘探都是使用二维地震成像技术。相比之下，三维地震成像技术能提供更清晰的地下岩石结构和特征图像，极大地提高了定位储层和开发储层的能力。这一技术得益于计算机技术的进步，属于信息技术的变革，而且最先是在大型石油公司勘探和开采石油中得到应用。

微地震波压裂成像技术也不是在页岩气革命中首创。该技术的特点在于可以探测派生裂隙的高度、长度、方向以及其他特征，而这项技术最早的系统化应用可追溯到上世纪70年代的一个地热项目中。后来，这项技术逐步被应用在页岩气项目中。

大型水力压裂技术最早是用于致密气的开采。早在1978年，也就是米歇尔能源进军页岩气领域之前，米歇尔能源就已经成功使用大型水力压裂技术开发致密气。而在页岩气的开发中，米歇尔能源发现，将水力压裂技术应用在页岩气的开采中比传统的泡沫压裂技术效果更好。

所谓页岩气开发关键技术的突破，其实就是技术整合，创造新的应用。米歇尔将这些技术逐步导入了页岩气的勘探和开发中，不断实践优化和完善，从而让页岩气商业化具有可行性。通过对水力压裂技术的改良和优化，包括压裂设计不再使用氮、在某些地区使用成本低的砂层替换更昂贵的砂层作为压裂支撑剂、完全取消压裂前的酸处理、小幅调低压裂液中的凝胶含量等，米歇尔能源把平均压裂成本降低了10%左右。在其他技术的导入上，米歇尔也做出了类似的优化和改良，实现了开采成本的大幅降低，总开采成本降低了50%。

了解目标储层的地质条件，对于决定钻井位置、数量、方式和增产措施具有至关重要的意义。积累地质资料是页岩气开发过程中的重要组成部分，在这方面米歇尔做出了大量的贡献。最初，米歇尔能源通过钻探可勘探气井以及掌握和分析二维地震数据来了解巴奈特的地质条件。到1999年，米歇尔能源用更先进的技术重新勘测了地质条件。而这一次的勘测结果直接导致了开发方式的变革：第一，米歇尔能源迅速开始同时压裂上部和下部巴奈特页岩，大幅提高了新井的生产率；第二，米歇尔能源开始再次压裂现有气井；第三，米歇尔能源开始钻探更多的气井，通过填补现有气井之间的空间来提高产量；第四，米歇尔能源开始在巴奈特的更多地区进行勘探。毫无疑问，以上这些措施都加速了页岩气商业化的步伐。

美国页岩气的大爆发是由于巴奈特地区产量突增，而正是米歇尔能源造成了巴奈特地区产量的激增（见图3-15），1997年水力压裂增产，1999年多次压裂增产，2002年水平井钻探，2005年水平井分段钻探。2008年美国页岩气生产井数达到42000口，其中，巴奈特地区页岩气生产井近3000口，是诸多页岩气富集区中新技术应用较广的地区，也是页岩气产量持续上升较快的地区，推动了美国的页岩气革命。不过随着气价的下跌，从2011年开始，巴奈特地区的页岩气活跃钻机数量在不断减少（见图3-16）。

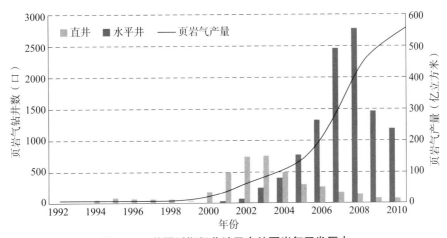

图3-15　美国沃斯堡盆地巴奈特页岩气开发历史

资料来源：美国能源信息署。

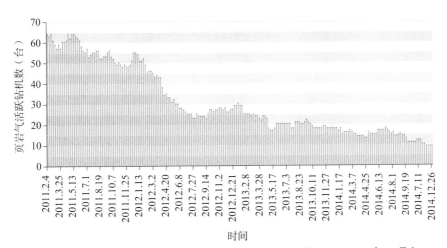

图3-16　美国巴奈特页岩气活跃钻机数量变化（2011年2月至2014年12月）

资料来源：贝克休斯。

美国只用了5到6年的时间，就使得从页岩中提取的天然气产量占到总量的30%左右，到2035年，这一比例将达到49%。莱斯大学贝克研究室教授肯尼斯·梅德洛克三世（Kenneth Medlock III）称，政府方面的支持并不多，因为"这是一场赌博，谁都不知道结果会怎样"，是"企业家精神驱动了页岩气革命"。

第四节 美国页岩革命从气时代进入油时代

20世纪50年代，美国石油地质学家哈伯特（M. King Hubbert）根据矿物资源"钟形曲线"规律，提出了石油峰值理论。哈伯特认为，石油作为不可再生资源，任何地区的石油产量都会达到最高点；达到峰值后该地区的石油产量将不可避免地开始下降。

1956年，哈伯特通过历史数据的统计算法，大胆预言美国石油产量将在1967—1971年达到峰值，然后进入下滑通道。当时美国的石油工业蒸蒸日上，他的这一言论引来很多的批判和嘲笑，但后来美国的确于1970年达到石油峰值。

后来，爱尔兰地质学家坎贝尔（Colin J. Campbell）发展了石油峰值研究。1998年，他与法国石油地质学家拉贺瑞（Jean T. Laherrere）发表了《廉价石油时代的终结》，在油价还十分低迷的时候得出"廉价石油时代必将终结"的结论。

小布什政府上台后，继上世纪70年代的石油危机后，美国又重新抛出了哈伯特的"石油峰值理论"，以此推动石油价格，增加国际市场对美元的需求，以及更加牢固美元的主导地位。在2002年7月的石油储备讨论会上，坎贝尔指出，全球石油供给最早将于2010年达到巅峰，然后开始走下坡路。随后美国布什政府的能源政策顾问、美国能源投资银行家马修·R.西蒙斯（Matthew R Simmons）在2003年的石油峰会上指出，由于石油峰值将临，其后果将是毁灭性的，因为世界还没有做好应对的准备。显然，这些舆论为日后石油价格的飙升找到了"由头"。

2009年，国际能源信息署首席经济学家比罗尔（Fatih Birol）表示，全球能源枯竭速度已超出预期，灾难性的能源危机正在逼近。原因是世界上主要油田大多已过生产高峰。他认为，未来10年左右全球生产就可能达到峰值，这比以前大部分国家的预期提早了至少10年。他还指出，2010年后石油供应危机开始加剧，少数拥有大量石油储备的产油国的市场影响力将大大增强。原来，国际能源署是反对石油峰值论的，然而在2008年国际油价一度攀升到每桶147.27美元的高峰后，国际能源信息署也悄悄地改变了观点，认为新的石油危机即将到来。同一年，奥地利第一银行集团的一位分析师也指出，一段时间以来，全球没有发现储量丰富同时也便于开采的大型油田，这正是石油资源正在枯竭的征兆。从某种意义上说，廉价石油时代已成为过去，在未来3到5年里，国际油价完全有可能飙升到每桶200美元。

石油枯竭的时代果然来临吗？正当美国以及西方能源界再次大肆鼓吹"石油峰值即将到来"的时候，美国却从页岩这一非传统的产品中，杀出了一条血路，轻易解决了悬挂在头上多少年的石油危机。

2009年美国经济正处于大衰退期间的最低点，恰恰在此时，伴随着页岩气的全面开发和产量的快步上增，美国页岩油正悄悄崛起。也就是说，当美国向全世界极度鼓噪"石油末日"之际，暗地里却在紧锣密鼓地酝酿着继页岩气革命之后的又一场颠覆世界能源格局的图谋，并且这场图谋终于在2012～2014年全面爆发出来，这就是推动美国原油产量飞速增长的页岩油繁荣。

任何事情的爆发或成功都是有条件的，即天时、地利、人和。美国页岩油的崛起同样如此。论天时，金融危机使得油价和气价暴跌，但气价跌得更为凄惨，且危机后油价上升迅速（见图3-17），开采页岩油比开采页岩气更有大利可图，于是页岩商们纷纷从开采气转向开采油；论地利，页岩气经过10年的开发，从技术、资本、服务、管道输送以及页岩资源的区块分布优化，都为页岩油的开采打下了坚实的基础；论人和，美联储的量化宽松政策为市场注入了巨大的资本流动性，页岩商可轻而易举地获得资金用于钻探，且"石油峰值论"进一步发酵，助长油价，为页岩油开发提供了最佳的契机。"天地人"3要素具备，加之页岩商和投资者获取高额回报的心理，美国页岩油的崛起成为必然。

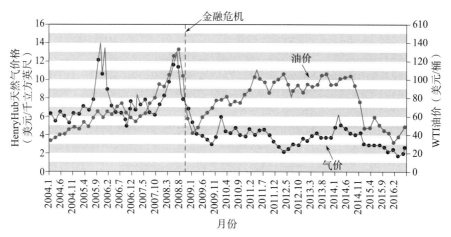

图3-17　美国HenryHub天然气价格及WTI油价走势（2004年1月至2016年6月）
资料来源：美国能源信息署。
注：图中天然气价格、油价为月均价。

比对美国页岩油和页岩气活跃钻机数量变化（见图3-18），其实，美国页岩革命分为两个阶段，以金融危机爆发为界，或者以美联储开始推行量化宽松政策为界，金融危机爆发或美联储实施量化宽松之前，美国页岩革命主要以页岩气革命为主。2008年9月至11月这3个月是美国页岩气活跃钻机数由高峰转向下降的关键时段，8月29日当周、9月12日当周，美国页岩气活跃钻机数量增至历史峰值，这两周均为1606台，之后连续6周减钻；但10月31日当周，页岩气活跃钻机有所增加，较上周增23台钻机至1552台，随后两周又持续减钻；11月21日当周，活跃钻机较上周增13台至1511台；从11月26日当周，美国页岩气活跃钻机数量正式开启减钻模式。

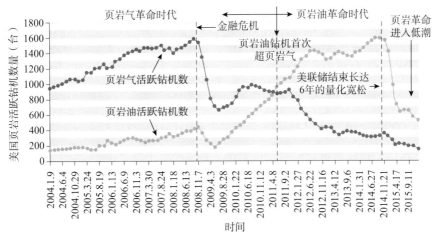

图3-18 美国页岩油和页岩气活跃钻机数量比对（2004年1月至2015年12月）
资料来源：贝克休斯。邓正红软实力研究应用中心。

　　读者注意，2008年11月26日，这是美国本轮页岩气开发热潮进入下行周期的开始，而11月25日恰恰是美联储推行长达6年之久的量化宽松政策的开始，这两个日子是如此的粘连，也是如此的接力。按照此消彼长的逻辑推论，页岩气的下行从某种意义上代表着页岩油的上行；也再次证明，美联储的量化宽松旨在支持和推动页岩油的大规模开发，而非页岩气，因为页岩气开发在金融危机前已达疯狂巅峰，这也是导致美国天然气价格在暴跌后难以回升的主要原因。当然，页岩气开发尽管进入下行周期，但并不意味着页岩气革命就此终结，它至少还有一个从下行到萎缩的过程，可以肯定的是，依照此消彼长的规律，只要页岩油活跃钻机数量没有超过页岩气，美国页岩革命的主流仍然是以页岩气革命为主。

　　2011年4月21日当周，请读者注意，这又是一个关键性的日子。美国页岩气活跃钻机降至878台，而美国页岩油活跃钻机增至913台，超页岩气钻机35台，这是自1995年5月5日当周以来，美国页岩油活跃钻机数量首次超页岩气，这意味着持续了16年的美国页岩气革命开始退出页岩革命的主流舞台，取而代之的是美国页岩革命进入页岩油繁荣的时代。看看美国页岩油从2007年1月以来的产量走势（见图3-19），从2007年到2010年，这4年是页岩油产量缓慢滑行、积蓄能量的"待飞期"，从2011年4月开始，美国页岩油似乎接到了"起飞"的指令，产量引擎立马加速，在随后4年产量直冲云霄，到2015年3月产量达到了每天547万桶的峰值。页岩油产量在短短4年内暴增，是积美国页岩气16年革命的能量再次爆发，并成为继页岩气之后继续推进美国页岩革命的接力者。遗憾的是，页岩气产量暴增摧毁了美国天然气价格，而页岩油产量暴增也摧毁了国际原油价格。美国页岩革命是否会卷土重来，这是后话，将在本书最后一章作重点分析，此处不再赘述。

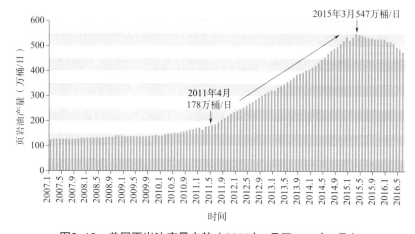

图3-19　美国页岩油产量走势（2007年1月至2016年6月）

资料来源：美国能源信息署。

注：图中数据为美国能源信息署2016年7月公布，2016年8月公布的数据将2015年3月页岩油峰值产量调至546万桶/日，后面有的章节使用了调整后的数据，特此说明。

美国鼓噪"石油末日"的目的是推高国际油价，最终目的是为开采成本相对较高的页岩油实现井喷式生产制造市场机会。趁着高油价的东风，美国页岩油产量快速增长，挤占全球市场。美国页岩革命从2011年4月开始进入油时代，当时美国原油总产量554万桶/日，页岩油产量178万桶/日，页岩油占比仅32.1%（见图3-20）；2013年7月，页岩油产量增至373万桶/日，在原油总产量中占比达到了50%；2015年3月，页岩油产量达到每日547万桶的最高纪录，在原油总产量中占比升至56.7%，接着4月，美国原油总产量也达到每日969万桶的峰值。仅短短4年，页岩油每天产量增加了369万桶，美国原油总产量每天增加了415万桶。

图3-20　美国页岩油产量、原油总产量及页岩油占比（2011年1月至2016年6月）

资料来源：美国能源信息署。邓正红软实力研究应用中心。

注：图中数据为美国能源信息署2016年7月公布。

　　美国页岩油产量迅猛增长，首当其冲的就是以沙特阿拉伯为首的欧佩克产油国。欧佩克开始的时候因为美国页岩油的开采成本高而没引起重视，当页岩油产量以势如破竹之势猛增，抢占传统产油国的市场份额，欧佩克终于醒悟了，并意识到自己的错误。在2015年6月的报告中，欧佩克承认，对于非欧佩克国家，油价的更猛烈下跌不会导致产量大幅削减。因为高成本的生产商将会找到削减成本的办法。报告补充说，从1990年以来，大部分对于非欧佩克的石油产品的预测都是悲观的，而且通常是错误的。例如，预测他们的石油产量将在90年代早期达到高峰并从此以后开始下降。欧佩克有个惯例，每隔5年出版一期长期战略报告，但在2010年的报告中，甚至没有提页岩油会构成对他们的严重威胁。

　　欧佩克终于承认，由于北美页岩油的巨大贡献，非欧佩克产油国的供应结构变化将被证明是一个转折点。这个报告警告，来自于非传统的石油供应，包括页岩气、油砂等将会每年增加6%，2035年，将占能源生产增长的45%。

　　欧佩克原以为油价持续下跌，非欧佩克产油国会大幅消减产量，但情况并非他们所预料的那样，美国页岩油反而在迅猛增长。美国原油价格在2014年6月20日达到107.73美元/桶高点（见图3-21），到8月8日降至97.35美元/桶，不到40天的时间，油价跌幅达9.6%，而此时，美国原油产量仍然处于上升势头，尽管石油进口量较之前有所回升，但产量升势与进口量下降势头所形成的剪刀差越来越大（见图3-22），这表明美国页岩油并没有因油价下跌而减产。

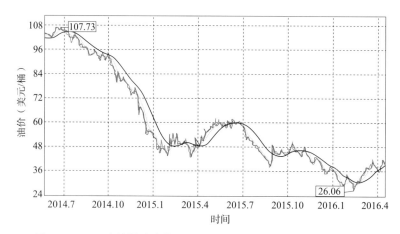

图3-21　WTI油价暴跌走势（2014年5月26日至2016年4月16日）
资料来源：新浪财经。
注：图中标注的最高价、最低价均为盘中价。

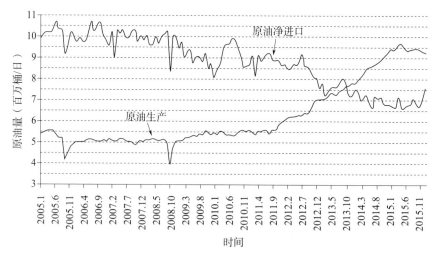

图3-22　美国原油产量和原油净进口量比较（2005年1月至2015年12月）
资料来源：美国能源信息署。

实际上美国页岩油产量在整个2014年一直都在快速增长，直到2015年5月，由于低油价、油井数量减少以及信用状况恶化，美国页岩油产量才开始下滑。2015年4月美国原油产量达到969万桶/日的高峰，之后逐月下滑，全年原油产量平均为943万桶/日，较4月的高峰削减了26万桶/日。因为页岩油高速驱动产量引擎，2014年全球供需平衡被彻底改变（见表3-1），供给增速超过需求增速、且具有可持续性，油价开始大跌。

表3-1　2010—2015年全球原油供需增速及美国原油供给增速（百万桶/日）

年份	美国原油产量	美国原油供给增速	全球原油产量	全球原油供给增速	全球原油需求	全球原油需求增速
2010	5.48	2.43%	88.08	2.77%	88.20	3.74%
2011	5.64	2.92%	88.54	0.52%	89.15	1.08%
2012	6.48	14.89%	90.48	2.19%	90.43	1.44%
2013	7.44	14.81%	90.95	0.52%	91.35	1.02%
2014	8.71	17.07%	93.31	2.59%	92.43	1.18%
2015	9.43	8.27%	95.73	2.59%	93.86	1.55%

资料来源：美国能源信息署。

通过页岩油气革命，美国成功减少了对外能源依赖，进口原油大幅减少。这直接缩减了美国能源类商品贸易逆差。自2009年以来，美国经常账户赤字大幅缩减，尽管仍处于相对收窄区域，但为2014年以来美元走强奠定了基础。

花旗银行认为，页岩油的突破粉碎了石油产量峰值说这一支撑石油价格长期走高的理念。国内石油产量大增使得美国进口大幅减少，将推动WTI-Brent价差进一步拉大。英国《金融时报》认为，美国对国外能源依赖的减少将大幅改善经常账户收支，从而支撑美元走强，改变美元与油价之间负相关的关系，影响美联储超宽松货币政策，深远影响国际金融市场和全球经济。

2014年10月22日，美国原油价格降至80.32美元/桶，较6月20日107.73美元的跌幅扩至25.4%。美国能源信息署前署长盖伊·卡鲁索（Guy Caruso）当日称，油价下降有3个原因：第一是美国和加拿大页岩油气开采的迅速发展，过去四五年里石油生产能力提高，减少了石油进口量；第二是新兴经济体经济增长的需求减弱；第三是利比亚停产的油田已经重新生产原油。

读者可能不解，美国页岩气革命为何会催生页岩油繁荣？有3个因素：一是资源因素，页岩层中的油与气相伴而生，能开发页岩气的地方肯定也能开采页岩油；二是技术因素，水平钻井和水力压裂等勘探开采技术在页岩油气开发上是相同的；三是市场因素，由于页岩气开采过猛，造成美国天然气市场供过于求，天然气价格已跌到让开采商无利可图，而此时国际原油价格在美国"石油末日论"的鼓吹下正逐步走高，因此，页岩开发商从开采气转向开采油。

由于水平钻井和水力压裂等页岩气关键勘探开采技术的突破和大范围使用，美国页岩气产量快速增长。2000年美国页岩气年产量为117.96亿立方米，仅占美国天然气总产量的2.2%，但从2006年以来，巴奈特、海恩斯维尔、马塞勒斯等优质页岩资源相继开发，2010年，美国页岩气产量已经超过了1000亿立方米大关，达到1379亿立方米。2011年产量1800亿立方米，2012年产量则达到2762.95亿立方米。2000年至2012年美国页岩气年产量复合增长率达到30%，在2006—2012年的复合增长率高达48%。页岩气年产量占美国天然气总产比例也在不断提升，2007年这一比例仅为8%，2010年升至20%，到2012年则高达40.5%。美国于2011年首次超越俄罗斯成为世界最大的天然气生产国。

因为天然气是区域市场，随着页岩气的大规模开发，充裕的页岩气供应，造成美国天然气价格持续下跌。美国天然气价格从2005年的9美元/mmBtu（百万英热单位），降至2011年的4美元/mmBtu，到2012年11月气价则仅为2.4美元/mmBtu。同期东亚同等热值天然气价格为16～18美元，欧洲为12～14美元。

美国的天然气价格不仅远远低于世界其他主要天然气消费地区，使得页岩气开发企业陷入困境：页岩气开采已经无利可图。而页岩层中的另一关键物质——页岩油则弥补了气价低迷的损失。

美国原油产量在1970年达到日产963.7万桶的历史峰值，之后逐年下降。到了2008年美国原油年产量仅有500.1万桶/日。不过从2009年开始，原油价格一路飙升，美国把页岩气开发的新技术和经验引入到开发低渗透页岩及相关层系中的页岩油资源，原本成本过高、曾被认为没有商业开采价值的页岩油开发开始变得具有经济效益。于是美国在页岩气革命之后引来了一场页岩油繁荣。

页岩油属于轻质油，油质好，但比之传统直井油田直接从油层抽取原油，开采页岩油采用水平钻井和水力压裂技术从页岩层中获得，其开采成本也更高一些，即便如此，在较高的国际油价面前，开采页岩油仍有利可图。于是，油气公司纷纷"以油补气"，传统的页岩气田巴肯和鹰滩也变身为石油主产区（见图3-23）。页岩油的开发在位于美国北达科他州的巴肯率先取得成功，并不断向其他地区扩展（见图3-24），产量大幅度增长，使美国扭转了连续20多年石油产量下滑的颓势。

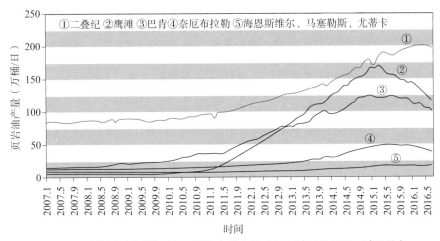

图3-23　美国七大页岩区块页岩油产量走势（2007年1月至2016年6月）

资料来源：美国能源信息署。

注：图中数据为美国能源信息署2016年7月公布。

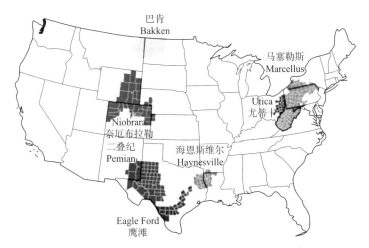

图3-24　美国页岩油产区主要集中在七大区块

资料来源：美国能源信息署。

早在20世纪70年代末、80年代初，美国试图开发国内的页岩油资源。当时，为了开发横跨怀俄明州、犹他州和科罗拉多州的页岩油资源，政府还给人造燃料公司（Synthetic Fuels Corporation）提供了11亿美元的联邦贷款担保，但该公司只存活了5年。同一时期，埃克森石油公司也在科罗拉多州的页岩油开发上付出过巨大努力，该公司曾推出了一个耗资50亿美元的页岩油项目，但适逢油价暴跌，迫使埃克森撤资。

2006年后，美国将页岩气开发中积累的相关地质理论认识与勘探开发技术逐步应用到页岩油资源勘探开发领域。美国能源信息署2013年6月发布的全球主要国家和地区页岩油气资源评价结果显示，目前已勘测到的"技术上可以被开采"的全球页岩油资源规模约为3450亿桶，相当于全球原油供应量的10%。评估报告覆盖了美国、俄罗斯、中国、阿根廷等42个国家，俄罗斯页岩油储量最大，约为750亿桶，美国580亿桶，中国320亿桶；阿根廷和利比亚分别以270亿桶和260亿桶排在第四和第五位。在美国，大约75%的页岩油集中在科罗拉多州、犹他州和怀俄明州。

因为气价持续走低，美国的天然气钻塔减少，页岩气产量增速放缓，许多油气公司转而开采页岩油，页岩油产量出现爆发式增长。2009年以来，尤其是2011年之后，页岩油快速增长。受益于页岩油气产量增长，美国天然气和石油产量出现快速增长，同时也终结了美国原油产量长达20年的下降。

到2015年3月页岩油产量最高峰的时候，美国七大页岩油产区产量合计547万桶/日，其中二叠纪188万桶/日，占比34.4%；鹰滩171万桶/日，占比31.3%；巴肯122万桶/日，占比22.4%；奈厄布拉勒48万桶/日，占比8.8%；其他3个产区海恩斯维尔、马塞勒斯、尤蒂卡合计17万桶，占比3%。在七大页岩油产区中，有88%的产量来自二叠纪、鹰滩和巴肯页岩油区，由此推动了美国4月的原油产量达到969万桶/日的历史峰值。

当然，页岩油的繁荣得力于美联储的量化宽松政策，促使投资者从页岩气转向页岩油，寻求更高回报。2015年11月，石油巨头俄罗斯石油（Rosneft）总裁伊格·谢钦（Igor Sechin）表示，美国页岩油在1500亿美元债务的支持下，已经以破竹之势逐渐控制全球石油市场。

第五节　从中小油气企业到传统能源巨头

据美国石油协会（API）2014年9月发布的《石油和天然气刺激美国经济和就业增长》报告，在过去10年间，美国经历了规模浩大的能源革命，能源供给迅速从短缺转变为充裕。水力压裂法的发明为美国成为全球第一大天然气生产国提供了可能，美国也将成为第一大石油生产国。

中小油气公司是过去10年页岩油气资源开发的主要推动者。这场能源革命已经贡献了美国经济增长的8%，包括地产企业、制服企业、环保产品供应商都从中受益。页岩气产业具有极强的产业集群效应，为美国创造了数量巨大的依附于页岩气开采的工作岗位。在能源革命热潮中，超过3万家中小企业应运而生，这些企业的发展提供了几乎1000万个全职和兼职工作机会。曼哈顿政策研究所的研究也显示，这一成功的关键并非在于能源巨头，相反，在于一大批中小型油气企业的贡献。

2010年仅页岩气行业就创造了60万个就业岗位。2011年，按照美国路易斯安那州天然气现货平均价格144美元/千立方米和页岩气产量1820亿立方米计算，美国页岩气产值达到262亿美元，还带动了相关装备及技术服务产业产值超过600亿美元。俄亥俄州尤蒂卡页岩地区的油气行业，2012年就支持了39000个就业岗位，创造了15亿美元的税收。环球透视（IHS Global）2010年的调查报告预计，2035年整个页岩气行业创造的工作岗位将达到160万个，其中36万个将直接受雇于页岩气行业。

美国石油协会上游领域和产业项目主管埃里克·米利托（Eric Milito）在报告中评论道："我们发现，在这轮能源革命中，大多数的供应商都是中小型企业，它们提供了这个新兴产业中从移动式卫生间到会计服务等所有东西。它们几乎遍及美国每个州以至哥伦比亚特区。"

2016年4月，美国化学委员会（ACC）表示，美国宣布的与页岩天然气相关的化工投资项目已经达到264个。ACC预测潜在的投资达到1640亿美元，其中40%的投资已经完成或正在进行中，另外有55%的投资正在规划阶段。ACC表示，到2023年这些项目将令美国化学工业产值新增1050亿美元/年，同时提供73.8万个永久性的工作岗位，包括6.9万个化学工业工作岗位，35.7万个供应商产业的工作岗位和31.2万个社区的工作岗位。

参与美国页岩气开发的中小企业一般可分为3类：一是油气公司；二是油田服务类公司；三是设备供应商。它们虽然规模较小，但决策灵活、专业性强，在细分领域极具创新性和竞争性。

API报告举例称，佐治亚州的一家小企业提供环境友好型的"燃料解决方案"，有助于减少排放并增加效率。佛罗里达州的一家小企业专注于设计和生产移动式的组装实验室，让客户能够进行复杂分析和更高效率的野外作业。在马萨诸塞州，有小企业帮助客户建立地质力学模型，以减小客户钻井和开发新矿藏的风险。

从油气开发过程看，非常规资源在初始开发阶段具有难采、低渗和不经济性等特征，大型能源公司觉得不合算且风险大，大都避而远之，结果为中小能源企业从事这些类型的资源开发留下了较大的区域和潜在利益。随着页岩气开采技术的不断进步和推广、油气需求和盈利空间的扩大，这些中小企业逐步具备了开发难采资源的技术能力，也使原来难以盈利的项目变为可盈利的项目。

不可否认，大批中小能源公司对美国页岩气产量做出了重要贡献，但必须指出，非常规资源的持续开发需要更大规模和持续性的投资和规模化运作，这些恰恰是中小企业的短板。因此，非常规油气资源要全面发展，大型能源公司的参与和引导是少不了的。在这场迅速展开却又影响深远的产业变革中，数以万计的中小企业蓬勃生长，传统能源巨头也以巨资收购而倍显活跃。

2009年12月14日，美国能源巨头埃克森美孚宣布，将以310亿美元收购美国天然气巨头克洛斯提柏能源公司（XTO），交易将全部以股票支付。此外，埃克森美孚还将承担后者100亿美元的债务。这起总计410亿美元的交易，是埃克森与美孚合并成立以来进行的最大并购案，也是自2006年以来能源业最大的并购案。2010年6月25日，埃克森美孚完成对XTO的收购交易。收购完成之后，克洛斯提柏能源公司依然保持自己的名称，总部仍旧在得克萨斯州沃斯堡，其3300名雇员几乎全部得到留任。

XTO能源成立于1986年，公司在首席执行官鲍勃·辛普森（Bob Simpson）的领导下，通过所谓的"野猫勘探"实现了繁荣发展，公司的产量连续13年实现增长。从1993年以每股13美元的价格公开上市后，XTO股价涨了近50倍，市值达到200亿美元。XTO股价已拆分7次，2009年12月14日开盘一度上触48.51美元高点，收于47.86美元，较上一交易日的收盘价41.49美元上涨6.37美元，涨幅达15.35%。2009年XTO的股价上涨了28%，涨幅超过了戴文能源、阿帕奇、阿纳达科石油等公司。XTO已探明的资源储量主要集中在得克萨斯、新墨西哥、阿肯色以及邻近各州，这些储量已经达到有史以来的最高值，而且全部做好了开采准备。依照双方的交易价格，埃克森美孚对XTO已探明的天然气储量出价为3美元/千立方英尺，高于美国大部分天然气公司平均2~3美元/千立方英尺之间的价格。

XTO能源是美国最大的天然气生产商，对从诸如页岩等非常规地质中提取天然气具有丰富经验，主要开采致密气、页岩气、煤层气、页岩油等非常规油气，拥有45万亿立方英尺的天然气资源。2009年，正是由于该公司产量猛增，使得美国天然气对外依存度迅速下降，并导致国际天然气市场价格普跌（见图3-25）。2009年是XTO能源历史上业绩最好的年份，营业收入、利润分别为90.64亿美元、20.19亿美元，均创历史最高水平，然而也就是这一年，Henry Hub天然气价格从上年的每千立方英尺9.13美元暴跌至4.07美元，跌幅高达55%。当然，气价暴跌很大一部分原因是金融危机爆发导致能源需求萎缩造成的，但美国页岩气产量暴增，使得天然气市场在疲软时候的供给过剩矛盾更加凸显，成为压垮气价的最后一根稻草。

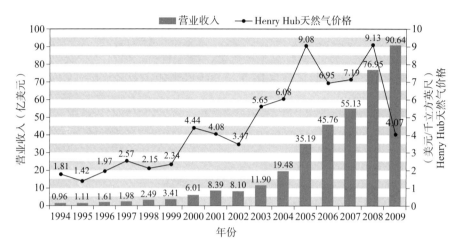

图3-25　XTO能源营业收入与美国天然气价格走势（1994—2009年）

资料来源：美国证券交易监督委员会。美国能源信息署。

注：图中天然气价格为年均价。

辛普森早年做过会计，处事谨慎，他将XTO的钻探业务仅限于普遍认为比较成熟的美国大陆，而将墨西哥湾和海外那些高风险项目留给竞争对手。他多次在公开场合称，通过巧妙的钻探，他能延长那些被认为已经开发到饱和状态的油气田的寿命。辛普森认为，最理想的勘探地点是那些已经找到最佳油气田的地方，尤其是在得克萨斯州、新墨西哥州和阿肯色州。因此，XTO并没有真正发现新的石油和天然气资源。即使如此，2009年，在辛普森的带领下，XTO已探明储量增加了12%，达到14亿桶油当量，而其勘探成本只有行业平均水平的一半。在谈到为何选择被埃克森美孚收购，辛普森则表示："作为全球最大的石油公司，埃克森美孚将发扬我们目前的优势，并有助于我们在全球石油和天然气领域开拓新的发展机会。"与"依靠自身力量所能达到的水平相比"，对埃克森美孚资源的利用将允许该公司"释放出更多的价值"。这也表明，在页岩气的开发中，中小油气公司的全面发展离不开大型能源公司的参与和引导。

那么，埃克森美孚为何要在气价暴跌的年份收购XTO？其意图何在？从宣布收购的时间看，当时美国天然气价格在经历金融危机的暴跌后正缓慢回升（见图3-26），2009年9月气价探底至3.08美元/千立方英尺，10月升至4.13美元/千立方英尺，涨幅34%，11月气价转跌至3.77美元/千立方英尺，12月猛涨至5.51美元/千立方英尺，较上月涨幅达46%，超过10月的涨幅，较9月的探底涨幅近80%。从天然气价格短期走势看，受金融危机的冲击，长达15个月的天然气价格暴跌已经过去，而且气价回升势头很猛，埃克森美孚据此判断美国天然气市场正企稳回暖，是收购XTO的大好时机，而且在宣布收购XTO后的2010年1月，气价又略有9%的升幅，至6.01美元/千立方英尺。

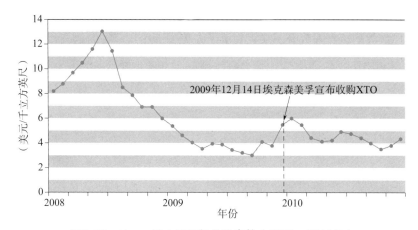

图3-26 Henry Hub天然气价格走势（2008—2010年）

资料来源：美国能源信息署。

注：图中天然气价格为月均价。

从长期看，天然气业务一直是埃克森美孚的短板，收购XTO，埃克森美孚做好了未来30年打页岩气持久战的准备，当然，这是从战略上考量的。对此，埃克森美孚董事长兼首席执行官雷克斯·蒂勒森（Rex Tillerson）解释说："这关系到未来10、20到30年的天然气业务，我们认为，天然气已成为全球资源组合中非常重要的一部分。"

埃克森美孚预计，未来20年中，天然气需求将平均每年增长1.8%，而石油需求增长仅为0.8%。蒂勒森称，埃克森美孚以410亿美元全股票价格收购美国天然气巨头XTO的交易，是其进军非传统天然气市场的一项重大举措，原因是非传统天然气"对我们来说是一种重要的新资源"。在此以前，埃克森美孚已经在全球各地进行了多项非传统天然气收购交易，加入了成本约260亿美元、横加油气管线公司（Trans Canada）正在实施的管道项目，已将阿拉斯加北坡的天然气运输到美国大陆。收购XTO有助于埃克森美孚把此前收购的各项业务合并到一起，这桩交易将把埃克森美孚的资源基础提高10%左右。

蒂勒森表示，XTO的专业优势将有助于非传统能源供应的提高，这将有益于美国乃至全球消费者。"对于美国经济和美国能源安全而言，该交易是好消息。"蒂勒森说，收购将创造就业的机会，并能增加美国自身的清洁燃烧天然气资源的生产投资。通过此次收购，大幅提升了埃克森美孚在美国天然气市场的地位和盈利能力。

"这是一宗历史性的交易，标志着能源巨头开始把赌注押在美国的非常规天然气上。"独立的研究和评级权威机构晨星公司（Morningstar）分析师艾瑞克·切诺韦思（Eric Chenoweth）指出，"在过去几年，欧洲和美国的其他大型企业也对非传统天然气表现出浓厚的兴趣，但它们的合作仅仅停留在小打小闹的层面上。而埃克森美孚则是在别人正在使用小型武器的时候，就已经祭出了自己的大炮。"

埃克森美孚以410亿美元的高价收购XTO，下面简单算算XTO的价值到底值不值这个价。首先是债务，410亿美元包含了100亿美元的债务由埃克森美孚承担，截至2009年12月31日，XTO实际负债总额为189.29亿美元，也就是说，埃克森美孚承担了XTO53%的债务，扣除100亿美元的债务，这笔收购的直接交易是310亿美元。其次是资源价值，2009年XTO已探明的天然气储量为14亿桶油当量（约84000亿立方英尺），埃克森美孚按3美元/千立方英尺的出价，总计价值为252亿美元，与直接交易价310亿美元还相差58亿美元。再看XTO的市值，按照12月11日XTO每股41.49美元的收盘价，XTO的市值为242亿美元，若按宣布收购当日（14日）收盘价每股47.86美元计算，XTO的市值为279亿美元，若取两日市值的平均值，XTO的市值为260亿美元。以上市值与直接交易价分别相差68亿美元、31亿美元、50亿美元。综合上述计算，埃克森美孚收购XTO的溢出价为58亿～68亿美元之间。

对溢出价的评估主要看XTO的综合价值，这是根据软实力指数来计算的。2009年在美国天然气价格暴跌的情况下，XTO的软实力指数没降反升至0.175（见图

3-27），比上年提高1.1个百分点，仅此就可看出XTO具有较强的运营能力和应对危机、化解风险的能力，从实际业绩看也证明了这一点。2009年XTO实现营业收入90.64亿美元，同比增幅17.8%；实现利润20.19亿美元，同比增幅5.6%；资产负债率由上年的54.7%降至52.2%，实际减少债务19.78亿美元。根据软实力指数系统模型计算，2009年XTO综合价值为54.47亿美元，其中软实力价值15.88亿美元、硬实力价值38.59亿美元。XTO54亿美元的综合价值基本反映了埃克森美孚收购XTO的溢价水平。

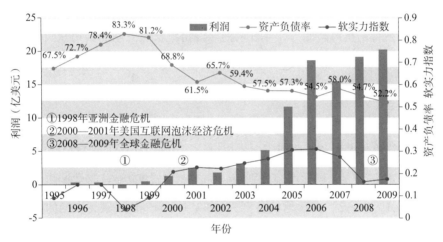

图3-27　XTO1995—2009年利润、资产负债率和软实力指数

资料来源：美国证券交易监督委员会。邓正红软实力研究应用中心。

读者注意，对于资源型的油气公司，一般来说，其硬实力价值远大于软实力价值，而互联网公司的价值结构刚好与之相反，因为互联网公司以虚拟经营为主，一般来说，其软实力价值远大于硬实力价值。对于实体经济危机来说，互联网公司的抗风险能力强于资源型公司；对于虚拟经济危机来说，资源型公司的抗风险能力则强于互联网公司。

XTO在埃克森美孚的收购中能够获得高达60亿美元左右的溢价，一则运营能力强，业绩一直保持较好的势头，从1994年以来的15年中仅出现两次亏损；二则所拥有的资源价值厚实；三则应对危机、化解风险的能力比较强，过去15年历经3次经济危机，都挺过来了，而且业绩表现不凡。

从XTO所经历的3次经济危机看，1998年爆发的亚洲金融危机，XTO受到的冲击较大，当年亏损7150万美元，软实力降至最低0.038，较上年下滑11.2个百分点，但1999年软实力恢复和上升较快，为0.094，同比提升5.6个百分点，实现利润近4500万美元。2000—2001年美国爆发互联网泡沫经济危机，XTO的软实力和利润连续两年走高，这两年XTO的软实力分别为0.210、0.229，同比分别提高11.6个百分点和1.9个百分点，2000年利润首次突破1亿美元大关，为1.15亿美元，2001年利润突破2亿美元大关，为2.49亿美元。这表明，应对虚拟经济危机，相比互联网公司，优质的油气企业具有独特的抗风险能力，互联网泡沫经济危机是互联网公司软实力被过度放大、硬实力不足所致，而XTO有厚实的资源价值为支撑，所以能轻易应对。

埃克森美孚收购XTO，正处于2008—2009年全球金融危机爆发后的余震中，美国天然气价格经历了长达15个月的暴跌。这两年美国的制造业受到严重的打击，但是，XTO的营业收入和利润均创历史最高纪录。2008年XTO实现营业收入76.95亿美元，利润19.12亿美元，同比增幅分别为40%、13%；2009年实现营业收入90.64亿美元，利润20.19亿美元，同比增幅分别为18%、6%。气价暴跌，XTO的业绩不降反升，而且幅度较大，是什么因素在起作用？当然是软实力。

2008年XTO的软实力降幅较大，下降了9个百分点，至0.164，这表明XTO软实力强大，软实力下降意味着XTO通过消耗9个百分点的软实力成功化解了气价暴跌引发的经营风险，在消耗之后仍能保持0.164的高水平软实力，显示出XTO强大的内生动力，2009年XTO已完全适应了低气价，软实力指数回升1.1个百分点。在低气价时代，XTO的软实力体现在提高生产效率和降低费用。与2008年相比，2009年XTO每天生产天然气23.4亿立方英尺，生产效率提高了22.9%，按千立方英尺当量计算，生产费用降低12.7%，税费、运输费和其他费用降低25.3%。

埃克森美孚收购XTO后，明显的变化就是天然气产量猛增（见图3-28）。2008、2009年埃克森美孚在美国的天然气日产量仅12亿立方英尺，到2010年，产量暴增至26亿立方英尺，增幅达104%，2011年的日产量更是跃升至近40亿立方英尺，较2009年产量增幅达207%。2012—2015年，由于美国天然气市场供给严重过剩，气价持续低廉，2015年降至每千立方英尺不足3美元，埃克森美孚不得不连续4年减产天然气，尽管如此，2015年的气产量仍保持在每天30亿立方英尺以上。

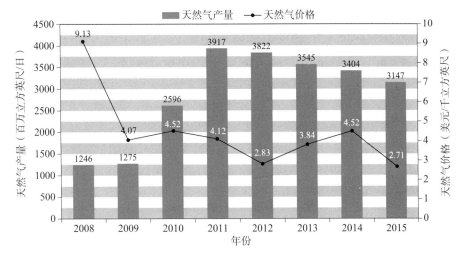

图3-28　埃克森美孚在美国的天然气产量与Henry Hub天然气价格（2008—2015年）
资料来源：美国证券交易监督委员会。美国能源信息署。
注：图中天然气价格为月均价。

　　美国掀起的页岩油气革命正给能源产业带来深远影响，也带动相关行业迅速崛起。随着页岩油气开采所采纳的水力压裂法日趋普及，压裂砂供应商受益匪浅。水力压裂法使用的压裂液99%由水和砂构成，其中压裂砂主要扮演支撑剂的角色。压裂一口油气井需要约1500吨砂，而如果在压裂过程中使用更多砂，矿井的油气产量还会进一步提高。这也使得一些油气企业尝试在开采过程中使用更多砂石。

　　压裂砂的需求随着页岩油气开发的繁荣而增大。据能源和资源咨询公司PacWest的数据，2011年全美因水力压裂法消耗的压裂砂达到2879万吨，而2007年仅为600万吨，2014年达到4300万吨，较2013年增长近30%。与此同时，压裂砂价格也水涨船高。据美国地质调查局（United States Geological Survey，简称USGS）公布的《矿产年鉴》，2010年美国压裂砂价位在每吨45～50美元之间，2011年均价上升至每吨54.83美元，2012年均价进一步升至每吨62.67美元。

受益于压裂砂需求和价格的上升，采砂行业异军突起。截至2014年12月31日，美国主要的几家砂供应商业绩都实现显著增长（见表3-2），2013、2014年，总部设在休斯顿的Hi-Crush Partners（HCLP）营业收入增长87%、173%，利润增长35%、110%；位于马里兰州的美国硅业控股（SLCA）营业收入增长24%、61%，利润2013年无增长、2014年增长61%；美国最大的压裂砂原砂生产商Emerge能源服务（EMES）营业收入增长40%、27%，利润增长105%、153%。从上述3家公司的业绩增长可以看出，2014年除了Emerge能源服务的营业收入增长有所放缓，Hi-Crush Partners、美国硅业控股的收入和利润都是大幅猛增，Emerge能源服务的收入尽管仅增27%，但利润增幅高达153%。这也从侧面反映了2014年美国页岩油气开发热潮到了走火入魔、近乎疯狂的地步，以致国际油价暴跌。

表3-2 美国3家砂供应商2012—2015年业绩一览（亿美元）

Hi-Crush Partners（HCLP）	2012年	2013年	2014年	2015年
营业收入	0.756	1.417	3.865	3.396
利润	0.435	0.586	1.231	0.283
市值	3.73	11.81	11.46	2.15
资产负债率	6.9%	51.4%	59.7%	67.4%
软实力指数	0.517	0.475	0.382	0.111
美国硅业控股（SLCA）	2012年	2013年	2014年	2015年
营业收入	4.419	5.460	8.767	6.430
利润	0.792	0.753	1.215	0.119
市值	9.04	17.50	14.29	10.52
资产负债率	66.3%	64.2%	67.4%	65.3%
软实力指数	0.229	0.280	0.199	0.146
Emerge能源服务（EMES）	2012年	2013年	2014年	2015年
营业收入	6.241	8.733	11.113	7.116
利润	0.172	0.352	0.891	0.094
市值		9.56	12.67	1.07
资产负债率	95.2%	47.1%	64.5%	82.2%
软实力指数		0.319	0.325	0.060

资料来源：美国证券交易监督委员会。邓正红软实力研究应用中心。

2014年10月10日当周，美国页岩油活跃钻机数量增至1609台，创历史最高水平。在这期间，美国这些服务于油田压裂的砂供应商的股价涨幅更是惊人。截至2014年9月2日，Hi-Crush Partners自2012年8月上市以来股价累计上涨了255%；美国硅业控股公司自2012年2月上市以来股价上涨345%； Emerge能源服务自2013年5月9日上市以来股价累计涨幅更高达770%（见图3-29）。

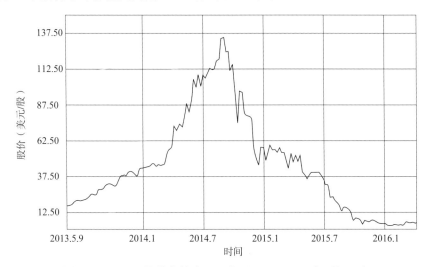

图3-29　EMES股价走势（2013年5月9日至2016年4月8日）
资料来源：雅虎财经。

2014年第二季度美国硅业控股公司收入同比增长60%，达到2.1亿美元，其中针对油气行业的砂销售达到150万吨，同比增长53%。该公司首席执行官西恩（Bryan A. Shinn）表示，油气行业持续的强劲需求驱高了砂价和公司的利润率，未来将进一步扩大产能，确保充足的供应。

就在几年前，为消费电子产品提供屏幕所需玻璃的工业和特殊产品部门还是美国硅业控股公司最重要的收入来源，但随着压裂砂需求和价格的上升，为油气企业提供压裂砂的业务部门成为美国硅业控股的收入大头，其对整体的收入贡献率高达70%。摩根士丹利将该公司股价预期从59美元大幅上调至80美元，并表示未来甚至可能高达95美元。

同时，页岩油气运营商也在积极进入压裂砂行业。美国页岩油生产商EOG资源公司就对威斯康辛州的3个采砂矿和2个专门处理压裂砂的工厂投资2亿美元，拥有自己的砂矿令该公司每个钻井的平均成本节约了50万美元至750万美元。该公司每年新钻井数量达到600个。在此期间，EOG资源股价实现翻番。

在美国，控制能源开发行为纯粹是经济驱动：一旦天然气价格开始抬头，人们就开始持续开采天然气。由于价格走低，2012年以来页岩气开采受到抑制，在美国拥有钻井的企业并不仅仅开发页岩气，而会同时开发页岩油。那些应用在页岩气开发的技术正在逐渐应用到页岩油的开发上。在天然气价格下跌和油价上涨的趋势下，这是一种谋求利润的转型。

不少页岩气开发商逐渐转向开采商业价值更高的页岩油及天然气凝析液。这一转向进一步带动了美国石油产量的迅速增长。根据能源咨询公司Purvin & Gertz统计，2012年美国页岩区的钻井开发计划快速地由干气转向富含天然气液体产品和石油的地区，美国干气钻机数量所占的比例已从2009 年初时的近80% 大幅削减至约40%。

2014年7月13日，美国怀廷石油（Whiting Petroleum）宣布，以价值38亿美元的股票、外加承担22亿美元的债务收购位于丹佛的科迪亚克油气（Kodiak Oil & Gas），这项交易总计60亿美元，使怀廷石油成为巴肯页岩区和斯里福克斯油层区域最大的油气生产商。

2014年第一季度，这两家公司在北达科他州和蒙大拿州产量合计为10.7万桶油当量/天，合计拥有85.5万英亩的净开采区域和3460个未来可以钻井的位置。相比之下，大陆资源（Continental Resources）在该地区的产量约为8.4万桶油当量/天。怀廷首席执行官沃克尔（James Volker）说，包括怀廷科罗拉多的资产在内，合并后的公司将拥有价值178亿美元的资产，探明6.06亿桶油气储量，其中80%是石油。科迪亚克首席执行官彼得森（Lynn Peterson）称，两家公司合并后，油气开采速度将加快，生产效率将提高。巴肯页岩区是北美页岩油高产区之一。2014年4月巴肯页岩区的产量首次突破100万桶/天。巴肯页岩区的快速发展使得北达科他州成为仅次于得克萨斯州的全美第二大产油州。

2014年美国页岩水力压裂发展到巅峰，也是众多油田服务商鼎力助成的，其结果是页岩油气产量劲爆上升，原油过剩问题加剧，国际油价暴跌，2015年全球油气公司业绩遭受重创，美国的这些砂供应商也未能幸免。2015年，Hi-Crush Partners营业收入减少12%，利润减少77%，市值减少81%，软实力下降27.1个百分点；美国硅业控股营业收入减少27%，利润减少90%，市值减少26%，软实力下降5.3个百分点；Emerge能源服务营业收入减少36%，利润减少89%，市值减少92%，软实力下降26.5个百分点。美国硅业控股的实力保持相对好点，软实力损耗最低，而且资产负债率有所下降；Hi-Crush Partners、Emerge能源服务的软实力急剧下降，资产负债率加大，Hi-Crush Partners的负债率上升6.6个百分点至67.4%，Emerge能源服务的负债率上升17.7个百分点至82.2%。对全球油气产业来说，油价高则一荣俱荣，油价低则一损俱损，油市气候决定能源产业的走向，多数油气公司软实力是源于资源价值而并非资源价值创新，一旦油价下跌，软实力欠缺就暴露无遗。

第六节　几乎不可复制的"革命道路"

美国页岩气历经40多年的开发，正在撬动未来几十年的全球能源格局。"按照现在的供应和存储规模，美国恐怕永远都不需要进口天然气了。"麻省理工学院能源和环境政策研究中心教授亨利·雅各比（Henry Jacoby）半开玩笑式地说。他带领的页岩气研究小组一直致力于跟踪美国的页岩气革命。尽管美国不是世界页岩气探明储量最大的国家，但页岩气革命正在改变和推动美国能源业的重组，使其在进入21世纪的第二个10年内，在全球能源格局上占尽先机。而几乎不可复制的"革命道路"，确保了美国未来几十年的能源大国地位。雅各比在中国做完调研后认为："中国的页岩气开发不会有美国这么快。在美国经历5～6年获得的开发成果，在中国可能需要20年的时间。"

2013年，由美国能源信息署组织的研究团队对世界41个国家、137个页岩气沉积盆地进行了全球页岩气评估。结果显示，全球页岩气技术可采资源量为206.68万亿立方米，与常规天然气探明可采储量相当。其中，北美洲页岩气资源最为丰富，占全球总量的23.4%。按照国家分布情况，美国页岩气技术可采资源量为18.8万亿立方米，位居世界第四。美国有48个州拥有储量巨大的页岩气资源，其中位于得克萨斯州沃斯堡盆地的巴奈特页岩气田的开采寿命可达80至100年。美国大量、浅藏、技术上可开采的页岩气资源为页岩气的开发利用提供了条件。继美国之后，中国、澳大利亚、阿根廷等众多国家也纷纷开始论证页岩气的商业化可行性，但资金国有化、设备老化、地理位置偏远等诸多问题，导致其他国家的大量开发举步维艰，也使得全球的投资热情依然聚集于北美地区。

美国页岩气的开采由来已久。早在1821年，美国就在阿巴拉契亚盆地成功钻取第一口商业页岩气井，拉开页岩气开采的序幕，也开启了美国天然气工业。20世纪70年代，由于两次石油危机以及本土原油产量峰值的到来，天然气在美国能源消费结构中的比重越来越高，推动页岩气开采进入规模化阶段，但在整个天然气产量中的比例仍然很小。直到上世纪90年代技术突破以及制度、基础设施等各方面的不断完善，才带来了页岩气产业的繁荣。

页岩气革命之所以发生在美国，莱斯大学贝克研究室教授肯尼斯·梅德洛克三世（Kenneth Medlock III）道出了缘由，"是这个国家拥有世界上最有效率的市场。" 2005年之后，当大企业开始大规模收购从事页岩气开采的小企业，页岩气革命才进入了一个新的阶段，经济与政治的规模效应随之溢出。"页岩气革命是一次能源的范式转移。"梅德洛克表示，"革命会继续进行，因为美国已经选择从页岩中提取天然气，就不可能停止。这不仅是为了本国能源安全，也有许多政治考量。"

T.RowePrice基金公司自然资源类股票组合经理派克（Tim Parker）说："美国的优势不仅在于地下蕴藏的巨大储备，而在于一连串可以预想到的组合拳，包括早已建成的基础设施、专业技能、相对丰富的水源，以及一个有利的许可权制度，从而确保土地所有者在开采过程中能获得应有收益。"因此，美国的能源繁荣足以维持数十年之久。与此形成对比的是，欧洲反对液压破碎法，其基础设施缺乏；日本几乎找不到任何页岩地形；中国虽然资源丰富，但只有靠近长江的页岩地区才拥有足够的水源进行液压破碎法开采。

除了在关键技术条件上实现突破，美国页岩气繁荣还得益于配套设施、产权制度、市场机制、政策支持等一系列条件的发展和成熟，当然还包括具备页岩油气技术优势和钻机设备的独立公司以及承包商众多、水力压裂所需的水资源丰富等因素。

——完善的基础设施为降低成本，推动页岩气迅速市场化、商品化创造了有利条件。

美国天然气基础设施非常完善，拥有世界上规模最大、最完善的天然气管网系统。从20世纪30—40年代以来，经过数十年的发展，同时得益于发展成熟的天然气市场，美国建成了总长度达48万公里的天然气管道及210多个供气网络系统，管道里程位居世界首位，各管道间联络线发达，城市配气网络十分完善，天然气管线遍布全国各州。这些都为上游生产的页岩气并网进入下游消费市场提供了便捷的条件，使得页岩气开采能够快速迈入商业化和市场化的阶段。

在历次天然气市场结构调整中，美国政府始终遵循管道公司功能单一化、管输市场竞争化的思路，通过"控制中间，放开两头"，建立了管输市场公开准入制度，保证天然气生产商公平地使用天然气管道，提高了市场效率，也使页岩气价值得到合理体现。

1985年美国联邦能源监管委员会（FERC）颁布436号法令，管网公司开放管道传输业务。1992年颁布的636号法令，扩大了非常规能源的补贴范围，取消了管道公司对天然气购销市场的控制，规定管道公司只能从事输送服务，大大降低了非常规天然气的供应成本。2000年颁布的637号法令，改进管输市场效率，有效地促进了美国天然气市场公平竞争环境的形成，提高了天然气运输市场效率，较好地保护了市场参与者的利益。

——产权清晰和市场化运作模式使美国页岩气开发中各参与主体可以高效率地分工协作。

在美国，参与页岩气开发的主要有3个参与主体：一是私人矿产和土地拥有者，二是中小型专业公司，三是大公司和投资者。美国的能源市场结构极具竞争性，具有"三高"特点，即市场自由化程度及开放度高、土地使用权私有化程度高、土地使用权交易便利流动性高，因此，页岩油气资源开发企业能够以较快速度定位和转移工作区块、找到开采资源的最佳区块，同时在土地上面临的法律障碍相对较小。

不同于常规天然气，页岩气开发需要大面积、规模化和连续钻井，开发工作有前期勘探开发投入大、投资风险大、回报周期长、严重依赖管网建设等特点。土地私有化制度保证了矿业权可以自主经营或通过市场交易自由出让。市场化的油气开发体制下，政府对投资者没有资质、规模、能力等方面的准入限制，通过市场竞争即可获得页岩气开发权。页岩气开采绝大部分都由中小企业进行，有效地分散了巨额投资，降低了开采准入门槛。中小企业为了获取更高回报，更具创新性，推动了页岩气产业的快速发展。各种规模的页岩气生产商在相关市场能够充分竞争，促使生产效率和效益不断提高。同时，清晰的市场监管框架也为天然气市场的健康发展提供了必要保障。这种高度市场化的美式页岩气开发模式促进了页岩气产业的迅猛发展。

——美国政府自20世纪70年代末以来采取了一系列促进新天然气资源（包括非常规资源）开发的措施。

近40年来，美国历届政府通过解除价格管制、豁免环境监管、实施税收优惠、增加补贴等措施为非常规天然气的开发提供了一系列优惠条件，扶持和鼓励相关产业的发展。这些政策为致密地层天然气和煤层气产量的增加以及后来的页岩气繁荣奠定了良好的基础。主要的天然气政策包括鼓励性定价、税收抵免、非常规天然气研发项目以及促进产业重组的政策。

1978年通过的《天然气政策法案》部分消除了天然气井口价格的管制。1989年通过的《天然气井口废除管制法案》，最终取消了天然气井口价格的管制。2005年小布什政府签署了免除页岩气水力压裂受到《安全饮用水法案》监管的《能源政策法案》，即著名的"哈里伯顿漏洞"。《能源政策法案》规定，"地下水注入"监管范围适用于通过钻井向地表以下注入液体，但用于存贮目的的天然气注入和有关油气、地热开采采用的水力压裂操作（柴油除外）不在此列。2005年的《能源政策法案》也豁免油气企业对开采带来的潜在环境影响进行评估陈述。这一法案的通过结束了长期以来有关联邦政府是否应该对水力压裂进行监管的争论。这些措施为推动天然气产业发展扫清了路障。

1980年通过的《能源意外获利法》对非常规能源开发实施长期的税收补贴，对1979—1993年钻探的非常规油气和2003年之前生产和销售的页岩气及致密气实施税收减免，对油气行业实施5种税收优惠：无形钻探费用扣除、有形钻探费用扣除、租赁费用扣除、工作权益视为主动收入、小生产商的耗竭补贴等。

1990年的《税收分配综合协调法案》和1992年的《能源税收法案》扩大了非常规能源的补贴范围。1997年的《纳税人减负法案》延续了替代能源的税收补贴政策。从2005年起，美国政府加大了开发难采天然气的政策扶持力度，大大降低了天然气开采税。为激发土地所有者与开采公司签署土地租赁合同的积极性，政府给土地所有者增加了25%的强制提成。

补贴政策下，开采煤层气、页岩气、水溶气等都直接受到财政补贴。最初每桶油当量产量补贴3美元，相当于每立方米天然气补贴1.81美分。随后根据经济形势变化和通货膨胀情况不断调整补贴标准，最高补贴曾达到了相当于每立方米天然气补贴4.95美分。以上的补贴都采取先征后补的形式，激发了小公司投资页岩气勘探开发的热情，极大地促进了页岩气的发展。据康菲石油估计，最初非常规天然气开发的30%的利润来自政策优惠。除联邦政府外，页岩气资源丰富的地方，当地政府也出台了诸多鼓励政策，如得克萨斯州从20世纪90年代初以来，对页岩气的开发免征生产税，实施每立方米3.5美分的政府补贴，另外还有其他税收优惠。

——技术进步是页岩气开发的巨大动力，美国政府出资并组织开展了大量的基础研究。

1973年的石油禁运促使美国政府开始采取一系列措施来应对能源危机，这些措施包括巩固和发展能源相关研发项目。1974年的联邦法律通过合并美国矿产局的技术研究中心、美国内政部的化石能源研发项目以及原子能委员会（当时被取消）的国家实验室系统等多个研究中心，成立了能源研究和开发管理局。1977年10月，美国能源部成立，把能源措施和研发项目的职责纳入一个部门，承担了原来由能源研究和开发管理局、美国农业部、商业部、住房及城市发展部、交通部所承担的职责。1973年至1976年期间，联邦能源研究的总支出翻了一倍，而化石能源部分的支出增长10倍以上，从1974年的1.43亿美元增至1979年的14.1亿美元。

在20世纪70年代，美国政府就开始支持位于得克萨斯州的阿巴拉契亚盆地页岩气资源的评估和技术示范，该盆地在20世纪90年代成为美国最早实现页岩气商业化开采的地区。如今，尽管企业已成为页岩气开采技术革新的主力，但联邦政府依然维持对页岩气开发的科研投入，研究重点则放在进一步提高页岩气井的生产效率和降低开采页岩气对周边环境的影响上。

美国政府还专门设有非常规油气研究基金，支持大学和研究机构就包括页岩气在内的非常规油气开发开展基础研究。比如20世纪70年代，能源部、能源研究与开发署联合国家地质调查局以及学术机构发起并实施了针对页岩气研究与开发的"东部页岩气项目"，产生了大批科研成果，对页岩气能进入实质性开采起到了关键性作用。20世纪80年代以来，美国政府已经先后累计投入超过60亿美元的资金用于页岩气产业勘探开发，后来的诸多技术突破都受益于这些研究。2004年通过的《美国能源法案》还规定，10年内政府每年投资4500万美元用于非常规天然气基础研究。

在应用研究方面，美国的中小型企业利用油气开发积累的经验和技术，通过不断的实验和投入，探索出了一整套高效率、低成本的开采技术，主要有水平井和多段连续压裂改造技术、清水压裂技术、同步压裂技术、储层优选评价、排采增产技术等。这些创新技术的大规模推广应用，降低了开发成本，大幅提高了页岩气井单井产量，使科学技术转化成了生产力。

　　页岩气开发主要有3项关键技术：水平钻井技术、水力压裂技术和水力压裂缝监测技术。美国得克萨斯州巴奈特页岩层实验室成功融合水平钻井技术和水力压裂技术，使得页岩气开采技术有了实质性的突破，开采成本大幅降低。技术瓶颈的突破是美国页岩气得以大规模开采使用的条件。

　　美国积累了大量的地质数据，并且对社会公开。美国每年能源矿产勘探开发都要打成千上万口勘探井，按照美国法律要求，相关公司和部门必须上报获得的地质数据，并向社会公开。因此，美国积累了大量的地质数据和油气勘探数据，在此基础上开展的扎实基础研究为页岩气开发做好了数据积累和技术储备。

　　2014年美国地质调查局用于能源、矿藏调查和全国地质地图制作方面的资金近1亿美元。美国各州也有法律要求油气公司无偿向社会披露天然气和石油开发的钻井日志和生产数据，各州还会将这些信息汇报给美国地质调查局，汇总后对外公布。资源信息的全面公开，让那些有意进入页岩气领域的企业能够预先了解相关开发区块的资源情况，对未来收益进行较为准确的评估，降低投资风险。这对于资金实力并不强大的中小企业而言尤为重要，整个产业也因此形成了一个信息更加透明、交易更加公平、企业更愿意参与的良性循环。

　　——量化宽松政策向市场注入了大量流动性资金，风险投资和私募股权投资大举进入页岩油气风险勘探市场，支撑着美国页岩气不断走向繁荣。

　　在2005年以前，因为页岩气开采成本仍然相对较高，即使在使用了水平井钻探和分段水压裂技术后，页岩气开发热潮还是没有到来。直到2005年，国际油价开始持续飙升，这给页岩气开采带来了转机，各路资本开始进入页岩气开发领域，中小型油气公司如雨后春笋般成立，有资料显示，美国现有8000多家油气公司中，有7900多家是中小公司，而这些中小型公司的资金主要来自风险投资者。仅2011年，外国资本在美国页岩气领域总投资就达564亿美元。这些风险投资和国际资本的注入，直接推动了页岩气开发热潮的到来。

　　2008年金融危机爆发后，页岩气开发经过短暂的萧条后又繁荣起来，这与美联储推行的量化宽松政策有着直接的关系。2008年11月，奥巴马政府宣布了一项7870

亿美元的一揽子经济刺激计划，其中的新能源策略更是重中之重。有400亿美元用于扶持太阳能、风能、生物质等可再生能源；并计划在未来10年内耗资1500亿美元刺激私人投资清洁能源，以此来创造500万个就业机会，到2025年保证美国人所用电能的25%来自可再生能源。

从2009年到2014年，美联储推行了4次量化宽松政策，购买资产规模达3.9万亿美元，大多数独立的中小油气开发商通过借贷或发行债券融资，获得了大量的投资，催生了美国页岩油气行业的迅猛发展。截至2014年6月，全球页岩气勘探开发总钻井数超过14万口，实际总投资累计近1万亿美元，而北美之外的油气投资不足150亿美元。也就是说，量化宽松政策给美国页岩气开发注入了超过9000亿美元的资金，美国页岩气的开发和产量增长因此获得了革命性的突破，页岩油产量极大增加。从2008年到2014年，美国只用了短短的6年时间就成为世界第一大油气生产国。

第七节　页岩革命加速美国"能源独立"

美国能源部2012年发布报告称，2035年美国页岩气产量将达到20.5万亿立方英尺，天然气产量将达到26.1万亿立方英尺，从而使美国实现"能源独立"。

英国石油在其2016年的能源展望报告中，预期美国将能够在2021年实现能源自给自足，并将在2030年实现石油自给自足。该报告显示，美国的"能源独立"将成为影响全球能源市场变化的一大因素，将纳入更多的可再生能源和页岩天然气的影响。

美国是当今世界唯一超级大国，同时也是最大的能源消费国。众所周知，美国被称为"车轮上的国家"，人们出行的主要交通工具是汽车，一个典型的美国家庭一般都有两辆车。可以说离开汽车，美国人寸步难行；离开能源，整个美国就如僵尸一般。

二战前，美国曾是原油净出口国，原油产量居世界首位。二战期间，石油成为一种重要的战略物资，美国一度面临石油短缺的境况。二战后，尤其是20世纪50—60年代，美国国内石油消费量和进口量不断增长，尽管石油的对外依存度不断提高，但由于美国国内石油产量上升，国际油价持续下降，石油供给问题还不是那么紧迫。

然而，自20世纪70年代以来，每次爆发石油危机，美国经济都受到严重冲击。1973年美国日益增长的石油进口受到石油危机的重创，面临供给骤减和油价飙升的双重困境。1979年伊朗革命和1990年两伊战争导致的石油供应短缺进一步使美国意识到保障石油供给的重要性。"9·11"事件后，美国发动伊拉克战争。与此同时，2003年以来国际油价也一路攀升，最高时涨幅超过500%。

1973年10月6日，第四次中东战争爆发。由于不满美国支持以色列，10月16日，科威特、伊拉克、沙特阿拉伯、卡塔尔、阿拉伯联合酋长国和伊朗决定，将海湾地区的原油市场价格提高17%，国际石油市场一片恐慌，标志着第一次石油危机的开始。10月17日，欧佩克宣布对于美国等支持以色列侵略的国家的石油供应，逐月减少5%。10月18日，阿拉伯联合酋长国中的阿布扎比酋长国决定完全停止向美国输出石油。接着利比亚、卡塔尔、沙特阿拉伯、阿尔及利亚、科威特、巴林等阿拉伯主要石油生产国也都先后宣布中断向美国出口石油。12月，石油输出国组织中的阿拉伯成员国宣布收回原油标价权，并将其基准原油价格从每桶3.11美元提高到11.65美元。

由于阿拉伯产油国的报复，美国每天的石油进口减少了200万桶，许多工厂被迫关门停工，美国政府不得不宣布全国处于"紧急状态"，并采取了一系列节省石油和电力的紧急措施，其中包括：减少班机航次，限制车速，对取暖用油实行配给，星期天关闭全国加油站，禁止和限制户外灯光广告等，甚至连白宫顶上和联合国大厦周围的电灯也限时关闭。尼克松总统还下令降低总统专机飞行的正常速度，取消了他周末旅行的护航飞机。美国国会则通过法案，授权总统对所有石油产品实行全国配给。美国国防部的正常石油供应几乎有一半中断，美国在欧洲的驻军和地中海的第六舰队不得不动用它们的战时石油储备。

在这场危机中，美国的工业生产下降了14%，1974年第一季度美国经济遭遇了年化收益率3.5%的衰退。而发动石油战争的阿拉伯国家却因此增强了经济实力，据统计，仅提价一项，就使阿拉伯国家的石油收入由1973年的300亿美元，猛增至1974年的1100亿美元。

美国人是最渴望独立的民族，240年前的1776年，美国摆脱英国而独立。1973年的石油危机严重地暴露了美国能源安全的问题，触发了美国争取"能源独立"的思想，美国社会对此高度关注，美国民众要求"能源独立"的呼声不断，历届美国总统也都把降低能源对外依存度，实现"能源独立"作为基本施政纲领之一。

从尼克松（Richard Milhous Nixon）提出"能源独立"以来，历届美国政府都承诺采取措施实现"能源独立"，并出台了相关法案或立法。比如，尼克松政府1974年的《独立运动计划》、福特（Gerald Rudolph Ford）政府1975年的《能源独立法案》、卡特（Jimmy Carter）政府1977年的《国家能源计划》、里根（Ronald Wilson Reagan）政府1987年的《能源安全报告》、老布什（George Herbert Walker Bush）政府1991年的《国家能源战略》和1992年的《能源政策法规》、克林顿（William Jefferson Clinton）政府1993年的《国内天然气和石油倡议》和1997年的《联邦政府为迎接21世纪挑战的能源研发报告》、小布什（George Walker Bush）政府2001年的《国家能源政策报告》和2007年的《能源独立与安全法》、奥巴马政府2011年的《能源安全未来蓝图》。

在尼克松时代，美国提出到1980年实现能源独立的目标。1975年，福特总统推动建立战略石油储备法案出台，目前美国的战略石油储备为7.27亿桶，为世界上数量最大的政府应急原油储备。卡特总统提出合成燃料项目，而里根的能源政策则体现出鲜明的自由主义色彩，取消了全国范围内对燃料价格的管制。克林顿任内实施了一项新一代节能轿车计划，希望实现家庭用车每加仑行驶80英里的目标。小布什最惹眼的政策则是向玉米乙醇行业砸入数十亿美元的资金。奥巴马提出全方位能源战略，对清洁能源支持力度较大。2011年，奥巴马政府发布《能源安全未来蓝图》，以新能源为主要切入点设定战略规划，在未来10多年内把美国的石油进口量削减1/3，以提高美国能源的独立性。这些能源措施加上页岩油气革命，使得美国"能源独立"的梦想正日渐成真。

纵观历届美国政府的能源政策和能源措施，美国"能源独立"的目标主要体现在两个方面：一是能源安全，增加本土油气产量、战略储备，寻找、扩大替代能源（核能、风能、太阳能等）产量，促进能源消费结构多元化；二是能源自给，主要是减少对进口石油的依赖，逐渐实现能源自给自足。1973年，美国石油消费只有15%依赖进口，后来一度进口比例超过60%。2007年美国出台《能源独立与安全法案》，加强节能和提高能效，同时国内增产油气，减少石油进口量。2008年以来得益于非常规油气开发技术突破，美国本土油气产量激增。2010年美国石油对外依存度在近13年来首次降至50%以下，2011年能源自给率已达到81.4%，2013年11月，美国本国石油产量近20年来首次超过进口量，对进口石油的依赖度则不断下降。美国能源信息署预计，到2020年美国石油对外依存度将下降至23%左右，2035年能源自给率将达到87%。

美国"能源独立"的核心目标是确保美国的能源供给和能源安全。美国对能源安全特别是石油供给安全的忧虑由来已久，1973年第一次中东石油危机之后，美国开始提出实现"能源安全"的目标，随后很快上升为美国能源政策的核心目标。正如曾任奥巴马政府第一任期国家安全事务助理的詹姆斯·琼斯（James Jones）所言，所谓"能源安全"，意味着"足够的、可获取的、支付得起的"能源供给。

奥巴马将美国对石油的依赖视作"国家面临的最严重威胁"，认为这种依赖将"为独裁者和恐怖分子提供资金，为核扩散埋单"，使美国"任由变动的油价摆布、扼杀创新、阻碍国家竞争力"。奥巴马政府通过颁布包括"确保能源未来蓝图"在内的一系列政策和法律，旨在减少进口石油依赖、实现能源安全的目标与减少温室气体排放、促进可再生能源开发结合起来，使能源政策和气候变化政策更紧密地联系在一起。

从2009年开始到2013年，美国经济处于黯淡的恢复期，但页岩油气的发展却在这5年成为为数不多的经济亮点。美国石油产量在1970年达到日产963.7万桶的高峰后呈明显下降之势，特别是在1985年以后连年下降，2005年石油产量仅为518.4万桶/日，而国内石油及其他液体石油产品消费量为2080万桶/日，石油净进口为1255万桶/日，石油对外依存度超过60%（见图3-30）。但是，值得关注的是，美国天然气生产于2005年率先回升，石油生产于2008年后出现了27年来的首次回升，并持续保持上升的势头。而石油消费水平于2007年后趋于下降，使得此后美国的油气供需关系呈现缩小趋势，能源供需关系发生了戏剧性的变化。2014年，美国石油液体能源（含石油、液化天然气和乙醇汽油等）的对外依赖度已经下降到了26.5%，2015年更是降至24.0%。

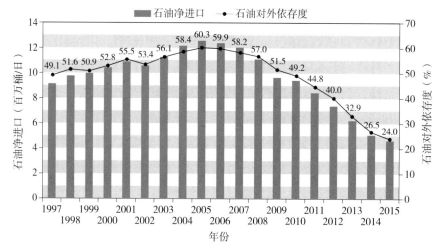

图3-30　1997—2015年美国石油净进口量和对外依存度变化情况
资料来源：美国能源信息署。

美国石油对外依赖度快速大幅下降得益于奥巴马政府力推的"能源独立"革命。民主党奥巴马政府上任后，对前任小布什政府试图控制中东石油的政策痛定思痛，决心摆脱对中东和外部的石油高度依赖，并采取了一系列的举措，包括开放近海石油开发，加大生物柴油（乙醇汽油）的生成，以及各种新能源替代供应，特别借助美国独特地质特点的页岩油气开发，使美国本土的石油天然气产量急剧增长，同时，由于新能源的替代，液体能源消费总量增长极为有限，这使得美国石油对外依赖度快速下降。

　　一直以来，美国本土能源产量有限，"能源独立"理念一直难以实现。但受益于页岩气革命，美国已然是世界上最大的天然气生产国，石油、天然气和其他液化燃料的总产量已超过沙特阿拉伯和俄罗斯。在2011年，美国出口的汽油、柴油及其他能源超过了其进口的能源，日均出口海外的石油产品超过进口43.9万桶，自1949年以来首次成为石油产品净出口国。2016年2月24日，美国天然气出口领头羊钱尼尔能源（Cherniere Energy）一艘装载着大约30亿立方英尺液化天然气（LNG）的运输船离开在路易斯安那州的萨宾帕斯（Sabine Pass）出口终端，将交付给巴西国家石油。这是一个里程碑式的事件，是美国本土48个州（除阿拉斯加外）有史以来第一次出口本土生产的液化天然气。

　　美国的页岩气繁荣使得产量迅速提升，萨宾帕斯液化天然气终端已使美国成为天然气超级大国。截至2015年4月，美国能源部（DOE）共批准9个可向全球出口LNG的项目，年产能合计6800万吨，其中约24%（1600万吨）为钱尼尔所有。截至2014年，美国本土在建液化站年产能合计4850百万吨，其中约37%（1800万吨）为钱尼尔所有，为在建液化站最大产能。钱尼尔估计，产能全部完成之后，每年可以从萨宾帕斯为英国、巴西、韩国、法国、西班牙和印度等市场送去2700万吨天然气。美国预计将在2017年成为天然气净出口国。

　　页岩油气发展带来的"能源独立"不仅为美国经济重振提供了能源基础，也强化了美国在世界政治格局中的"一超"优势，可以说是经济外交的双重强心针。提出"软实力"概念的美国哈佛大学教授约瑟夫·奈（Joseph Nye）认为，在相互依存的世界中，国家实力来自于相互依存的不对称性。一方对其他参与方的依存度越小，其所获得的实力就越大。约瑟夫·奈认为，"能源独立"的美国正在经历这样的过程。他以美国与沙特阿拉伯的双边关系为例：在美国实现"能源独立"之前，美国与沙特阿拉伯是等价的相互依存关系。美国需要沙特阿拉伯的石油，而沙特阿拉伯需要美国的军事保障。而当美国实现"能源独立"之后，美国对沙特阿拉伯的石油进口需求将减少，而沙特阿拉伯对美国的军事保障需求则一如既往，这就导致美国与沙特阿拉伯的相互依存关系出现不对称性，美国将对沙特阿拉伯获得更大的自由，换而言之，美国将获得更多的实力。随着美国国内原油的增产，美国进口沙特阿拉伯原油数量有所降低（见表3-3），与2007年相比，2013年美国从沙特阿拉伯进口原油的数量下降了12%，但仍占美国原油进口量的16.4%，基本保持着美国进口原油来源第二位的地位。

表3-3　2007—2013年美国主要原油进口国（单位：万桶/日）

国家	年份							2013年与2007年比较（%）
	2007	2008	2009	2010	2011	2012	2013	
加拿大	188.9	195.6	194.2	197.0	222.5	242.5	254.7	34.8
沙特阿拉伯	144.5	150.4	98.1	108.1	118.6	136.2	127.2	−12.0
墨西哥	140.8	118.6	109.3	115.1	110.1	97.5	82.6	−41.3
委内瑞拉	114.8	103.9	95.1	91.2	86.8	91.2	75.2	−34.5
尼日利亚	108.3	92.1	77.4	98.3	76.8	40.6	28.8	−73.4
安哥拉	49.8	50.3	45.0	38.3	33.5	22.2	22.2	−55.4
伊拉克	48.4	62.7	45.0	41.7	45.8	47.5	37.3	−22.8
阿尔及利亚	44.3	31.1	28.0	32.8	17.7	11.9	3.2	−92.8
厄瓜多尔	19.7	21.3	18.1	20.9	20.4	17.7	23.4	18.4
科威特	17.4	20.6	18.1	19.6	19.0	30.2	31.4	80.3
巴西	16.4	23.0	29.6	25.4	23.2	18.9	11.6	−29.5
哥伦比亚	13.7	17.8	25.1	33.9	39.6	40.3	39.1	186.0
俄罗斯	11.1	11.6	23.0	26.9	22.3	10.1	4.6	−59.1
英国	10.1	7.8	10.3	12.1	3.6	1.8	2.6	−74.2

资料来源：美国能源信息署。

美国本土油气水平压裂开采技术取得重大突破，带来了以页岩油气为代表的陆上非常规油气产量爆发式增长。在阿姆斯特丹召开的"解放您的潜力——全球非常规天然气2010年会"上，美国页岩气之父、页岩气钻井和压裂技术的先驱、被美国天然气技术研究所（GTI）授予终身成就奖的91岁的乔治·米歇尔，在发表获奖感言时评论说："我非常荣幸能够接受天然气技术研究所的终身成就奖，我认为，美国应该研究所有形式的天然气，以缓解对煤炭和进口石油的依赖。"美国国务院国际能源事务特使协调人卡洛斯·帕斯夸尔（Carlos Pascual）在2011年12月的外交关系会议上指出，美国或世界其他地方的能源增产让美国在处理伊朗核问题上有着更强的可操作性。美国前财政部能源政策总监菲利普·弗莱杰（Philip Verleger）认为，美国石油和天然气的产量增加，对美国经济及国家安全有着重大的正面影响。"我们还没有完全到那一步，但是看起来我们误打误撞地找到了解决能源的办法。"

受第一次石油危机冲击，美国于1975年出台《能源政策和节能法》，开始严格限制美国原油出口。然而在页岩气革命的推动下，美国原油产量大幅增加，美国国内要求解禁原油出口的呼声日益高涨。2015年12月18日，美国宣布解除长达40年的原油出口禁令。从2015年12月31日开始，包括埃克森美孚和中国石化在内的石油公司纷纷加入到出口美国石油的行列。2016年第一季度，美国的出口石油几乎遍布全球石油市场的各个角落，包括法国、德国、荷兰、以色列、中国和巴拿马等国。随着美国一批一批的油轮起航，美国的石油出口量正逐步上涨。

第八节　量化宽松终结与石油债务泡沫破裂

美联储量化宽松政策始于金融危机爆发最严重的2008年11月，终于2014年10月。持续6年的量化宽松政策成功阻止了大衰退发展成为另一次大萧条。美联储资产负债表规模从2008年9月的9000亿美元膨胀到了2014年10月的4.48万亿美元。

量化宽松从经济衰退中拯救了美国，也催生了美国页岩油行业的迅猛发展。天然气价格下跌，油价上涨，为了获得利润，页岩商由不得不从开采气转向开采油。高油价使得页岩油矿储量价值快速上升，那些经营性现金流很差的页岩油企业以此作为抵押资产，从银行和债券市场能轻易地获得更多的资金支持。美联储把"垃圾债"买进来，把1万亿美元投出去，造成26万亿的流动性，大量的廉价融资开创了美国的油气繁荣。在这场繁荣中处于领先地位的很多公司，比如切萨皮克能源和大陆资源，多年来一直在进行资本投资，规模远远超过经营活动产生的现金流量。从

2009年到2014年10月，提供给钻探和开采公司的贷款总计达5000亿美元左右，其中大约有3000亿美元是杠杆贷款，另外2000亿美元是高收益债券，相当于美国高收益债券市场的16%，占比是10年前的4倍。即使与每年大约1.6万亿美元的全球能源投资总额相比，也占了近1/3的比重。

如图3-31所示美国原油产量走势，美国页岩油繁荣始于2008年冬季，而2009年美国经济正处于大衰退期间的最低点，也是量化宽松政策开始实施的时候。美国页岩油产量的快速增长在2009年弥补了原有油田的产量递减并使总产量转降为升，之后几年页岩油产量爆发惊人，日均产量占原油总产量的比重由2007年的23.9%，到2013年7月上升至50%，日产量高达373万桶，到2014年12月页岩油产量占比进一步升至56.8%，日产量达535万桶。即使在美联储退出量化宽松之后的2015年，页岩油产量增长惯性依然强劲，2015年3月页岩油日产量达到547万桶的峰值，3月美国原油产量达到了日产965万桶，超过1970年每日963.7万桶的历史峰值，4月原油日产达969万桶，创造新的历史峰值，而其中页岩油贡献了一半以上的产量，6月页岩油产量占比高达57.4%。从2015年11月开始，截至2016年6月，美国页岩油已连续8个月减产，2016年6月页岩油日产量降至477万桶，较547万桶的最高纪录减少了70万桶，减幅12.8%，但页岩油产量占比仍保持在55%以上。

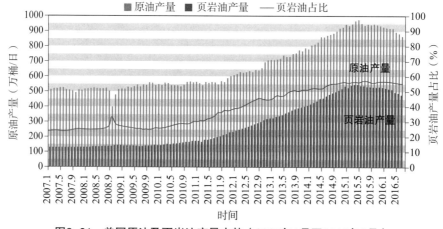

图3-31　美国原油及页岩油产量走势（2007年1月至2016年6月）

资料来源：美国能源信息署。

注：图中数据为美国能源信息署2016年7月公布。

　　石油价格被美国量化宽松政策抬高，促使人们开始开发页岩油。由于美国能源业繁荣，美国油气公司不断加大债务量，即使油气生产商的支出超过收入，他们也能获得资金去钻井。正是由于大量借来的资金，才使得油企能填补资金缺口，在得州、北达科他州、科罗拉多州进行页岩油气开采。但是，页岩油产量迅猛增长，造成全球石油市场供大于求，直接导致了国际油价下跌，2014年国际油价在6月20日达到每桶107.26美元的顶峰后（见图3-32），走势逆转直下，到美国即将退出量化宽松的最后一天（10月31日），油价已降至80.70美元，降幅达25%。

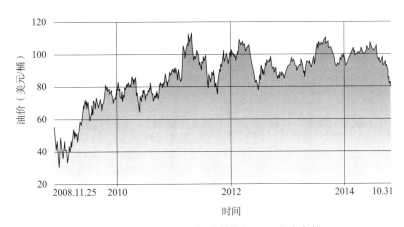

图3-32　美国量化宽松政策期间WTI油价走势

资料来源：tradingeconomics.com。

　　6年的量化宽松政策刺激了美国页岩油气革命性的发展，加快了美国国内的经济复苏。美联储之所以退出量化宽松，是因其避免经济大萧条，刺激经济增长，促进就业市场改善的目的基本达到了。但是，量化宽松的退出给美国页岩油气商造成了巨大的"后遗症"——石油债务泡沫。

　　页岩油的繁荣能否持续，一切在于油价。由于石油价格与美元指数的负相关，量化宽松终结就意味着油价下行。在量化宽松退出后，页岩油产量增长造成全球原油供大于求的局面并没有实质性的改变。两重因素叠加，使得国际油价在2014年10月之后的15个多月持续暴跌，到2016年2月11日，油价已降至每桶26.06美元的最低点，较2014年10月31日的油价下跌了67%，较2014年6月20日的油价下跌了76%。

自1990年以来，国际油价经历1991年、1997年、2000年和2008年的4次大跌（见图3-33）。2014年6月以来的油价暴跌与前几次相比较，特点更明显。发生在1997年、2000年和2008年的3次国际油价下跌分别受到亚洲金融危机、美国互联网经济泡沫破裂和次贷危机等重大经济事件影响，导致全球经济衰退，需求减少是驱动国际油价下跌的主要原因。而2014年6月以来油价暴跌的原因是北美页岩油供应快速增长，引发中长期供给增长过剩，同时全球石油需求尤其是新兴经济体石油需求疲软，供给过剩和需求疲软共同驱动油价暴跌。1997年、2000年和2008年3次油价下跌的幅度都较深，跌幅都在60%以上，且此后的调整周期较长，2008年的油价历史高点至今也未突破。与前3次相似，本次油价回落的幅度达76%。

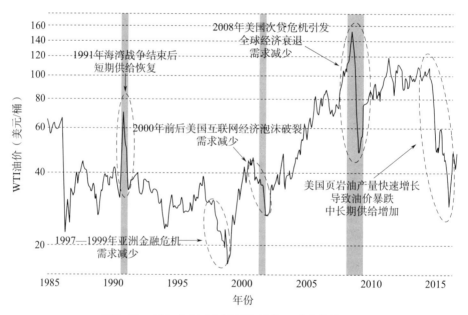

图3-33 1990年以来历次国际油价下跌走势及原因

资料来源：macrotrends.net。邓正红软实力研究应用中心。

注：图中WTI油价截至2016年8月26日。

油价暴跌不仅影响到全球的石油供给，也使美国页岩油企业苦不堪言。对大部分页岩油投资者来说，投资页岩油只是谋求回报。但在低油价导致回报很低时，投资者会主动地逐步撤离，寻找新的投资回报高地。在低油价持续时，页岩油企业难以再获得资金支持，坚持下去的决心明显不足。

2011年以来，尽管技术进步和经营效率的提升使美国页岩油行业的钻完井、压裂、运输等多个环节的成本持续降低，但绝大多数页岩油的平均单桶开发成本仍然高于常规油。此外，受不同技术、地质和市场等条件的影响，美国不同石油公司在各自页岩区带的页岩油开发成本差别极大（见表3-4）。

表3-4　美国巴肯、鹰滩、伯恩斯普林斯等页岩区带开发成本分布

公司名称	<55美元/桶	55~75美元/桶	75~85美元/桶	>85美元/桶
Baytex能源	0	54%	46%	0
墨菲石油	43%	0	57%	0
先锋自然资源	0	28%	70%	2%
诺布尔能源	4%	64%	0	32%
康菲石油	58%	0	38%	4%
赫斯	12%	3%	85%	0
EOG资源	53%	23%	10%	14%
马拉松石油	54%	25%	21%	0
大陆资源	31%	0	69%	0
切萨皮克能源	57%	4%	13%	26%

资料来源：《华尔街日报》。

油价愈低，页岩油企业获利就愈少。2014年，美国大陆资源、康乔资源、赫斯、阿拉达科石油4家页岩油公司的每桶开采成本分别为36.4美元、42.1美元、47.7美元和38.8美元（见表3-5），如果按6月20日见顶时的油价107.73美元，4家公司每桶可赚的利润为60~70美元；按10月31日80.70美元的报收价，每桶可赚的利润为33~44美元；按12月31日53.71美元的报收价，每桶可赚的利润为6~17美元。

表3-5　美国4家页岩油公司2011—2014年原油成本变化（美元/桶）

公司名称	成本	2011年	2012年	2013年	2014年
大陆资源	生产支出	15.8	15.3	15.3	14.9
	折旧	17.3	19.4	19.5	21.5
	成本总计	33.1	34.7	34.8	36.4

续表

公司名称	成本	2011年	2012年	2013年	2014年
康乔资源	生产支出	17.1	17.1	18.6	18.1
	折旧	18.2	20.6	23.0	24.0
	成本总计	35.3	37.7	41.6	42.1
赫斯	生产支出	19.7	20.7	22.6	21.0
	折旧	17.1	19.2	21.6	26.7
	成本总计	36.8	39.8	44.2	47.7
阿拉达科石油	生产支出	26.1	19.0	24.9	24.0
	折旧	15.1	14.8	13.8	14.8
	成本总计	41.2	33.8	38.7	38.8

资料来源：《华尔街日报》。

油价愈低，页岩油企业的日子愈不好过。从开采成本看，美国页岩油企业的一般水准应该在每桶40～60美元，油价只有达到每桶60美元及以上，页岩油企业才有宽松盈利的余地；到40美元以下时，能盈利的页岩油企业不到10%；如果油价维持在60美元以下两个季度，2/3的企业将经营困难，不得不减产。油价达到50美元时，美国页岩油生产商才能够存活。在2014年第三季度油价超过90美元的情况下，80%的页岩油开采企业的净利润达到历史低点，北美石油和天然气生产商每周要损失近20亿美元，很多企业的自由现金流都是负值，它们的经营性现金流无法支持自身的资本支出，需要资本市场的输血才能生存。在2014年第一季度，油价仍高企时，127家大的页岩油企业现金缺口就已达1100亿美元。

油价下跌给页岩油企业带来的不仅是盈利减少、资金短缺，更严重的是公司价值大幅缩水，偿债能力减弱，债务包袱沉重，如果后续资金跟不上，债务泡沫就会破裂，公司就可能倒闭。从现金债务总额比率看（见表3-6），即总债务与息税前利润（EBITDA）的倍数，该指标值越小，企业还债能力越强，反之，企业的还债能力就比较弱。截至2014年10月，西方石油、EOG资源、阿纳达科石油、马拉松石油的现金债务比在1左右，虽然还债能力比较强，但受油价下跌的冲击，4家公司的股价半年来平均跌幅达到了23%；而犹特拉石油、埃科资源、哈尔孔资源、古德里奇石油的债务是息税前利润的5倍以上，经营性现金流根本就支撑不了债务，半年来股价平均跌幅高达66%，很显然，如果油价继续跌下去，这些公司难逃破产的厄运。

表3-6　2014年10月美国页岩油生产商的生存状况

公司名称	钻井平台数（座）	总债务/息税前利润	市值（亿美元）	近6个月股价波动幅度
西方石油	71	0.62	590	−21.0%
EOG资源	52	0.97	483	−19.3%
阿纳达科石油	35	0.99	388	−25.1%
马拉松石油	36	1.23	184	−27.0%
犹特拉石油	5	4.95	24	−43.9%
埃科资源	8	5.20	6	−55.7%
哈尔孔资源	5	5.34	7	−75.5%
古德里奇石油	4	5.96	2	−89.5%

资料来源：美国证券交易监督委员会。雅虎财经。

美国页岩油气开采基本是以中小规模的独立开发商为主体，这些中小油气商本身的资金极为有限，大多是通过借贷或发债融资进行页岩油气开发。而从油气田开发规律看，一般从削减资本支出到产量下降，约为半年左右，而且页岩油气新井产出率在半年后又会大幅下降，若没大量的投资进行钻井、压裂和开采，产量水平很难维持不变。随着油价的持续下跌，其盈利和偿债能力急剧下降。《纽约时报》称："钻探正以惊人的速度摧毁资本，钻井公司留下了堆积如山的债务，而老井页岩油气产量的下降幅度对公司业绩造成了浩劫。为了避免因此打乱收入报表，公司不得不钻探更多的新井。"

巴肯、鹰滩和二叠纪盆地这3个最大的页岩油产区产量占美国原油总产量的一半，在油价高位波动时期，美国页岩油产量增长迅速，由2011年日均产195万桶攀升至2014年的472万桶。三大页岩油产区的盈亏平衡点在45～55美元之间，2015年1月至4月15日，国际油价持续处于54美元以下的低位，三大页岩油区的盈利空间所剩无几，但仍然开足马力加速开采，以致3月创造了最高的日产量达547万桶，当月美国原油产量也达到965万桶的高点，页岩油为美国原油总产量贡献了56.7%。

国际油价从2014年6月接近108美元/桶的最高位下降至54美元/桶，原油价格变动对三大页岩油产区的资本支出造成了巨大影响。即使如此，页岩油商们还在扩大生产，难道它们不怕亏吗？钻井和完井成本约占页岩油钻探和开发行业总成本的70%，是页岩油开采的主要成本来源。在油价下跌后的短时间内，这部分主要成本被视为沉没成本，开采商无法通过降低产量来节省这部分开支。因此，即便油价腰斩，只要收入能覆盖油泵运行、运输和销售等可变成本，开采商仍会选择满负荷产油。这也是2014年7月油价急速下跌以来，页岩油产量反而持续攀升至2015年3月峰值的原因。

油价下跌前，页岩商们毫不费力地使贷款人相信，巴肯、鹰滩和二叠纪盆地等页岩油产地拥有庞大的储量，凭借数千个井位，他们只需不断地开采再开采，势必能够提高单位时间内的石油产量，直至最终达到"逃逸速度"，届时他们将拥有足够多的自由现金流来偿还债务和为经营活动提供资金。但油价暴跌，债务大山已开始震颤，人们担心随之而来的崩塌会迅速摧毁最脆弱的石油公司，它们将无法创造出充足的营业收入来偿还债务。不仅如此，它们的抵押品价值也在逐渐缩水。

高盛估计，如果油价继续在低水平上徘徊，那么1万亿美元的石油投资将会付诸流水，因为边际油田将会完全失去开采价值。在2014年12月的一篇备忘录中，瑞士信贷分析师艾德·韦斯特莱克（Ed Westlake）称："在油价达到每桶100美元的那4年里，全球石油和天然气行业已经累积了2500亿美元的债务，北美以外地区的产量增长却一直为零。如今，这个行业在全球范围将失去超过1万亿美元的收入。"

橡树资本掌门人霍华德·马克斯（Howard Marks）在致投资者的信中写道："这种在廉价债务后出现价格暴跌的循环已经导致了三次债务危机，为我们提供了26年来购买不良债务的最佳机遇。"马克斯正在筹措数十亿美元以建立多支基金，用来购买根基稳固但举债过度的石油公司。

根据标准普尔资本智商（S&P Capital IQ）的数据，2010年，美国油气生产公司负债总计为1280亿美元，而2015年负债总计为1990亿美元，大涨了55%。这些公司负债累累，即使油价暴跌至50美元/桶下方，也选择继续生产。然而，低油价令油企资金紧张问题愈发严重。因为这些公司没有对油价下行做足够的准备，资产负债表过于糟糕了。

　　页岩油公司还贷能力是建立在经济可采的石油产量基础之上的。如果页岩油气井能在持续高油价水平下生产时间足够长，自然不必担心页岩油公司偿还债务及其利息的能力，然而高油价是不可持续的，在油价持续低位运行的条件下，不仅经济可采的石油产量大大减少，而且已开采的石油带来的收益也在很大程度上缩水，即便油价反弹到100美元/桶以上，贷款方也会出于风险考虑，很难再提供大量贷款。

　　事实上2015年第一季度国际油价已跌破50美元/桶，美国页岩油气企业出现了大面积亏损，但这些企业非但没有减产，反而开足马力增加开采，以图获取更多的现金还债。页岩油企业前期钻探等基础设施投入成本较大，加上页岩油井周期短，一口页岩油井通常过几年后便会减产至其原有水平的一半。在持续低油价下，即使不停产，也难以填补钻井投资所需资金以及对发债或杠杆融资等债务的偿付。因此，债务危机的到来是必然的。标准普尔研究显示，在美国100家中小型页岩油气企业中，有3/4由于高负债面临破产倒闭的风险。

　　摩根士丹利研究显示，按照区域页岩油平均单桶成本测算，在油价降至每桶50美元左右时，美国的18个页岩油产区中，只有4个产区的公司还能勉强保持不亏损（见图3-34）。

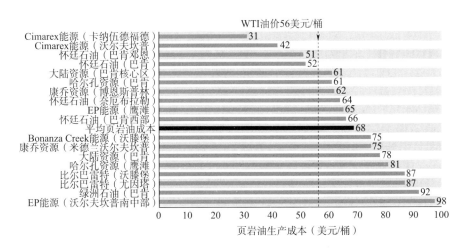

图3-34　美国主要产区页岩油生产成本

资料来源：伍德麦肯兹。

从2014年10月开始，美联储决定结束量化宽松，美元进入升值区间。由于国际原油交易与美元强制挂钩，强势美元必将导致以美元计价的原油价格走低。事实上美国能源公司都感受了低油价的压力。评级机构标准普尔把50%的能源公司债券定为"垃圾级"，总计规模达到1800亿美元。从2007年到2014年的7年间，美国勘探开采领域资产净值增长950亿美元，通过债券融资2060亿美元，通过联合贷款融资5740亿美元。如果这样的资本输入断链，页岩油气产业将立马丧失活力。

从2014年6月油价见顶以来，美国页岩油企业的股价大部分跌幅超过40%（见表3-7），切萨皮克能源、EV能源、海洋钻机UDW、Linn能源、犹特拉石油、Baytex能源、西南能源、Bonanza Creek能源、Approach资源等公司的股价已跌掉了70%以上。2015年年初，石油大亨罗斯·佩罗特之子小佩罗特（Ross Perot Jr）在参加冬季达沃斯会议期间表示，美国1/3的页岩产业将被低油价击垮，因为页岩油生产成本太高了。"美国页岩油气的繁荣不可持续，现在是泡沫破灭的时候。"小佩罗特所言不虚。1月4日，得克萨斯州就有一家页岩油开采商WBH Energy LP以及合作伙伴向当地法院申请了破产保护，原因是原油价格暴跌，无法获得此前预期的销售额，因此资金周转出现恶化，贷款人拒绝提供更多资金。水银资源也申请了破产保护，其负债高达23.5亿美元，资产仅12亿美元。

表3-7　美国部分页岩油气生产企业股价变动情况（2014.12—2015.12）

公司名称	股票代码	股价（美元）		股价变动幅度
		2014年12月31日	2015年12月31日	
切萨皮克能源	NYSE：CHK	19.57	4.50	−77.0%
马拉松石油	NYSE：MRO	28.29	12.59	−55.5%
戴文能源	NYSE：DVN	61.21	32.00	−47.7%
阿纳达科石油	NYSE：APC	82.50	48.58	−41.1%
康菲石油	NYSE：COP	69.06	46.69	−32.4%
阿帕奇	NYSE：APA	62.67	44.47	−29.0%
EOG资源	NYSE：EOG	92.07	70.79	−23.1%
怀廷石油	NYSE：WLL	33.00	9.44	−71.4%
大陆资源	NYSE：CLR	38.36	22.98	−40.1%

续表

公司名称	股票代码	股价（美元）		股价变动幅度
		2014年12月31日	2015年12月31日	
墨菲石油	NYSE：MUR	50.52	22.45	−55.6%
EV能源	NASDAQ：EVEP	19.27	2.73	−85.8%
海洋钻机UDW	NASDAQ：ORIG	9.28	1.63	−82.4%
威廉姆斯	NYSE：WMB	44.94	25.70	−42.8%
Linn能源	NASDAQ：LINE	10.13	1.29	−87.3%
Rice能源	NYSE：RICE	20.97	10.90	−48.0%
EXCO资源	NYSE：XCO	2.17	1.24	−42.9%
西方石油	NYSE：OXY	80.61	67.61	−16.1%
犹特拉石油	NYSE：UPL	13.16	2.50	−81.0%
太阳石油	NYSE：SUN	49.77	39.61	−20.4%
赫斯	NYSE：HES	73.82	48.48	−34.3%
Baytex能源	NYSE：BTE	16.61	3.24	−80.5%
潘汉德尔油气	NYSE：PHX	23.28	16.16	−30.6%
青春能源	NASDAQ：PNRG	72.74	53.00	−27.1%
西南能源	NYSE：SWN	27.29	7.11	−73.9%
Abraxas石油	NASDAQ：AXAS	2.94	1.06	−63.9%
EP能源	NYSE：EPE	10.44	4.38	−58.0%
Bonanza Creek能源	NYSE：BCEI	24.00	5.27	−78.0%
比尔巴雷特	NYSE：BBG	11.39	3.93	−65.5%
绿洲石油	NYSE：OAS	16.54	7.37	−55.4%
兰格资源	NYSE：RRC	53.45	24.61	−54.0%
萨拜因皇家信托	NYSE：SBR	35.78	26.26	−26.6%
圣玛丽能源	NYSE：SM	38.58	19.66	−49.7%
Approach资源	NASDAQ：AREX	6.39	1.84	−71.2%
科博尔特能源	NYSE：CIE	8.89	5.40	−39.3%
爱内珍	NYSE：EGN	63.76	40.99	−35.7%

资料来源：雅虎财经。

　　随着油价的持续下滑，债台高筑的页岩油气开发商撤资的撤资，倒闭的倒闭，欧美页岩油气市场一片哀鸿遍野的景象。截至2016年4月28日，已有22家美国页岩油公司的股价跌破1美元（见表3-8），成为仙股，其中退市的有9家公司。截至2016年4月，自2015年以来，过低的油价使美国破产页岩油企升至59家。这一数量接近2002年和2003年通信公司破产潮最严重时期的68家。

表3-8　股价跌破1美元的美国页岩油上市公司（单位：美元）

公司名称	股票代码	上市股价		最近股价	
		时间	股价	时间	股价
萨姆森资源	AMEX：SSN	2008年1月7日	3.45	2016年4月28日	0.79
中州石油	NYSE：MPO	2012年4月20日	15.00	2016年2月3日	0.71
桑德里奇能源	NYSE：SD	2007年11月6日	32.00	2016年1月6日	0.15
古德里奇石油	NYSE：GDP	1987年12月30日	24.00	2016年1月13日	0.16
斯威夫特能源（退市）	NYSE：SFY	1981年7月24日	2.38	2015年12月18日	0.16
能源XXI	NASDAQ：EXXI	2007年6月1日	5.75	2016年4月22日	0.13
水银资源（退市）	NYSE：KWK	1992年3月17日	0.83	2015年1月8日	0.16
Linn能源（退市）	NASDAQ：LINE	2006年1月17日	22.35	2016年4月28日	0.35
犹特拉石油	NYSE：UPL	1999年9月24日	1.00	2016年4月28日	0.41
雷索鲁特能源	NYSE：REN	2007年10月8日	9.08	2016年4月28日	0.54
PetroQuest能源	NYSE：PQ	1992年10月26日	3.38	2016年4月28日	0.83
麦哲伦石油	NASDAQ：MPET	1995年8月18日	1.88	2016年4月28日	0.89
休斯敦能源	AMEX：HUSA	2002年1月22日	0.45	2016年4月28日	0.20
哈维斯特天然资源	NYSE：HNR	1989年11月7日	10.00	2016年4月28日	0.56
马格南亨特（退市）	NYSE：MHR	2003年10月7日	0.71	2015年11月10日	0.15
沃伦资源（退市）	NASDAQ：WRES	2004年12月17日	9.20	2016年4月28日	0.16
Breitburn能源（退市）	NASDAQ：BBEP	2006年10月5日	18.47	2016年4月28日	0.36
宾维吉尼亚（退市）	NYSE：PVA	1990年3月26日	49.50	2016年1月12日	0.15
岩体能源	NASDAQ：PSTR	2010年3月8日	16.36	2015年12月16日	0.30
美国鹰能源（退市）	AMEX：AMZG	2006年6月15日	1.01	2015年6月8日	0.19
BPZ资源（退市）	NYSE：BPZ	2003年10月7日	1.25	2015年3月2日	0.15
萨拉托加资源	AMEX：SARA	2010年5月18日	2.50	2015年6月18日	0.18

资料来源：雅虎财经。

美国页岩油气行业快速扩张，但其现金流一直不足以覆盖资本支出，导致美页岩油破产企业增多。2015年上半年，独立的美国上市油气企业的资本支出超出营运现金流约320亿美元，接近2014年全年报告的赤字377亿美元。在此背景下，破产企业增多。

2015年12月31日，斯威夫特能源因不能偿还高达12亿美元的债务，申请了破产保护，并在之前与债权人达成了一项交易，以非常"优惠"的价格出售其在路易斯安那州持有的一些Texegy LLC股份，但该金额还不足以帮助企业渡过难关。斯威夫特的破产重组计划大概可偿还债权人大约一半的债务。

由于担忧怀廷石油56.3亿美元的债务，一些潜在购买方对购买整个怀廷石油公司的兴趣一直不冷不热。作为出售整个公司的一种替代，2015年3月，怀廷石油决定剥离那些对核心页岩作业并不重要的资产，出售其在得克萨斯州的部分探区和管道资产，所产生的现金将用于公司的资产负债表。自2014年12月收购规模较小的竞争对手科迪亚克油气公司以后，怀廷石油为此欠下了30多亿美元的债务。

2015年8月中旬，萨姆森资源成为此轮油价暴跌中最大的破产油企，无法偿还的债务有43亿美元。萨姆森宣布，正在协商一项重组计划，拟由第二留置权持有人再向该公司注入4.5亿美元，以此换取该公司重组后的全部股权。萨姆森资源自2011年以来累计亏损40亿美元，截至2014年底，萨姆森资源账上现金仅剩2380万美元。萨姆森资源自身业务情况还不错，但油价暴跌使得公司背负太多难以偿还的债务。

2015年第一季度美国页岩油气领域共发生11起大宗并购交易，交易额约63亿美元，同比增加约8%。其中，美国页岩油气领域并购交易最活跃的地区是二叠纪页岩区，共发生4起大宗并购交易，交易额达到15亿美元；其次是鹰滩页岩区，共发生3起大宗并购交易，交易额为12亿美元；第三是马塞勒斯页岩区，共发生2起大宗并购交易，交易额为5.67亿美元。而巴肯和海恩斯维尔页岩区各发生1起大宗并购交易，但是巴肯页岩区的并购交易额高达30亿美元。

第四章

低油价下的页岩油减产模式

　　为了争夺市场份额，沙特阿拉伯试图通过扩产压低油价，置美国页岩油于死地。谁知低油价不但没摧垮美国页岩油，反而倒逼其降低成本和提高效率，使其在与欧佩克的产量战中展现出顽强的韧性。2016年以来，美联储虽然没加息，但油价已开始升起，其实这是用沉默的量化宽松支持油价。美国页岩油商坚定地称，只要油价回升至40美元，就可以增产。

【本章重要看点】

两次多哈冻产会议并未达成实质性协议，81岁高龄的沙特阿拉伯石油大臣纳伊米因此成为沙特阿拉伯政府部门大换血的"牺牲品"。当油价走低时，沙特阿拉伯曾下调产量来支持油价，但页岩油生产节节高涨，沙特阿拉伯终于看清了美国的本来面目。为了保份额，欧佩克及俄罗斯等产油国恶补产量，加剧原油供应过剩，延长了油价下行周期。低油价和产量已达极限这两重因素迫使美国页岩油梯度式减产，尽管页岩油活跃钻机数减幅高达80%，但页岩油减产仅7.9%。在减产蛰伏期间，页岩油生产效率飞跃上升，用20%的钻机创造了90%以上的产量。5000多口页岩油库存井的产能一旦全部释放，将成为未来抑制油价复苏的利器。

第一节　美联储以不变巧胜16国多哈冻产

2015年12月16日，美联储宣布将联邦基金利率提高0.25个百分点，新的联邦基金目标利率将维持在0.25%～0.50%的区间，并暗示2016年将加息4次，每次25个基点。这是美联储2006年6月以来的首次加息，意味着超宽松时期结束，全球最大的经济体由此正式进入加息周期。

进入2016年，1月和2月全球市场狂跌。2月中旬以来，国际油价开始缓慢回升，市场预期美联储3月会加息，结果3月的美联储议息会议决定继续维持0.25%～0.50%的区间不变。市场猜测美联储会延迟到4月加息，结果4月的联邦基金利率目标区间仍然维持在0.25%～0.50%不变（见图4-1）。

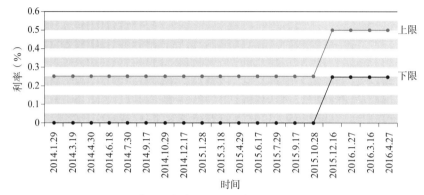

图4-1　美联储利率决议（2014年1月至2016年4月）

资料来源：美国联邦储备系统。

美联储3月、4月都没加息，直接影响了美元指数和国际油价走势。3月1日美元指数由2月的低点爬至98.5642的高点（见图4-2），到4月29日下降至93.0055的最低点，跌幅达5.6%，较1月29日99.8221的最高点下降了6.8%。而国际油价走势则恰恰与美元指数反向（见图4-3），2月11日，国际油价跌至近20个月来的最低水平每桶26.06美元，之后两个多月油价稳步向上，到4月29日升至46.78美元的高位，涨幅达79.5%。

图4-2　美元指数走势（2016年1月29日至4月29日）

资料来源：新浪财经。

注：图中标注的指数最高点和最低点均为盘中指数。

图4-3　WTI油价走势（2016年2月至4月）

资料来源：新浪财经。

注：图中标注的最高价、最低价均为盘中价。

对比美元指数和国际油价的走势，就会发现一个很诡异的动作。两个多月来，美联储的政策什么都没有改变，却以5.6%的美元指数微小跌幅撬动了国际油价近80%的涨幅。自从2015年12月加息以来，美联储的每次会议备受市场关注，但美联储的加息态度总在鸽派与鹰派之间游离，并影响着国际油价的走势。

为了扭转油价颓势，俄罗斯和沙特阿拉伯等欧佩克、非欧佩克产油国就冻结原油产量问题可谓极尽斡旋之道，费了九牛二虎之力开了一个多哈会议，但无果而终，国际油价不升反降。而美联储却仅凭一句什么都没改变的政策声明，就让油市信心倍增。在这方面，全世界不得不佩服美联储不费一枪一炮的巧实力。

卡塔尔首都多哈这个地名很有意思，哈者，出气也；多哈，顾名思义就是多出气，也可引申为众多嘴巴聚集的地方。国际上一些重要的会议、谈判都选择在多哈，这恰恰暗合了多哈字义引申的"八卦"。

油市萎靡无力，世界产油国深受其累。早在2月份，为了缓解全球原油供应过剩的问题，沙特阿拉伯、俄罗斯、委内瑞拉和卡塔尔这4个产油国就撮合到一块，在多哈协商原油冻产，4国同意将以1月的产量水平冻结产量，但前提是有4国之外的其他国家加入"冻产协议"。

经过两个月的努力协调，4月17日在多哈召开的产油国冻产会议参与国扩大至16个国家，除了之前达成初步冻产提议的4国外，又增加了阿尔及利亚、安哥拉、阿塞拜疆、哥伦比亚、厄瓜多尔、印度尼西亚、伊拉克、科威特、尼日利亚、也门、阿联酋以及哈萨克斯坦12个国家。在欧佩克成员国中，只有利比亚不参加，该国产量因国内冲突而受到极大影响。

伊朗则直接拒绝参加多哈会议，并强调任何时候都不会放弃油市份额，以致会议前沙特阿拉伯临时"变卦"，称如果主要产油国包括伊朗不同意冻产，沙特阿拉伯也不会冻产。基于沙特阿拉伯与伊朗之间的分歧，沙特阿拉伯在会前最后一分钟提出延迟开会时间，冻产协议不得不考虑沙特阿拉伯对伊朗的立场而更改措辞，使得冻产会议比预定的时间推迟了几个小时才召开。

尽管各产油国都知道全球石油产量过剩，油价难以提升，但从多哈会议情况看，各产油国都没有减产的打算，即使冻产也是有前提的，这主要是沙特阿拉伯的态度。沙特阿拉伯代表团坚持认为，任何冻产行动都必须要伊朗参与，一改此前"可能在没有伊朗的情况下达成冻产协议"相关暗示的态度。沙特阿拉伯对冻产态度的再次反复，伊朗不参加冻产，最后仅达成这样的共识：只要所有欧佩克成员国和其他主要产油国参与，那么就将把产量冻结在"各方都同意的水平"。

国际能源信息署石油工业市场部负责人尼尔·阿特金森（Neil Atikinson）认为，"我们意识到，在所有参会国中，只有沙特阿拉伯有能力增加其产量。所以冻产很大程度上是无意义的。它更像是为了让市场建立信心而开的会议。"俄罗斯能源部长诺瓦克（Alexander Novak）称，沙特阿拉伯、卡塔尔、委内瑞拉和俄罗斯本来已在周六就协议草案达成共识，但是一些国家在周日会议开始前改变了立场，导致会议出现激烈争论，对最终未能达成协议感到很意外。

诺瓦克认为，沙特阿拉伯的要求"不合理"，并表示自己到多哈前原本认为各方将签署协议而不会产生争论，但实际情况令其失望。诺瓦克表示，俄罗斯不会关闭达成协议的大门，但暂时不会控制产量。诺瓦克称，各方都认为沙特阿拉伯把俄罗斯出卖。

在冻产方面，俄罗斯喊得最凶，表现得超乎寻常的积极。然而，这头北极熊暗地里从不会让自己吃半点亏。2001年末欧佩克曾与其他非欧佩克产油国达成协议，当时俄罗斯、墨西哥、也门、安哥拉和挪威曾承诺每日减产50万桶。但在随后的一年中，俄罗斯就无视协议增加产量，而遵守减产承诺的国家只有墨西哥和挪威，恰恰这两个国家都没参加这次的多哈会议。

尽管原油市场供应过剩、陆地存储设施近乎被挤爆，但俄罗斯仍忙着将成吨的原油大规模开采出来。俄罗斯原油生产商正利用卢布贬值的低成本优势加大开采，以弥补油价暴跌造成的收入缺口。俄罗斯1月原油产量同比增长1.54%，环比增长0.69%，至1087.8万桶/日，为苏联解体以来最高，其峰值是1987年创下的1148万桶/日。这是该国产量连续第二个月刷新历史最高纪录，2015年12月产量为1083万桶/天。

在多哈会议后的新闻发布会上，卡塔尔能源和工业大臣萨达（Mohammed Al-Sada）表示，下一次欧佩克会议将于6月2日举行，在6月之前，欧佩克成员国将在内部以及与其他产油国继续协商。其实，能否达成一致的冻产协议，症结主要在沙特阿拉伯和伊朗之间，而沙特阿拉伯的态度是视伊朗而动的，所以最关键的因素还在伊朗方面。俄罗斯是伊朗的重要盟友，一直支持伊朗在制裁结束后增产的权利，并且在伊朗与沙特阿拉伯之间的多次冲突中站在伊朗一边。俄罗斯若能促使伊朗改变主意，同意在6月2日欧佩克会议上加入冻产协议，那么欧佩克与非欧佩克产油国间的谈判可能会恢复。

4月15日，也就是多哈会议即将召开的最后一个交易日，因交易商和分析师预计周末的主要石油出口国会议对快速消除全球供应过剩帮助不大，尽管可能会为市场提供底部，国际油价仍下挫2.53%，至40.40美元/桶（见图4-4）。4月18日，因主要产油国的冻产计划胎死腹中，国际油价一度暴跌，但之后科威特石油工人罢工的消息扶助油市很快收复大部分跌幅，使收盘脱离日内低位，收报每桶40.05美元，较15日微跌0.87%。在多哈会议举行之前，分析师普遍预计不管能否达成冻产协议，对原油市场供需都不会带来实质性改变，但冻产协议流产，仍让市场感到意外。多哈冻产会议谈崩之后，尼日利亚呼吁欧佩克产油国在冻结石油产出上找到共同立场，尼日利亚石油部长艾玛努尔·伊比·卡其库（Emmanuel Ibe Kachikwu）表示，"我们正致力于这方面的工作……这是一个供需问题，我们必须征询所有参与者的意见，谢天谢地，现在有一个委员会部署到位，将设法让所有人都参与其中。"

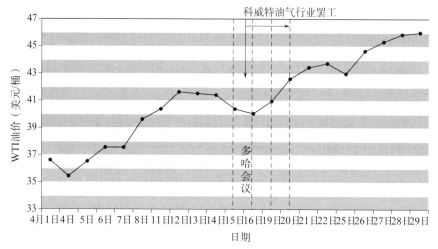

图4-4 2016年4月17日多哈冻产会议前后WTI油价变化

资料来源：新浪财经。邓正红软实力研究应用中心。

卡其库所说的"一个委员会"指的是科威特石油工会。颇具戏剧性的是，17日多哈开会讨论冻产，没谈成，油价下滑，但同一天科威特爆发了6000名石油工人大罢工，抗议政府计划裁减他们的薪资，且对妇女待遇不公。由于遭受国际油价重挫，科威特财政吃紧，因此政府准备对所有公务员实施新的薪资计划，并将全国2万名石油工人包括在内。因工资及福利遭到削减，反对部分石油产业"民营化"的计划，科威特石油工会于16日拒绝了科威特代理石油大臣阿纳斯·萨利赫（Anas al-Saleh）取消罢工的提议，并发动罢工。

科威特石油公司副总裁阿兹密（Saad Al-Azmi）称，仅17日一天，科威特的原油产量急降至110万桶，比2月平均日产量281万桶减少过半；天然气产量从每天13亿立方英尺，减少到6.2亿立方英尺；炼油厂炼油量也从每天93万桶减少至52万桶。

20日，科威特油气行业结束了为期3天的罢工，油价盘初骤降，但后来急升4.08%，此前美国原油库存增幅小于预期，抵消了科威特罢工结束激发的库存过剩忧虑，看多人士押注主要产油国将再次召开限产会议。但俄罗斯否认了有关该国计划召集会议的相关媒体报道。此前美国能源信息署称，上周美国原油库存增加210万桶，预估为增加240万桶，因此油价反弹。

科威特的罢工影响了作为欧佩克第四大产油国的3天生产，抗议活动使得科威特的产量每天最多减少171万桶。因为科威特石油工人罢工令该国产量减少六成，盖过了周日产油国未达成冻产协议引发的利空人气，油价隔夜跳升逾3%。"根据受影响的产量规模，如果罢工再持续下去，减产会相当可观。"CMC Markets驻悉尼首席市场分析师斯普纳（Ric Spooner）说。

多哈会议无果而终，油价下滑；科威特石油工人一声吼，却使油价低位反弹！科威特罢工替多哈会议完成了减产使命，这真是国际性的"石油幽默"！但言归正传，石油工人的罢工毕竟是暂时的，因为科威特的库存充裕，足以供应2个月的国内油品需求，满足国际市场的石油需求。16国的冻产徒有虚名，对石油产量过剩的问题根本改变不了，即便达成冻产协议，也无法解决供应过剩的问题。出席多哈会议的16个产油国1月的原油总产量4248万桶/日，而且其中的许多国家已经将产能提高至极限，之后增长的空间很小。即使在多哈会议前，俄罗斯和沙特阿拉伯的原油产量也依然稳定在1月的纪录高位水平（见图4-5）。

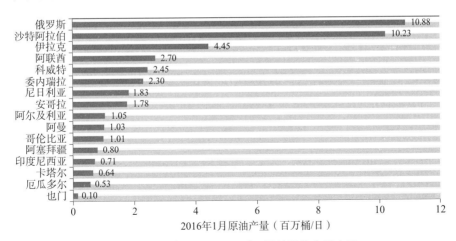

图4-5 多哈会议16国2016年1月的原油产量水平

资料来源：美国能源信息署。

包括沙特阿拉伯石油大臣阿里·纳伊米（Ali al-Naimi）在内，沙特阿拉伯多位高层在多哈会议前已多次表明，只有包括伊朗在内的产油国也冻结产量的情况下，才会冻产。如果其他产油国不冻产，那么沙特阿拉伯会抓住一切机会卖出自己的石油。沙特阿拉伯3月的石油产量1020万桶/日。沙特阿拉伯国王萨勒曼（Salman bin Abdul-aziz Al Saud）自信地表示，"如果我们想的话，可以在未来6～9个月的时间里将产量增加到1150万～1250万桶/日。但我不建议我们再增加石油生产，如果沙特阿拉伯选择继续投资石油产业，那么我们的产量可以增加到2000万桶/日。"

沙特阿拉伯已经放弃了之前"将加入冻产协议并允许伊朗恢复至制裁前水平"的态度，转而要求包括伊朗在内的所有产油国加入冻产协议。伊朗石油部长赞加内（Bijan Namdar Zanganeh）称，这样的要求是非常可笑的，他们提出的冻结原油产量方案，是建立在他们计划将日均产量提升1000万桶的水平之上的，而伊朗计划将日均产量提升100万桶。如果伊朗原油产量下降，将大大被邻国压倒。赞加内表示，伊朗依然打算将原油日产量提高至制裁前的400万桶，比2015年底增加100万桶。

多哈会议吵吵嚷嚷，其结果还不如科威特6000名石油工人罢工。冻产也罢，罢工也罢，靠嘴巴子终究挽不住油市狂泻。反而，4月27日美联储议息会议结束后，不但利率政策维持不变，美联储主席珍妮特·耶伦（Janet L. Yellen）甚至还取消了会后例行的记者会。美联储会议前WTI油价本来是跌的（25日跌1.74%），但会议期间（两天）连同4月的最后两个交易日，油价却连涨4天，26日涨3.88%，27日涨1.50%，28日涨1.21%，29日虽然只微涨0.24%，但油价一度爬至近6个月以来的高点每桶46.78美元。美联储的不变、不说，却赢得了4天油价7%的惊人涨幅，真是"此时无声胜有声"！

第二节 用"沉默的量化宽松"唤醒国际油价

2016年年初以来的全球市场动荡令美联储对外部风险的关注度大幅提升，3月份会议上，美联储下调2016年加息次数预期至2次，被认为是较市场预期更为鸽派的举措。2015年12月美联储开启近10年来的首次加息进程，并暗示2016年将加息4次，每次25个基点。但4月份美国联邦公开市场委员会发布政策声明后，市场认为美联储年内仅将加息1次，不及美联储3月份暗示的2次。从基本面分析来看，美国近期一系列疲软的数据以及联储官员表态均显示美联储不会过快加息。

与以往政策声明相比，联邦公开市场委员会4月份的政策声明变动较少，但值得注意的是，美联储在本次声明中取消了"全球经济和金融局势继续构成风险"的措辞，转而表示决策者将"密切关注"这些进展。4月14日，美国公布了3月CPI（消费者物价指数）数据，美国3月末季调CPI年率虽然上升，但升幅不及预期值，表明美国潜在通胀压力仍温和，暗示美联储对加息仍将持谨慎态度。数据发布后，纽约油价短线上涨0.3美元，涨势扩大至0.70%，刷新日高42.16美元/桶，美元指数却短线急挫20点至94.82。

联邦公开市场委员会表示，虽然家庭实际收入以稳定速度增长，消费者信心保持高位，但居民开支增长有所缓和。通胀率低于2%的目标（见图4-6），因为非能源类进口更加廉价，以往的能源价格下滑也大幅打压通胀率。

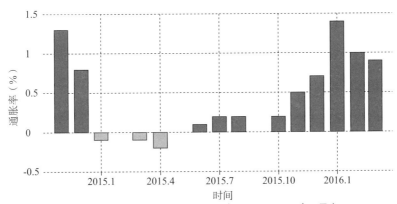

图4-6 美国通胀率走势（2014年11月至2016年3月）

资料来源：美国劳工部。

美国通胀率2015年9月降至0，之后连续4个月上升，2016年1月通胀率达到1.4%，是自2014年11月结束第四轮量化宽松政策以来最高水平。通胀率走高，意味着消费者开支加大，经济增长加快。但是，2月、3月通胀率又出现连续下降，2月降至1%，3月降至0.9%，说明经济增长放慢，居民消费信心虽高，但开支不够，主要是油价低引起的。因此，在这种情况下，美联储不会贸然加息。一旦加息就可能导致国际油价继续走低，无论是从开采页岩油还是从刺激消费、提升通胀率，都是美联储所不愿看到的。

关于美联储是否加息，市场的关注已够多了。享有"债券之王"美誉的骏利资产基金经理格罗斯（Bill Gross）则非常直接地奉劝市场人士别再讨论加息了，格罗斯5月4日在写给投资者的信中表示，全球央行——包括美联储——将不得不采取类似于"直升机撒钱"的经济措施。

所谓"直升机撒钱"，就是为财政赤字进行货币融资，中央银行在实行零利率或近似零利率政策后，通过购买国债等中长期债券，增加基础货币供给，向市场注入大量流动性资金的干预方式，以鼓励开支和借贷，也被简化地形容为间接增印钞票。

"直升机撒钱"的想法最早由美国经济学家、1976年诺贝尔奖经济学得主米尔顿·弗里德曼（Milton Friedman）提出，并得到了美联储前主席伯南克（Ben Bernanke）的追捧。"直升机撒钱"作为一种财政刺激政策，尽管由中央银行埋单，而不动用银行或纳税人的资金，事实上是货币刺激的一种极端形式。伯南克表示，"近几年，发达经济体的立法机构大部分都不愿意使用财政工具，因为在很多情况下他们担心政府债务已经太高了。在此背景下，弗里德曼关于货币融资（与债务融资相对）减税的观点——'直升机撒钱'引起大量注意"。对于"直升机撒钱"，伯南克看起来相当乐观："至少在理论上，'直升机撒钱'可以证明是一种有价值的工具。"他表示更愿意用术语货币融资的财政计划，而不是"直升机撒钱"。

从2008年11月到2014年10月，美联储实施了四轮量化宽松政策，购买资产达3.9

万亿美元，实际上就是"直升机撒钱"。格罗斯指出，美联储、欧洲央行、日本央行和英国央行6年来实际上已经推出大规模债券购买计划，也就是量化宽松。他推断，全球央行诉诸"直升机撒钱"这个最后选项来为低迷的经济注入活力只是时间问题，美国可能在大约一年后就会推出新一轮量化宽松。

格罗斯认为"直升机撒钱"即将到来，这对美联储来说将是戏剧性的转变，因为美联储在5个月前才表示2016年计划4次加息。即使全球经济的不稳定性使得美联储削减了这些计划，它仍然是在削减刺激的轨道上，而不是加码。但他也认为这样做或付出较大的代价，包括更高的通胀率、潜在的市场泡沫以及更加混乱的货币和财政政策。

比较诡秘的是，2016年4月11日，美国总统奥巴马、副总统拜登（Joseph Biden）和美联储主席耶伦开了一个闭门会议，就美国与全球经济面临的风险交换意见，这是2014年11月以来耶伦首次单独会见奥巴马。白宫在会后发表声明，称双方讨论美国经济短期及长期增长前景、就业市场情况、贫富不均以及华尔街改革。

全世界对此感到极为好奇，为什么美国总统奥巴马要和美联储主席进行一次私人会面。什么样的信息如此重要需要两人进行闭门磋商。白宫发言人尼斯特（Josh Earnest）表示，奥巴马总统非常重视保证美联储和美联储主席耶伦的独立性。奥巴马总统不会与耶伦主席进行可能影响美联储独立决策的秘密会议。有媒体调侃称，这段话背后的潜台词就是：11月以前不允许出现市场崩盘（注：2016年是美国大选之年，美国第58届总统选举定在11月8日）。

历史上也有类似美国总统与美联储主席私人会晤的事情。1965年，为了开启"向贫穷开战"的伟大的社会计划，时任美国总统约翰逊（Lyndon Baines Johnson）私下召见了美联储主席威廉·麦克切斯尼·马丁（William McChesney Martin），要求美联储再次降息以支持他的政策。马丁遵从了约翰逊的命令，美联储开始大印钞票，通胀率持续走高至20世纪80年代初期。

4月11日上午奥巴马和耶伦突然临时召开闭门会议，其中一项议程是"检讨及确定联储银行所监管的放贷及贴现率"，这与约翰逊和马丁私人会晤的议题有着惊人巧合！4月的美国经济并无异常问题，金融市场也已恢复平静，而且距离联储议息会议日期（4月26、27日）只有半个月的时间，这个突如其来的会晤自然惹人注目，尤其是上次闭门会议要追溯至2015年11月23日，即美联储近10年来决定首次加息前不足1个月。

还有更加绝密的是，在2月份市场动荡最剧烈的时候，耶伦跟英国、欧洲大陆和墨西哥的央行行长们进行了沟通。日程表显示，耶伦2月26—27日在上海会晤了参加G20会议的各国财政部长和央行行长。但2月26日发布的耶伦日程表显示，她在2月11日下午14：00—14：30和12日上午11：00—11：40分别给英国央行行长卡尼（Mark Carney）和欧洲央行总裁德拉吉（Mario Draghi）打了电话。这两位行长都曾在高盛任职。

耶伦在同一天给两位央行行长打电话，出奇的是时间节点。2月11日，标准普尔500指数跌至近两年最低水平，美国10年期国债收益率跌至1.66%，接近2015年初的水平。油价跌至2003年以来最低26美元以及对美国经济衰退风险的担心冲击了金融市场。回过头看，2月11日油价已经触底，而在当时这是不可想象的，媒体正报道出德意志银行正濒临破产的传闻，市场担忧，而这引发了市场的恐慌。尽管无法知道耶伦通话的确切内容，但能猜到的是，耶伦两个电话，全球市场开始回转，从2月11日到4月27日美联储政策会议结束，国际油价从触底到一路攀升就是最好的佐证。而这一切都在非公开的状态下悄悄进行，耶伦很少说话甚至保持沉默。

美联储的低调与美国总统大选候选人之间的竞争形成强烈反差。纽约房地产大亨、素有"大嘴"之称的唐纳德·特朗普（Donald Trump）5月3日赢得印第安纳州共和党预选，其党内竞争对手得克萨斯州联邦参议员特德·克鲁兹（Ted Cruz）和俄亥俄州州长约翰·卡西奇（John Kasich）相继宣布退选。至此，特朗普问鼎共和党总统候选人提名的最后一道障碍不复存在。

随着把党内竞争对手全部踢出局，特朗普问鼎美国总统宝座的机会已经不再那么渺茫了。他对未来要如何管理国家已经颇有想法。特朗普5月5日在接受CNBC的电话访问中，就财政问题阐明了自己的立场，他支持低利率，反对强势美元，还要更积极地处理美国债务。特朗普说，当美联储主席耶伦任职期满后，他将会撤换她，但他并未对耶伦有任何批评。特朗普随后谈到升息对美元的冲击，以及美元上涨对美国企业的冲击，也担忧利率上升对美国债务的冲击。"如果我们升息，如果美元开始转强，我们将会遭遇严重问题。""我喜欢强势美元的观点，但看看强势美元造成的灾难，还是不要的好。"

5月6日美国劳工部发布非农就业数据，4月份美国新增就业人数16万人（见图4-7），远不及预期的20万人，低于2015年的月均水平22.9万人，创下2015年9月以来的最糟数据，但失业率维持在5.0%。美元指数短线急挫40点至93.23后迅速收复跌势，WTI油价低位小幅回升至43.90美元/桶。

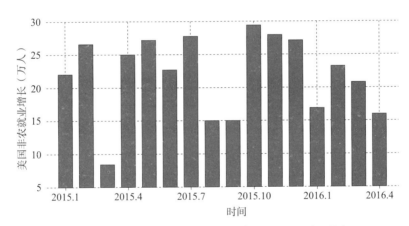

图4-7 美国非农就业数据（2015年1月至2016年4月）

资料来源：美国劳工部。

注：图中数据以美国劳工部2016年5月6日发布的为准。

4月份劳动参与率从3月的63.0%降至62.8%，意味着美国经济仍在放缓，正在找工作的人数进一步减少，企业对雇佣保持谨慎态度。市场暗示，美国就业状况的不乐观将使美联储继续保持观望，在6月14—15日的议息会议上加息概率由之前的10%进一步下跌至4%。

美国的经济状况决定美联储是否加息，而美联储的加息态度又影响着美元和油价的走势。当然，本书更多关注的是美元走势对油价的影响，从几个月来的情况看，美元走势稍有风吹草动，油价都会出现波动。而现在最关键的是要推高油价，这对页岩油增产、刺激消费、提升通胀都是有好处的。

美联储四轮量化宽松使纽约油价从2009年1月15日的33美元/桶低价跃升至2011年5月20日的114美元/桶的高位，至2014年10月31日第四轮量化宽松结束前，油价持续保持在80美元/桶以上，在这期间全球原油供应量稳步增长（见图4-8）。量化宽松结束后，油价急剧下跌。2016年2月11日国际油价触底，耶伦神秘地打了两个电话，3月没加息，到4月又与奥巴马闭门会谈，仍然没加息，美元走弱，国际油价已升至每桶45美元左右，这个价位已进入美国页岩油开采成本每桶40～60美元的区间，也就是页岩油成本可以承受的范围。

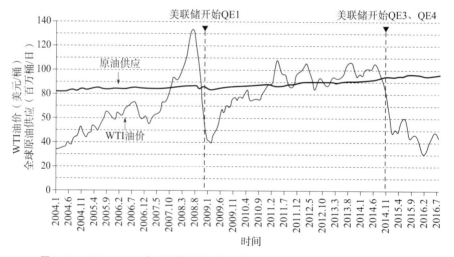

图4-8　2008—2014年美联储量化宽松期间WTI油价及全球原油供应走势

资料来源：美国能源信息署。邓正红软实力研究应用中心。

注：图中数据为美国能源署2016年8月公布，WTI油价为月度均价。

一年前，美国主要页岩油生产商称，需要油价达到每桶60美元以上，才会增加产量。然而，由于生产成本的进一步降低，一些生产商已经表示，油价一旦超过40美元/桶，就会考虑提高原油产出。油价一旦站稳50美元/桶，页岩油设备就会高速运转。页岩油开采商美国先锋自然资源在第一季度财报中承认，如果油价升至50美元/

桶，该公司将会增加更多的钻井。

美联储虽然没加息，但油价已开始升起。在没有升息之前，美联储维持既有利率政策不变，可视为一种间接的或者说沉默的量化宽松，说到底还是美元走势对油价的影响。耶伦不开记者会，美联储保持低调，其"阴谋"就在这里。

第三节　边增产边谈判的原油产量战争

2008—2009年的金融危机导致全球经济衰退，全球原油供给和消费需求快速下滑（见图4-9）。2008年全球原油供给达8650万桶/日，消费8608万桶/日，原油过剩42万桶/日；2009年全球供给每天减少80万桶至8570万桶，需求每天减少106万桶至8502万桶，原油过剩68万桶/日。在供应和需求均下降的情况下，全球原油供应过剩量仍大幅增加，仅半年时间，国际油价就从145美元/桶的峰值断崖式跌至34美元/桶的谷底，跌幅超75%。

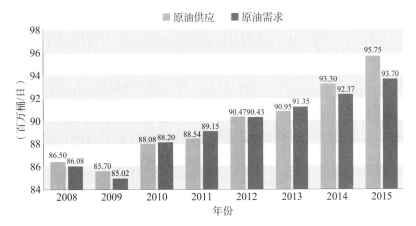

图4-9　2008—2015年全球原油供应与需求

资料来源：美国能源信息署。

2014年中期以来的国际油价暴跌，从107美元/桶的峰值降至26美元/桶的最低点，却用了近20个月，跌幅亦超75%。对比两次油价暴跌（见表4-1），跌幅相差不大，下跌原因都是供过于求，但是，2014年6月以来的暴跌比前次持续时间长14个月，而且供应需求均在增长。前次是经济衰退引起的，本次全球经济并未衰退，只是增长放慢。2013年全年油价在96美元/桶左右波动，其中7月至10月的油价升至100美元/桶以上，油价这么高，主要是原油供不应求，全年原油供应量9095万桶/日，而每天需求达9135万桶，每天原油供应缺口高达40万桶。进入2014年，全球原油供应每天净增235万桶，每天新增需求102万桶，若加上上年每天40万桶的供应缺口，全球每天仍有93万桶的剩余。到2015年，全球原油需求每天新增133万桶，原油过剩量超过200万桶/日，为205万桶/日，是2009年过剩量的3倍。原油供应猛增，远远超过市场需求。自美联储退出QE3、QE4之后，全球市场便长期笼罩在美联储加息的预期之下，2015年12月美联储加息，美元与原油之间表现出较强的负相关性，美元的强势格局之下，以美元计价的原油最终跌成白菜价。

表4-1　国际油价两次暴跌对比（美元/桶）

发生日期	最高油价	最低油价	跌幅	持续周期	原因
2008年7月14日至2009年1月19日	145	34	76.55%	6个月	原油供过于求，供应、需求均缩减
2014年6月20日至2016年2月11日	107	26	75.70%	20个月	原油供过于求，供应、需求均增加

资料来源：邓正红软实力研究应用中心。

很显然，本次油价暴跌既没有经济危机，也没有经济衰退，是原油生产过剩造成的，其主因集中在产油国。各产油国都知道油价下跌是产量增加所致，而油价下跌对产油国都是损失，尽管如此，却没有哪一个产油国愿意减产，反而变本加厉，让钻机昼夜不停地运转。2015年12月至2016年2月，这是本轮油价暴跌最惨烈的日子，各大产油国深感再增产下去没法向世界交代，于是不约而同地叫起来要"冻结产量"，其中俄罗斯、沙特阿拉伯这两个世界产油大国嚷得最凶，甚至要减产。但2月16日沙特阿拉伯、委内瑞拉、卡塔尔、俄罗斯4国在多哈的闭门会议，仅初步达成冻产协议，同意将原油产量冻结在1月的水平，而且前提是其他主要石油出口国同意参与进来，包括一直在增加产量的伊朗和伊拉克。可以说，这仅仅是沙特阿拉伯和俄罗斯应对产量过剩表现出的一种姿态。伊朗拒绝冻产提议，没有参与谈判，并决心增产。伊朗称在产量达到制裁前水平后，愿意考虑冻产。

全球原油供应过剩，弄得全球原油市场狼烟四起，凄惨一片。各产油国没有哪一个愿意带头减产、限产，谁也不愿意妥协，做减产冻产的出头鸟。多哈会议并没有达成实质性的协议，即使有意向性的动产协议，也是前提加前提，条件加条件，只要其中一项条件没达到，整个意向性冻产就等于零。

这场供应过剩的原油产量战争，祸起增产，但各产油国都避而不谈，只提冻产，一看就是各怀鬼胎，敷衍了事，根本就解决不了实质性的问题。2月多哈会议的冻产前置是"4+N"，这个N就是4国之外的其他主要产油国也要参与进来；4月多哈会议的冻产前置变成了"16+1"，这个1主要针对伊朗，沙特阿拉伯的态度尤其强烈。2月会议后，沙特阿拉伯、俄罗斯这两大产油国确实做出了表率，2月的产量并没有增加，与1月持平（见图4-10）。沙特阿拉伯1月产量为1023万桶/日，2月产量为1022万桶/日；俄罗斯1月产量为1087.8万桶/日，2月产量为1088万桶。但是，到4月的多哈会议，俄罗斯的产量节奏就完全变了，与1月水平相比，俄罗斯3月产量偷偷增加了3万桶，为1091万桶/日；而沙特阿拉伯依旧信守承诺，为4月多哈会议做表率，3月产量不但没超1月，反而减产3万桶，为1020万桶/日。也就是，3月份沙特阿拉伯腾出的3万桶空白被俄罗斯悄悄填上了。很明显，大家都在和谈，都在为冻产表现诚意，俄罗斯玩小伎俩，非常不地道！沙特阿拉伯真的生气了，俄罗斯这头北极熊向来就不是什么好玩意儿，你玩阴的，我就给你来明的。因此，在会议正式开始前一分钟沙特阿拉伯突然提出推迟开会时间，强烈要求伊朗参与冻产，如果伊朗不同意，沙特阿拉伯也不会冻产。

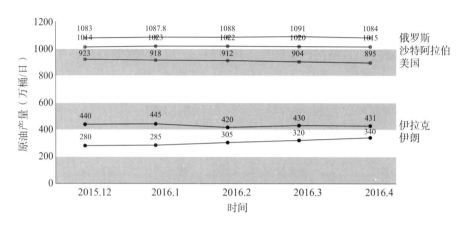

图4-10 5大产油国原油产量走势（2015年12月至2016年4月）

资料来源：美国能源信息署。

注：图中数据为美国能源信息署2016年5月8日公布。

沙特阿拉伯不愧为欧佩克的首领。从2月多哈会议以来，无论是从态度还是从行动看，沙特阿拉伯对冻产最积极也最富诚意。俄罗斯玩阴招，激怒了沙特阿拉伯，使沙特阿拉伯完全改变了对冻产尤其是对伊朗包容的主张。之前，沙特阿拉伯与俄罗斯商谈，只要能达成冻产协议，曾暗示对伊朗态度的弹性，比如只要伊朗加入冻产协议，"允许伊朗恢复至制裁前水平"，"可能在没有伊朗的情况下达成冻产协议"。由于俄罗斯耍小聪明，这一切都泡汤了。俄罗斯能源部长诺瓦克原以为会顺利地签署协议，沙特阿拉伯的突然改变，让他大吃一惊，也大失所望。会后，诺瓦克到处抨击沙特阿拉伯，认为沙特阿拉伯出卖了俄罗斯。

沙特阿拉伯借伊朗发挥，明眼人一看就是针对俄罗斯的。伊朗是俄罗斯在中东的重要盟友，对于伊朗与沙特阿拉伯之间的冲突以及伊朗要增产，俄罗斯一直都是伊朗的坚定支持者。俄罗斯明的鼓噪冻产，暗的却偷偷增产，这就好比战争与和平，一边发动战争，一边又在和谈，看起来两手准备都有，实际上俄罗斯就只想增产，和谈不过是麻痹对手罢了。15年前，俄罗斯参与了5国减产协议，最终也是因为俄罗斯增产而使减产流产。

主要产油国在4月多哈会议上没有达成冻结产能协议，一些人对沙特阿拉伯石油大臣阿里·纳伊米（Ali al-Naimi）的未来已经预感到可能不妙。纳伊米表示，如果伊朗不参与冻结产能协议就不会达成冻结产能的协议。但沙特阿拉伯王子穆罕默德（Mohammed bin Salman）将协议没达成的责任全怪在了纳伊米身上，认为纳伊米不具备在多哈会议上单方面推动协议达成的能力。

5月7日，已81岁高龄的纳伊米被解职。新的石油大臣一职由沙特阿拉伯最大的石油公司——沙特阿美的董事长哈立德·法力赫（Khalid al-Falih）接替。很明显，沙特阿拉伯的这场人事变动是由年仅30岁的副王储穆罕默德王子主导的。美国芝加哥普莱斯期货集团（Price Futures Group）高级市场分析师菲尔·弗莱恩（Phil Flynn）表示，"纳伊米是一个具有历史意义的人物。他掌控了全球原油市场近30年。"纳伊米因为将全球最大的石油卡特尔组织——欧佩克发展成最受尊重的组织而获得了全球的尊重。正如美联储前主席格林斯潘在市场需要时降低了利率，纳伊米根据市场需求掌控了原油。

俄罗斯耍花招，在增产上偷袭沙特阿拉伯，纳伊米也因没能达成协议成为沙特阿拉伯政府部门大换血的"牺牲品"。实在地讲，如果拼产量，俄罗斯绝对斗不过沙特阿拉伯。国际能源信息署的阿特金森表示，在多哈参会16国中，只有沙特阿拉伯有能力增加产量。从过去几个月的产量看，沙特阿拉伯和俄罗斯日产均超1000万桶，而沙特阿拉伯比俄罗斯仅少60～70万桶。在多哈会议前，穆罕默德王子表示，如果继续对产能进行投资，沙特阿拉伯可以将产量增加至2000万桶/日。不过，考虑到低油价带来的财政紧张，沙特阿拉伯暂时还无法增加产量。实际上，低油价给俄罗斯造成的损失更惨，因为俄罗斯一桶油的生产成本比沙特阿拉伯高出7美元左右。俄罗斯如果与沙特阿拉伯硬抗，谁输谁赢早有分晓。况且，这种拼产量的负和博弈，对谁都没好处，又何苦为之！所以，4月份这两个世界上的头号产油大国都减产了。沙特阿拉伯较3月减产5万桶，较1月减产8万桶，为1015万桶/日；俄罗斯较3月减产7万桶，较1月减产4万桶，为1084万桶/日。显然，俄罗斯3月偷袭沙特阿拉伯的3万桶，道义上说不过去，终究在4月份也吐出来了。

俄罗斯4月减产了，这绝对不是北极熊面对冻产的衷心所为，而是不得已为之。4月，俄罗斯油田和炼油厂进入季节性的设备维护期，原油产量微幅下滑至1084万桶

/日，但依然接近纪录高位。3月原油产量曾触及近30年来最高的1091万桶/日。1—4月俄罗斯原油产量约为1.80亿吨，同比增长2.7%；俄罗斯原油出口7729万吨，较去年同期增长了6.1%。这是5月3日俄燃料能源综合体中央调度管理局公布的数据。

俄罗斯原油产量在过去10年内持续令市场震惊，从之前最低的每日600万桶一路飙升至每日逾千万桶（见图4-11），当然，2008年的原油产量微有跌幅，仅0.6%，2008年经济衰退，全球石油需求萎缩，在那种情况下俄罗斯每日产量仅减少6万桶。试想，本轮油价下跌，全球原油需求仍在增长，只是增速不及产量增长，今非昔比，俄罗斯会心甘情愿顾全大局而减产吗？虽然各方专家一直预测油价暴跌会使俄罗斯原油产量将出现下滑，但这一现象至今尚未出现。

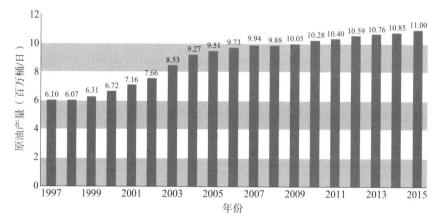

图4-11　俄罗斯原油（含液体燃料）年产量（1997—2015年）

资料来源：美国能源信息署。

自20世纪90年代初苏联解体以来，俄罗斯石油资源产出从未像2015年这样疯狂。2015年全年，俄罗斯油气综合产出攀升至1100万桶/日，创历史最高纪录。在经过一年半的油价暴跌以后，俄罗斯依然无意削减原油产能。而受到低油价的拖累，俄罗斯2015年经济衰退了3.7%，卢布也贬至历史新低水平，但普京政府会因此屈服于沙特阿拉伯为首的欧佩克国家吗？

与欧佩克产油国相比，俄罗斯的产油成本是比较高的（见图4-12）。产油成本最低的是科威特，资本支出加上营运支出，每桶成本仅8美元。紧随其后的是沙特阿拉伯，每桶生产成本不到9美元，伊朗也只有9.09美元，而俄罗斯的产油成本为每桶19.21美元。如果俄罗斯不减产，欧佩克产油国更不会，因为欧佩克成员国对低油价的承受能力比俄罗斯更强。科威特石油公司前任高级主管哈拉米（Kamel al-Harami）表示，"减产几乎不可能发生。因为俄罗斯不减产，沙特阿拉伯绝不会率先宣布减产。但俄罗斯会接受减产吗？我不这么认为。"

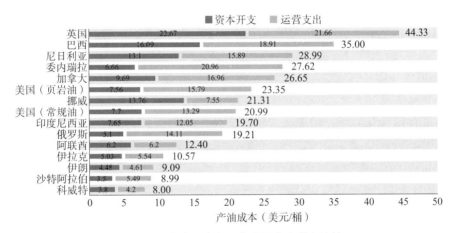

图4-12　全球14个主要产油国生产成本比较

资料来源：《华尔街日报》。

过去一段时间，俄罗斯几乎无视其他产油国呼吁俄罗斯控制供应量的声音，还说由于本国气候的原因，一旦停止生产，未来将很难重启油井生产。俄罗斯副总理甚至直言，刻意减产不是俄罗斯的目标，俄罗斯不存在降低原油产量这一目标。

俄罗斯为了捍卫市场份额，一直以来都尽力保持产量高涨，这也是油价自2014年中开始暴跌的重要原因之一。俄能源部长诺瓦克曾表示，虽俄罗斯不能一口断定没有可能与欧佩克达成产量协议，但考虑到多哈会议的情况，在可预见的未来达成协议的可能性相对较低，没有协议自然就没有（冻产）义务。诺瓦克还表示，即使油价再下降"一点"，俄罗斯也能安然无恙。多哈会谈未能达成冻产协议，俄罗斯偷袭式增产，这一不地道行为已经刺激各产油国下决心扩大产能，原油产量大战将愈演愈烈。

第四节 欧佩克常规油与美国页岩油的产量博弈

2008—2009年金融危机引发全球经济衰退，这两年全球原油市场是供大于求。2010年原油市场恢复正常供求关系，且出现微幅的供应缺口，全球原油需求每天短缺12万桶。2011年全球原油供不应求的状况继续扩大，原油需求每天增加95万桶，供应每天仅增加46万桶，需求缺口扩大至49万桶/日。2012年全球原油供需基本持平，供应每天有4万桶剩余。2013年，原油需求增长超过供应增长，每天需求缺口达40万桶。

2008—2009年由于原油供大于求，引发了持续6个月的油价暴跌。而本轮油价暴跌持续时间达20个月之久，主要是2014—2015年全球原油供应增长超原油消费增长，使得原油供应过剩大幅增加。2014年原油供应增速为2.58%，需求增速为1.12%，造成原油供应过剩达93万桶/日。2015年原油供应增速为2.63%，需求增速为1.44%，原油供应过剩扩大至205万桶/日。

本轮全球原油供过于求起源于美国页岩油产量井喷式增长的冲击，而后是欧佩克、俄罗斯等产油国在供应过剩的基础上加码生产。美国实施了6年的量化宽松政策，原油产量从2008年第四季度的498万桶/日猛增至2014年第四季度的925万桶/日（见图4-13），6年间累计增产427万桶/日；美国页岩油产量从2008年第四季度的140万桶/日猛增至2014年第四季度的519万桶/日，6年间累计增产379万桶/日，占美国原油产量增幅的88.8%。而欧佩克2008年第四季度的产量为3160万桶/日，到2014年第四季度产量不增反降至3102万桶/日，也就是说，6年时间，美国页岩油至少抢走了欧佩克58万桶/日的市场份额。

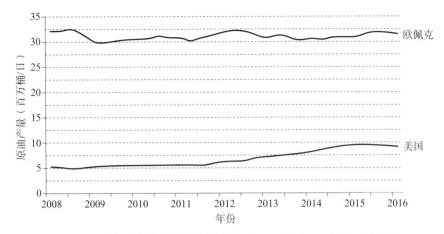

图4-13 欧佩克与美国原油产量走势（2008年至2016年第一季度）

资料来源：美国能源信息署。

注：图中数据为美国能源信息署2016年4月公布的数据。

当原有的全球原油市场供求格局发生变化时，伴随而来的必然是新旧产油国之间的博弈，进一步演化全球石油产量战争，而这正是本轮油价暴跌的导火索。

随着国际油价的高位波动，美国页岩油产量增长迅速，由2011年的202万桶/日攀升至2014年的439万桶/日，美国页岩油开始逐步改变国际原油市场原有的供需平衡。为了争夺市场份额，欧佩克的常规油与美国的页岩油打响了全球石油产量战争，且由于双方利益无法协调，博弈的结果是分别增产（见表4-2），致使市场供大于求，直接导致国际油价大幅下跌。

表4-2 欧佩克常规油与美国页岩油的产量博弈

项目	页岩油减产	页岩油稳产	页岩油增产
欧佩克减产	油价上升	油价稳定 页岩油收益稳定 欧佩克收益受损	油价稳定 页岩油收益增长 欧佩克收益受损
欧佩克稳产	油价稳定 欧佩克收益稳定 页岩油收益受损	油价稳定	油价下跌 欧佩克收益受损
欧佩克增产	油价稳定 欧佩克收益增长 页岩油收益受损	油价下跌 页岩油收益受损	油价暴跌

资料来源：邓正红软实力研究应用中心。

在油价暴跌前，以往当油价走低时，沙特阿拉伯曾经下调产量来支持油价，而这恰恰是美国页岩油生产突飞猛进的时候，欧佩克下调产量腾出的空白马上就被页岩油填充（见图4-14）。2012年第二季度欧佩克减产12万桶/日，美国页岩油却增产22万桶/日；2012年第四季度欧佩克减产76万桶/日，美国页岩油却增产24万桶/日；2013年第一季度欧佩克减产47万桶/日，美国页岩油却增产17万桶/日；2013年第三季度欧佩克减产29万桶/日，美国页岩油却增产28万桶/日；2013年第四季度欧佩克减产79万桶/日，美国页岩油却增产18万桶/日；2014年第二季度欧佩克减产30万桶/日，美国页岩油却增产34万桶/日；2015年第一季度欧佩克减产18万桶/日，美国页岩油却增产14万桶/日。欧佩克的产量退让反而促使美国页岩油产量激进，不但油价没稳住，反而加速油市恶化，最终引发油价暴跌，并持续下跌。

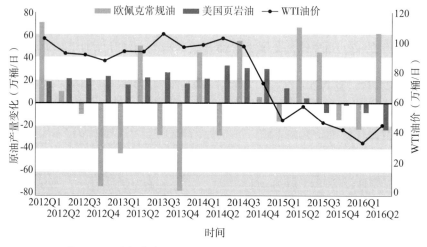

图4-14　欧佩克常规油与美国页岩油的产量战、低油价战

资料来源：美国能源信息署。邓正红软实力研究应用中心。

注：图中数据为美国能源信息署2016年8月公布，WTI油价为季度均价，Q代表季度。

从图4-14不难看出，2012—2014年的12个季度，美国页岩油产量增长一直没停步，而且幅度较大，平均每季的产量增幅超24万桶/日，而欧佩克就有6个季度出现减产，平均每季的产量减幅超45万桶/日，欧佩克的产量让步加上油价80美元/桶的高位，给页岩油注入了一路凯歌、长驱直入的强大动力，也使油价承受的压力日益加重，终于在2014年第二季度油价苦不堪负，开始下跌，而这一季度欧佩克减产30万桶/日，美国页岩油更是寸步不让，咄咄逼人，不仅将欧佩克让出的30万桶份额全部吞下，还嫌不够，额外多产4万桶，油价已经支撑不了，被逼下沉。欧佩克一直以来主导全球油价，到第二季度之所以减产30万桶/日，是因为预见到了油市走势的转折点，结果这张薄薄的窗户纸被页岩油给捅破了。

以沙特阿拉伯为首的欧佩克终于看清了美国页岩油产量激增的本来面目，不能再退却了，如果继续减产下去，欧佩克的市场份额会被美国蚕食。为了守住市场份额，沙特阿拉伯及其欧佩克盟友决定铆足劲生产，旨在打压不断增长的美国页岩油产量，因欧佩克石油生产成本低于页岩油。于是，欧佩克迅速改变生产方向，调转枪口，由减产转向增产，2014年第三季度产量大幅提高，增幅达56万桶/日，美国页岩油正在节节高涨的势头上，一点也没有"收兵"之意，这个季度又进一步加码，增产32万桶/日。在欧佩克和美国双方大幅增产的重压下，油价喘不过气来，只得继续下跌。

看来欧佩克真的扛上了美国页岩油。2014年11月27日，欧佩克在维也纳召开石油大会，会议未就减产达成一致。欧佩克决定保持石油生产目标在3000万桶/日不变。因欧佩克决定不减产，WTI油价盘中一度跌逾8%，收盘暴跌6.03%，报69.05美元/桶。布伦特油价收盘暴跌6%，报73.09美元/桶。市场方面分析，要想减小由于美国石油供应增加和全球需求减少导致的全球石油市场的不均衡，欧佩克每天至少需要减产100万～150万桶来支撑油价。会前，有记者曾问沙特阿拉伯石油大臣纳伊米有关减产的问题，纳伊米却反问记者："为什么沙特阿拉伯需要减产？美国现在也是石油生产大国，他们减产了吗？"第四季度，欧佩克确实没有减产，产量达到3124万桶/日，超出目标124万桶/日，较上一季度增产6万桶/日。当然，既然沙特阿拉伯明的将枪口对准美国，美国页岩油也不甘示弱，再次增产31万桶/日。自此，油价跌势已经形成。

欧佩克会议后，油价急速下跌，到2015年3月17日，WTI油价跌至42.43美元/桶，跌幅达39%。欧佩克的意图就是通过不减产降低油价逼退美国页岩油。2015年第一季度，欧佩克减产18万桶/日，主要是1—2月份伊拉克和尼日利亚等国原油产量减少，影响了欧佩克整体产量水平，致使其产量在全球市场所占份额缩减至32.1%，但沙特阿拉伯和卡塔尔的原油产量有所增加。美国页岩油的产量增幅明显放缓，增产近14万桶/日，不到前3个季度增幅的一半。为什么页岩油产量增长在这个季度放缓？有两个原因：一是油价跌得太快，一季度WTI的均价为48.48美元/桶，这个价位对美国页岩商来说只能维持生产，此时页岩油的盈亏平衡在60美元/桶左右；二是页岩油已有的油井产量基本达到上限，尤其是3月页岩油产量达到了峰值546万桶/日。低油价和生产极限预示着美国页岩油即将转入"减产模式"。第二季度的情况就证明了这一点，美国页岩油产量增幅降至最低5万桶/日，但是，欧佩克产量增幅却腾空而起，为68万桶/日，这个气势足以把页岩油逼回"老家"，不仅如此，欧佩克仍不善罢甘休，第三季度进一步加码增产46万桶/日，直接将油价逼降至40美元/桶以下，似有全面清剿页岩油、直捣黄龙的势头，美国页岩油终于受不了了，只得每天减产10万桶，自此美国页岩油进入了梯度式产量衰减周期。

正所谓"成也萧何败也萧何"，美国页岩油是这轮石油产量争霸赛的兴起因素，一方面由于产量的暴增，在全球需求旺盛时，这些美国页岩油企业获得了极快的发展。从2011年10月到2014年5月，美元兑一揽子货币的美元指数一直保持在78～84点的较小区间震荡波动（见图4-15）。随着美元进入升息预期，美元指数从2014年6月底的79.8点涨至年底的90.3点，半年涨幅达到13.1%。2015年12月16日美联储宣布加息，2015年美元指数在90～100点区间震荡，累计上涨9.3%。由于原油以美元计价，美元升值也是原油价格下跌的主要因素。

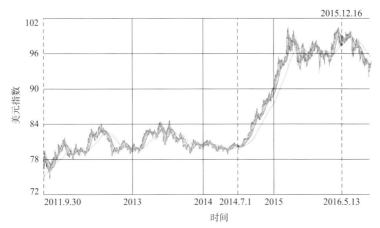

图4-15 美元指数走势（2011年9月30日至2016年5月13日）

资料来源：新浪财经。

国际油价大跌打乱了美国页岩油产业持续快速发展的步伐。油价持续快速下跌导致页岩油开采企业的利润空间和对未来的市场预期不断恶化，企业新增资本支出由正转负。低油价、油井数量减少以及信用状况恶化导致美国页岩油产量大幅下滑。产量见顶值日就是减产之时。继2015年3月美国页岩油产量创造546万桶/日历史高位纪录后，4月美国原油产量也达到历史峰值969万桶/日，但页岩油产量降至542万桶/日（见图4-16）。随着新增投资减少，转动钻机数量缩减，持续增长多年的美国页岩油产量增长正式停步。

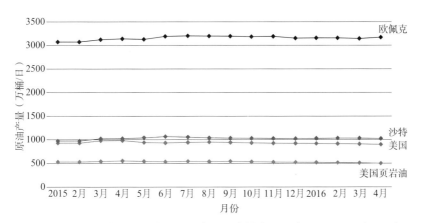

图4-16 美国、沙特阿拉伯及欧佩克原油产量（2015年1月至2016年4月）

资料来源：美国能源信息署。

注：图中数据为美国能源信息署2016年5月公布。

2015年，虽然受到美国原油产量下滑的拖累，非欧佩克石油供应增速有所放缓，但全球石油市场依旧处于供给过剩的状态之中，并且过剩量较2014年有过之而无不及。欧佩克不顾油价下跌而增加产量，试图将以美国页岩油生产商为首的高成本产油商逼出市场。美国原油产量在4月达到峰值，5月、6月开始下降，7月、8月有所增加，从9月开始产量持续减少，到2016年4月产量减至898万桶/日，较2015年8月产量累计减少43万桶/日，较2015年4月的峰值一年来累计减产71万桶/日。

美国原油持续减产，中东产油国产量却持续飙升，2016年4月欧佩克原油产量达3180万桶/日，较2015年1月3065万桶/日，15个月产量猛增了115万桶/日，很好地填充了非欧佩克增速下滑的空白，甚至进一步推动供应的增长，导致供应过剩格局持续加剧。但整体来看，非欧佩克依然是全球石油供应增量的主要来源，非欧佩克国家中，俄罗斯原油产量也处于历史高位。2015年欧佩克产量迅猛增加，沙特阿拉伯、伊拉克是产量增长的主要动力，也是最大的亮点。从2015年1月至2016年1月，沙特阿拉伯原油产量从968万桶/日增至1023万桶/日，一年来增产55万桶/日。伊拉克则在南部油田持续增产的推动下，成为2015年欧佩克最大的赢家。2016年非欧佩克产油国每天将减产130万桶，其中的60万桶来自美国页岩油生产商。按照美国能源信息署2016年8月公布的数据，2016年1—7月，美国页岩油已累计减产58万桶/日，全年页岩油减产计划已实现96.7%。

美国页岩油产量一直是平衡油市的一个关键因素（见图4-17）。2009—2011年正是国际油价稳步上扬期间，天然气价格的下跌促使美国页岩商由开采气转向开采油，页岩油产量缓慢增长（见图4-18）；从2011年第四季度开始，超过80美元/桶的高油价支撑，使页岩油产量快步上升，美国原油产量由第三季度的554万桶/日增至594万桶/日，陡增40万桶/日，而之前产量徘徊在550万桶/日左右。到2014年第二季度，美国原油产量达到861万桶/日，不到3年美国原油产量增加300多万桶/日，这都是页岩油产量暴增带来的贡献，而此时WTI油价已从103.35美元/桶的高位开始转跌。

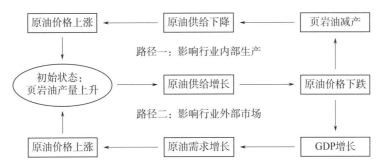

图4-17　页岩油产量对国际油价影响路径

资料来源：邓正红软实力研究应用中心。

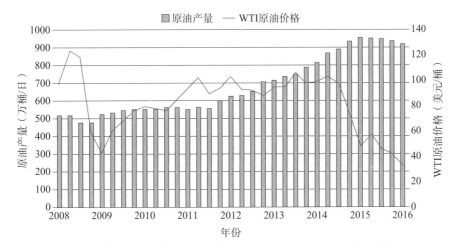

图4-18　美国原油产量与WTI油价走势（2008年至2016年第一季度）

资料来源：美国能源信息署。

注：图中数据为美国能源信息署2016年4月公布，WTI油价为季度均价。

　　从2014年中期以来，国际油价进入下行周期。基于低油价和生产成本的盈亏平衡，从2015年4月开始美国页岩油进入梯度"减产模式"，但国际油价迟迟不见回暖，主要是欧佩克及俄罗斯等产油国在恶补产量，加剧原油供应过剩，因此油价下行周期延长。为了打压崛起的美国页岩油，欧佩克在2015年会议期间决定不限制成员国产量，导致油价进一步走低。但杀敌一千，自损八百，油价保持低位也给欧佩克国家带来巨大的财政压力。于是欧佩克又决定与俄罗斯等将产量冻结。

未来两年的油价走势取决于全球原油库存消化以及原油产量增长，而美国页岩油和伊朗的产量变化则是很重要的影响因素。国际能源信息署报告显示，2016年非欧佩克国家日产量的减产幅度将达到71万桶，其中页岩油减产预计占最大份额。而美国页岩油产量的下降，也将帮助全球在2016年上半年结束石油过剩的局面（注：2016年6月沙特阿拉伯已宣布停止石油战争，在后面章节将提到）。国际货币基金组织预计，到2025年，全世界现有原油产能的40%都会"退休"，原油产量仍会维持在9000万~9500万桶/天。那么减少的40%产能谁来填补？答案就是页岩油。

以前油价由欧佩克定价，其供给数量直接决定油价；但现在油价的顶部将以美国页岩油价格决定，其已成为了边际生产者，技术进步使得成本不断下降，约为40~50美元/桶（注：美国页岩油生产成本最新进展，2016年6月《华尔街日报》显示，美国页岩油生产成本已降至23.35美元/桶）；欧佩克只能设定底层价格，其生产量越多，这个底就越低，而生产越少，底就越高，但此时页岩油的产量又会随着油价走高而再度回升，进一步把价格再度打压下去。美国原油减产期间，页岩油进入蛰伏期，只等油价站稳60美元/桶，页岩油必然卷土重来。

任何推动油价上涨的协议都会刺激美国页岩油的复苏。根据高盛集团的预估，油价回到每桶55美元将鼓励美国页岩油生产商重启钻探和生产，这将成为推迟全球原油市场再平衡过程的一步"臭棋"。澳大利亚IG公司的分析师尼科尔森（Angus Nicholson）表示，"一旦油价触及45美元并继续向上，页岩油生产商起死回生的风险将会增加。页岩油将会重返市场，带来更多的产量。这在2015年油价小幅反弹时曾经发生过。"

2016年以来，美国页岩油投资额的减少也是产量下降的一个原因。页岩商优先确保现金，减少了投资，导致了产量减少。但是，美国先锋自然资源在公布的2016年第一季度财报中出现了一些从未预料到的事情：不仅产量超出之前的预期，其还宣布正在等待油价反弹至50美元/桶之后重新激活5~10座油井。得克萨斯州鹰滩页岩油产区最大的产商EOG能源表示，其将会等到市场供需再平衡之后开始增产。这一天相信将不会太久远。

美国曾是全球最大的原油进口国，页岩油产量的增长使美国原油进口量逐年降低，原先的进口份额将转向全球市场的其他地区，扩大了原油供给，将逐步降低北美以外地区的油价水平。基于供给增长的影响分析，页岩油产量增长加剧了美国和欧佩克之间的原油产量博弈。从发展成本看，页岩油资源开发需要国际原油价格处于相对较高的区间，这与欧佩克维持100美元/桶以上的要求基本一致；从市场份额看，页岩油产量增长将进一步扩大欧佩克的剩余产能，迫使欧佩克减产或接受较低油价水平。但从中长期看，随着页岩油产量和伊朗、伊拉克等欧佩克国家原油产量的持续回升，欧佩克通过减产措施维持的国际油价高位平衡势态终将被打破，全球原油价格将整体降低。

第五节　效率提高挽救了美国页岩油生产

沙特阿拉伯原以为通过扩产压低油价，置美国页岩油于死地。谁知低油价不但没摧垮美国页岩油，反而倒逼其降低成本和提高效率，使其在与欧佩克的产量战中展现出顽强的韧性。页岩油生产商纷纷放出了这样的信号：只要油价回升至40美元，就可以增产，而且目标是全球市场。

根据瑞士央行（SNB）的数据，在2014年前，占美国原油产量55%的页岩油成本价格为85美元/桶。英国《经济学家》杂志（*The Economist*）2014年2月15日发表的《页岩油经济学：沙特阿拉伯和美国》一文指出，美国产量最大的两个页岩油田，北达科他州的巴肯油田的成本价格为60美元/桶，而得克萨斯州南部老鹰滩油田的成本价格为80美元/桶。

美国页岩油生产成本在油价下行期间也在持续下降，从2011年到2014年页岩油平均生产成本基本上是匀速下降的（见图4-19），从最先的90美元/桶降到75美元/桶，2015年以来，尤其是开启减产模式后，页岩油成本更是快步下行，从65美元/桶到60美元/桶到55美元/桶，到2016年第一季度，美国页岩商已喊出"40美元/桶增产"的口号。有些生产商甚至表示，即使油价跌到30美元/桶也会考虑是否增加产出。这些言论凸显页岩油产业韧性十足，但也相当于向对手和交易商发出了警告：美国原油产量回落或许帮助缓解了全球供应过剩，但回落势头的持续时间可能短于一些人的预期。美国页岩油在低油价下如此顽强的生存能力是沙特阿拉伯事先没预料到的。

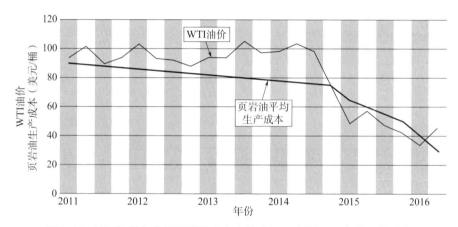

图4-19　WTI油价与美国页岩油成本走势（2011年至2016年第二季度）
资料来源：美国能源信息署。邓正红软实力研究应用中心。
注：WTI油价为季度均价。

2015年，美国页岩油生产成本大幅下降，西得克萨斯轻质原油与布伦特间的价差不断缩小，使石油生产收益有所上升。各种因素综合作用，使美国陆上的石油生产成本降了10美元/桶以上。但是，美国本土48州仍约有50万桶石油在油价为30美元/桶时可能面临负现金流风险，其中约有1/3为加州的重油，该州重油项目多为对冲防御性较好的综合公司把持，迫在眉睫的风险尚不大；另1/3则分布在得克萨斯州，大公司和众多小公司把持着这里的项目；剩下1/3分布在其他各州。

连续5年的油价高企让生产商现金流充裕，油价下跌带来的每月少量损失还不足以让页岩商放弃生产，因此，美国在产页岩油井并不在立即关停之列，只是产量增幅大减，因为要维持这些井的周期经济性，油价必须保持在40～60美元/桶。伍德麦肯兹预计，要让美国油井关停，也许因机械或维修问题需要再次投资时才有可能。大规模的关井也需要资本，基于这个理由，美国即使停产，也不会是长期的。

赫斯2016年资本性支出比上年降低40%，至24亿美元。同时，公司将北美非常规项目尤蒂卡钻机减为零。出于保持作业能力的考虑，赫斯将巴肯项目钻机减为2台，以在油价复苏时迅速恢复生产。在2016年赫斯的资金费用中，生产费用占80%，勘探开发占20%。如何让生产环节更可靠、更经济，是赫斯考虑的主要问题。在油价30美元/桶时，运营成本占生产成本的50%，而在40～50美元/桶时则降低很多。运营成本的降低主要依靠精益管理，其他有效方式还包括运用修井车、大数据、无人机等技术手段。

很多人认为，从现有油井的老化过程和钻机数量下降的事实来看，美国页岩油产量也应大幅下降，但现实并非如此。因为美国页岩油生产区每台钻机的生产效率都有所提高。美国石油钻机运转的高峰期在2014年10月，也就是美联储在实施量化宽松政策的最后一个月，当月10日贝克休斯公布的投入钻机数量最高达1609台，到2016年5月13日，美国石油钻机已降至318台，钻机减少了80%。钻机减少，也就是页岩油减产，但页岩油减产幅度有多大呢？2015年4月，美国页岩油产量542万桶/日，2016年4月降至499万桶/日，长达一年美国页岩油产量仅下降7.9%。对比钻机减幅和产量减幅，80%和7.9%显然极不对称。

从美国页岩油钻机减幅和产量减幅的对比看，完全颠覆了传统的停多少设备就要减少多少产量的认知，至少美国页岩油就打破了这种所谓正比例关系。美国页岩油减产期间，钻机停了八成，产量却并没减多少，这是探寻页岩油不衰的一个突破点。在国际间交手，美国惯使"障眼法"，就是明修栈道，暗度陈仓，表面上让你满意，似乎美国妥协了，实际上是借此瞒天过海，暗地里却在做超乎寻常的事情，让人猝不及防。

美国关停80%的钻机，而且钻机减少幅度几乎与油价下降幅度同步（图4-20）。很明显，这是做给沙特阿拉伯看的，表明美国页岩油受不了低油价冲击，钻机数量随油价一同下跌。美国这是进一步强化减产的视觉，以此麻痹对手，让欧佩克转移视线。实际上，两次多哈冻产会议就是美国停钻带来的效果，尽管冻产无果，至少美国页岩油不再是其他产油国抨击的对象。与高峰期相比，美国原油产量已减少71万桶/日，这已经很不少了，是2015年全球原油供应过剩的34.6%，如果其他产油大国也跟着减一些，这原油过剩的问题不就彻底解决了吗？这也就是沙特阿拉伯找俄罗斯协商冻产的缘故。

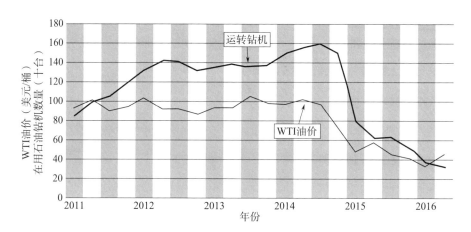

图4-20　美国活跃石油钻机数量与WTI油价走势（2011年至2016年第二季度）
资料来源：贝克休斯。美国能源信息署。
注：图中活跃石油钻机数量为每季最后一周的数量，WTI油价为季均价。

正当沙特阿拉伯欣欣然以为赢得了对美国的原油产量之战，但沙特阿拉伯的算盘打空了，美国作为全球超级一霸，从来就没有屈服过任何一国的压制，页岩油生产亦如此。页岩油总产量降下来了，但每台钻机的日均产量却如奇峰突兀，页岩油突然高企的生产效率让世界产油大国自叹不如。

下面，我们对比两张图（见图4-21、4-22），图4-21是美国原油产量与运转钻机数量变化，美国石油钻机数量减少是从2014年第四季度开始的，而减产是从2015年第三季度开始的。在这张图中，钻机数量陡转直下，视觉效果比产量下降更具冲击力。图4-22是美国运转石油钻机数量与单台钻机产量变化，在这张图中，你会发现单台钻机产量变化的轨迹好像就是上张图中钻机数量变化轨迹倒过来的影像，这样一对比，美国"障眼法"的手段就显现出来了，美国停了80%的钻机，为何页岩油产量仅下降7.9%？主要是单台钻机日产量获得了飞跃性的提升。这是美国页岩油钻机减少而产量却并未实质性减少的秘密。

2014年第四季度每台钻机日均产量6171桶，到2015年第一季度就提高到11661桶，是上一季度的1.89倍，生产效率提高了89%，不仅如此，2015年第二季度单台钻机产量增至15127桶，到2016年第一季度单台钻机产量更是超过2万桶，达24543桶，是2014年第四季度的4倍。若是按传统的认知，停了80%的钻机就相当于减少了80%的产能，但美国页岩油通过大幅提高单台钻机产量，生产效率翻倍增长，相当于创造了72.7%的产能，因此，美国页岩油产量仅下降7.9%。也就是说，美国页岩油用20%的钻机创造了90%以上的产量。

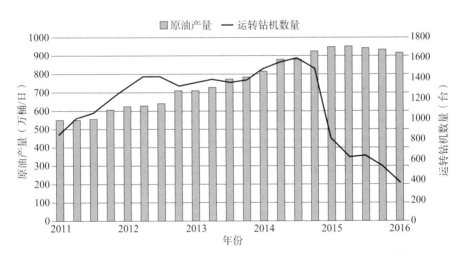

图4-21　美国原油产量与运转钻机数量（2011年至2016年第一季度）

资料来源：贝克休斯。美国能源信息署。

注：图中活跃石油钻机数量为每季最后一周的数量，原油产量为季均产量。

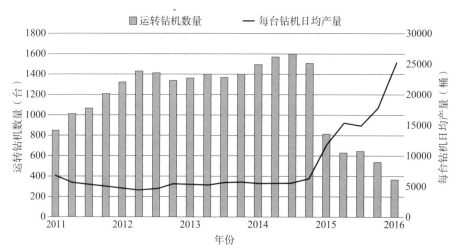

图4-22 美国运转石油钻机数量与每台钻机产量（2011年至2016年第一季度）

资料来源：贝克休斯。美国能源信息署。邓正红软实力研究应用中心。

注：图中活跃石油钻机数量为每季最后一周的数量。

    沙特阿拉伯增产意在保市场份额，通过增产压低油价，打垮页岩油。美国大面积停钻，好像是打不赢了，最后缴械，妥协。美国这招"障眼法"迎合了沙特阿拉伯的胜利心理，美国页岩油产业也因此加速采用新技术，降低生产成本，提高自身竞争力。美国钻机数量快速下降，但页岩油产能并未实质性退出，同期产量并未与钻机减幅发生同比例下滑。一则页岩油生产效率有所提升，边际成本下降；二则美国页岩油仍在工业寿命周期的早期阶段，仍有很大的规模经济及效率提升空间，一旦油价回暖，产能可以快速回到市场。

    随着钻井、完井技术的改进、油服成本的下降，页岩油生产成本有较大幅度下降。美国能源信息署委托IHS对上游生产成本进行研究，2016年3月发布了美国油气上游成本趋势（Trends in US Oil and Natural Gas Upstream Costs）的研究报告。报告显示，2015年陆上油气生产成本比2014年下降了15%～18%，预计2016年还有另外3%～5%的下降空间。

    技术进步是美国页岩油成本下降的最重要因素，单井成本的下降和钻井效率的提高（见表4-3），使得页岩油的生产成本大幅下降。即便是在30美元/桶的低油价下，某些高产的"甜点"区仍能盈利和继续生产。顶级的页岩油生产商将钻井、压裂技术发展到极致，同台钻井、50级压裂、15英尺跨度的丛式钻井、每英尺超过2000磅的支撑剂等技术的应用，使生产商获得更多的单井原油。

表4-3　美国页岩油生产技术改进及效果

技术改进类别	技术改进项目	技术改进效果
钻井技术	更长的水平进尺	提高油井性能
	更好的地质导向使水平井位于高产层	提高油井性能
	提高钻井速度	降低钻井成本
	最少材料用量的固井	降低成本
	同台多钻	降低成本
	高效率的地面作业	降低成本
完井技术	增加支撑剂的用量——超级压裂	提高油井性能
	增加压裂级数	提高油井性能
	压裂液组分（交联和油包水）的改进	提高油井性能
	更快速的压裂操作	降低成本
	促进剂成本下降	降低成本
	钻井空间和层级的优化	提高油井性能

资料来源：邓正红软实力研究应用中心。

采用新技术，使得美国页岩油平均生产成本一降再降。通用油气公司研制出一种可根据需要随时开关的新型泵，节省了页岩油生产所需的能源，还有越来越多的公司开始采用"井工厂"模式降低钻井成本。自由资源公司设计了一整套新的页岩油生产模式，据称可进一步降低石油生产成本。他们将这种模式称为"石油工厂"。该公司认为，卡车运输不仅易引起当地居民不满，并增加了作业成本。因此计划在巴肯页岩区铺设管道系统，用来输送源自油井的天然气、水和石油，并将其称为"集中资源"。该公司还在巴肯页岩区尝试同时进行多口井的钻井和生产管理，以及一次性对100口井进行压裂作业。根据该公司的测算，按照目前的生产模式，即使油价处于50美元/桶的水平，公司仍可盈利。

纵观美国四大页岩油生产区巴肯、鹰滩、奈厄布拉勒、二叠纪，它们的钻机数量和钻机产量变化（见图4-23、图4-24、图4-25、图4-26），无一不是一把"剪刀差"式的走势，即钻机数量快速下降，钻机产量快速提高。国际油价大幅下跌，迫使页岩油生产商革新技术，提高生产效率，降低生产成本，提高单位回报率，这使得美国在钻机数量大幅减少的情况下依然保持可观的石油产出。

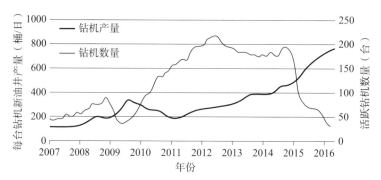

图4-23　巴肯石油钻机数量及每台钻机新油井产量（2007年至2016年4月）
资料来源：美国能源信息署。

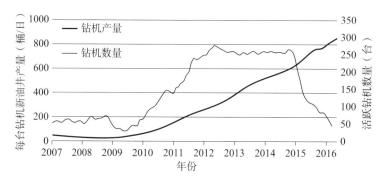

图4-24　鹰滩石油钻机数量及每台钻机新油井产量（2007年至2016年4月）
资料来源：美国能源信息署。

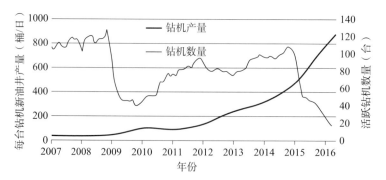

图4-25　奈厄布拉勒石油钻机数量及每台钻机新油井产量（2007年至2016年4月）
资料来源：美国能源信息署。

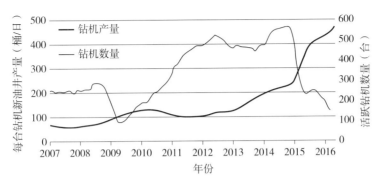

图4-26　二叠纪石油钻机数量及每台钻机新油井产量（2007年至2016年4月）

资料来源：美国能源信息署。

　　应对低油价，美国页岩油行业采取了"回撤"核心产区的策略。以牺牲小幅下降的总体产量却换来了单井产量的快步跃升，这为油价回升页岩油全面恢复生产蓄积了再次爆发的能量。在美国同一地区的页岩油生产，核心区带页岩油生产成本大幅低于非核心区带，美国页岩油开采一般以核心产区的"甜点"为中心，通过扩边等方式向周围继续勘探开发。尽管周围次级区带的页岩油开发成本往往高于核心区带，但在高油价下，次级区带较高成本的页岩油仍有利润可得，因此页岩油生产规模持续扩大，产量不断增加。

　　赫斯实施精益管理，提升生产经营有效性。巴肯项目井场搬家时间从2014年的7天，通过标准化操作降低36%，至4.5天。巴肯项目钻井周期更趋向平均值，钻井的平均周期也在降低。巴肯项目1万英尺水平井通过标准化的设计改为直角钻进，除钻具更好用外，还提升了5%～7%的有效水平段长度。精益管理在尤蒂卡项目推广之后，返工率减少了75%。3年后，钻井效率提高了42%，完井效率提高了45%。

　　赫斯找"甜点"区有一套办法。巴肯项目通过单一井的地质模型和做典型曲线束，用数值模拟各井的预测产量，形成超过典型曲线的价值条带。赫斯的这套办法运用了PDCA（计划—执行—检查—调整）方法，还包括更准确的地下情况描述，更精确的地质模型，更好的井位规划。这4个方面做得越好，价值条带就越宽。对于非常规项目的完井设计，赫斯通过基本设计、评价优化设计级数、新的技术更新、机会评价4个步骤实现。巴肯项目2008年的时候只有8级压裂，2015年在成本不变的情况下提高至50级。赫斯进一步加密布井，在每两平方英里的面积内钻井从原来13口加密到了17口。布井密度的增加带来了200口有价值的新井位，可采储量也从14亿桶增至16亿桶。

在低油价环境下，大部分非核心产区的页岩油开发成本已高于WTI油价，页岩油生产企业因此选择撤回核心产区，通过加强在核心区的勘探开发活动，提高产量，增加收入，减轻低油价给企业带来的损失。2014年下半年以来，从事页岩油生产的钻机数量大幅减少且向各主要核心区带集中的趋势，正是美国页岩油生产企业"回撤"策略的清晰体现。

生产效率的提高使开发商现金流的紧张状况有所缓解。此外，钻井平台数量的下降也意味着公司日常开销有所减少。低油价的倒逼，使得页岩商通过全产业链优化降低单桶原油生产成本。从页岩油生产的整体效率上看，过去国际原油价格维持在80～100美元/桶的高位长达4年，页岩油生产企业的外部经营环境相对宽松，企业更重视提升勘探开发技术水平而非生产经营的整体效率。以巴肯页岩区带为例，2010—2014年其区域内企业平均年度生产效率的改善程度仅为6%～8%；而在低油价时期，页岩油生产企业开始重视优化生产经营的各个环节，通过提升生产效率降低成本。

从页岩油生产的单个环节上看，钻井生产是页岩商在低油价下控制成本的重点。根据伍德麦肯兹研究，在10%的内部收益率下，2014年有50%左右的美国页岩油生产企业单桶成本在60～75美元；页岩油生产企业如果能将钻井环节的投资降低20%，其平均单桶原油生产成本可降低7～12美元，降至55～60美元。巴肯和鹰滩两大页岩区带钻井作业的大部分工程服务公司，就将钻井成本下降了15%，甚至有个别公司表示能将钻井成本最多降低35%。除钻井成本外，美国国内的页岩油运输成本也在持续降低，拉低了页岩油的单桶成本。

2016年第一季度阿帕奇石油的降本幅度超出此前预期，按照第一季度成本计算，该公司2016年的现金收入目标在油价为35美元/桶，气价为2.35美元/百万英热单位的水平即可实现。即使未来相关油服成本随油价恢复而逐渐增加，公司仍有能力进一步降低油气勘探开发成本。阿帕奇石油表示，在油价连续7个季度持续低迷的情况下，公司每季度的成本都较上一季度有明显下降，而且不是单纯通过"勒紧腰带"实现的，其中单井成本的持续下降给公司带来了意外惊喜。

对于外界对油价回暖后油服价格上涨可能影响公司降本成果的顾虑，阿帕奇石油表示，公司在美国陆上的单井成本已较2014年大幅降低45%，其中油服成本降低的贡献只有50%，另一半是通过优化设计和提高效率实现的。阿帕奇石油第一季度在北美地区的资金支出低于预算水平，其中二叠纪盆地的成本削减效果尤为明显，采取的主要措施为调整压裂作业的裂缝系统和优化压裂液性能。阿帕奇石油超预期的降本成果表明，即使油价复苏落空，美国页岩油气生产商仍有通过进一步降本维持生产的潜力。

得益于成本削减，西方石油在2016年第一季度扭亏为盈，实现利润7800万美元，油气现金操作成本同比减少23%，而2015年同期为亏损300万美元。西方石油表示，在能源价格处于低位之际，该公司继续削减成本，正在继续减少包括巴林、伊拉克和也门在内的中东、北非地区的业务敞口，这些地区的产量减少了41%。由于经营成本得到了降低，以及在二叠纪盆地的产量超出预计，西方石油上调了2016年的产量预期，同时保持30亿美元的支出目标不变。第一季度其美国油田的产量每日增加了1.7万桶，达到30.7万桶，所有的增长都来自于在二叠纪盆地的资源。此外，包括国际业务在内的经营活动的总产量，从每日53.1万桶增长到了59万桶。

进入2016年5月以来，加拿大油砂地区附近的森林大火造成的生产中断、利比亚政治分歧造成的供应中断，以及尼日利亚原油出口管道大幅中断等一系列生产中断，使石油日供应总计减少350万桶，全球原油供应过剩局面在持续近两年令价格承压后，可能很快消除。这些意外生产中断事件事先没谁能料到，但确实发生了，而且油价正逐步攀升，向50美元/桶的关口迈进。

美国北达科他州的原油官员赫尔姆斯（Lynn Helms）表示，该州原油产业的中心地带威利斯顿正在迎来复苏。由于原油产业"光环效应"的显现，北达科他州的油企盈亏平衡价格已经大幅下降，不需要很高的油价就可以做到盈利。所谓"光环效应"，是指油企通过缩小油井钻探间距，在老油井周围通过水力压裂法钻出新井，除了能得到新的原油来源，老井的产量也会得到裨益。这种效应下，美国油企的油井效率大大提高，成本也进而降低了不少。

据赫尔姆斯预计，威利斯顿的原油企业能够提供约4万个正式岗位。由于人口不足，北达科他的劳动力市场在过去始终不能满足用工需求。目前，北达科他有超过1.5万个岗位空缺，而且每天都在增加。为了弥补这一缺口，威利斯顿乃至整个北达科他州都在大力招募原油工人。

第六节　利用套期保值将页岩油损失降至最低

原油期货是以远期原油价格为标的物品的期货，是期货交易中的一个交易品种。20世纪70年代初发生的石油危机，给世界石油市场带来巨大冲击，石油价格剧烈波动，直接导致了石油期货的产生。

在石油期货合约之中，原油期货是交易量最大的品种。目前世界上交易量最大、影响最广泛的原油期货合约共有3种（见表4-4）：纽约商业交易所（NYMEX）的轻质低硫原油即WTI（西得克萨斯中质原油）期货合约，伦敦国际石油交易所（IPE）的BRENT（北海布伦特原油）期货合约，以及新加坡国际金融交易所（SIMEX）的DUBAI（迪拜原油）期货合约。WTI原油是美国市场的期货定价基准油，布伦特原油是欧洲市场的现货市场基准油，迪拜原油则反映亚洲对原油的需求。

表4-4　2015年全球三大基准原油期货合约成交量

名称	交易所	推出时间	交割方式	合约单位	日均成交量
WTI原油期货	纽约商品交易所（NYMEX）	1983年	实物交割	1手=1000桶	80万手
BRENT原油期货	伦敦洲际交易所（ICE）	1988年	现金交割	1手=1000桶	68万手
OMAN原油期货	迪拜商品交易所（DME）	2007年	现金交割	1手=1000桶	7000手

资料来源：邓正红软实力研究应用中心。

原油期货市场具有三大基本功能：一是价格发现。期货市场上各方交易者对商品未来价格进行行情分析、预测，通过有组织的公开竞价，形成预期的石油基准价格。在公开竞争和竞价过程中形成的期货价格，往往被视为国际石油现货市场的参考价格。二是规避风险。企业通过套期保值实现风险采购，能够使生产经营成本或预期利润保持相对稳定。套期保值的基本做法是企业买进或卖出与现货市场交易数量相当，但交易方向相反的石油商品期货合约，以期在未来某一时刻通过对冲或平仓补偿的方式，抵消现货市场价格变动所带来的实际价格风险。三是规范投机。通过监督和管理，使投机行为成为调节期货市场的工具。

国际油价走低持续了20个月，但美国页岩油产量规模并未出现实质性缩减，其重要原因之一是生产商在资本市场上实施套期保值，将油价风险造成的损失大幅降低。所谓套期保值，即页岩油生产商通过使用期货、期权、远期及掉期等金融工具，在原油交易中构建价格对冲机制，将油价波动带来的风险降至较低水平。但由于流通性限制，通常的保值计划大都不超过3年期限。因此保值只是短时间的抗风险手段，如果油价长期低迷，这些石油公司将完全暴露在低油价的风险之下。

低油价下实施套期保值可以在短期内减少页岩油生产商的损失并帮助其维持一定的生产规模，但页岩油产量的持续增长将在中长期压低国际油价。美国的页岩油企业以中小型居多，而且中小油气公司比较注重保值操作，据IHS能源研究机构2015年10月份的报告显示，2016年，小型石油公司对27%的石油产量以76.89美元/桶的价格进行保值，中型公司对36%的石油产量以69.34美元/桶的价格进行保值，而大型公司的保值比例只占产量的4%。总体来看，2016年只有11%的石油产量进行了保值，占总体产量的比重较少，因此2016年石油公司处于较高的风险之下。进入2016年，在经历了油价跌至30美元/桶以下的惊惶反弹至40美元/桶之上时，保值操作开始增多。

PDC能源是一家资本规模较小的页岩公司，但资产负债比率具有一流的健康水平。2015年底债务和息税前利润的比例为1.4左右（很多油气公司都在4之上）。公司非常注重保值操作，2015年以80美元/桶的油价对石油产量进行保值。2016年对大约60%的石油产量（约517万桶）以平均76.29美元/桶的价格进行了保值，2017年对396万桶的原油进行保值，价格为47.13美元/桶。该公司称，如果未来3年油价保持在35美元/桶，公司依然可以生存下来。

先锋自然资源是页岩油公司中保值操作最好的公司。当其他页岩油公司以现货市场价格出售原油时，先锋自然资源却把大部分石油产量价格锁定在60美元/桶。先锋公司的股价2015年下跌了23%，跑赢该行业46%的跌幅。成功的保值操作，为先锋自然资源在2015年赢得了8.79亿美元净收益（其中原油7.44亿美元），也使得先锋自然资源计划到2018年将年均石油产量增加20%，而美国政府预计的美国石油产量在未来两年将下跌9%。

2014年12月12日，美国原油价格跌至57美元/桶。二叠纪盆地页岩油生产商先锋自然资源在期货市场以90美元/桶的价格卖出原油合约后，再在现货市场上以57美元/桶的当日油价购买相等数额的原油，每桶盈利33美元；此部分盈利既可以直接投入到企业的生产经营中，也可以再次用于套期保值。也就是说，即使油价跌至57美元/桶，先锋自然资源也可以通过套期保值将页岩油生产投入维持在国际油价接近90美元/桶时的水平。

2014年第四季度，EOG资源、阿纳达科、戴文能源和诺布尔能源等一批知名页岩油商都已在90美元/桶或更高的价位上对其2015年的部分原油产出实施了套期保值。在美国原油期货和期权交易市场上，非投机性套期保值涉及的短期原油交易数量已由2014年8月底的1500万桶上升至2015年初的7700万桶，表明石油生产企业预期国际油价短期内仍将维持下跌走势，都选择使用套期保值降低油价下跌对其生产经营的影响。

2015年4月，WTI油价从3月19日43.85美元/桶的低点一路上扬至4月30日59.77美元/桶的高点，接近60美元/桶的关口。美国页岩油生产商利用油价反弹的机会，锁定2016年甚至更远时间的油价，这既保证了未来的供应，还可能为产量反弹铺平道路。整个4月对冲活动增多，即使油价再度大跌，也能够支撑生产商的收入。页岩油商匆忙买入三相领式期权（three-way collars）和其他形式的期权，保障每桶不低于45美元，最高70美元，为2016和2017年的油价做出保护。4月的期权价格指标——原油波动率指数较3月末大跌32.5%，至4个月低点，反映出期权卖盘增加（见图4-27）。

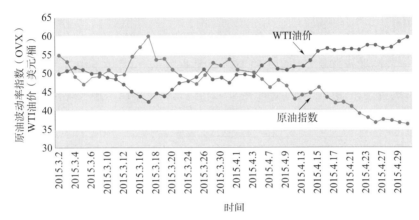

图4-27　2015年3—4月原油波动率指数与WTI油价变化

资料来源：芝加哥期权交易所。新浪财经。

三相领式期权涉及买进一个看跌期权，给价格设一个底部，并以更高的行权价卖出看涨期权，碰上大涨时获利虽会受到行权价的抑制，但赚到的收益将抵销掉看跌期权的成本。此外，也可卖出另外的价外看跌期权，降低整体交易成本，但若是价格跌得太凶，公司的曝险程度将更大。由于这种交易里卖出的期权较买进的多，因此容易有推低隐含波动率的倾向。芝加哥期权交易所（CBOE）原油波动率指数4月跌至36.28，从2月所及的4年来高点64下滑。

美国原油4月上涨25.9%，为6年来最大单月涨幅，因需求升温及美国钻探活动大幅减少，缓解了供应过剩忧虑。随着油价上涨，生产商趁机锁定获利，害怕处在纪录高位的美国原油库存会让涨势夭折，先锋自然资源等生产商开始考虑重启钻探活动。先锋自然资源称，2015年夏天可能在二叠纪盆地搭建更多钻机，已对冲了2015年产量的90%及2016年产量的60%。

赫斯也表示，他们在1月和2月增加了衍生品头寸，而当时油价仍低且期权溢价颇高。

虽然有迹象显示4年来美国原油产量持续快速增长的势头可能在5月结束，而且消费也有望增强，但有些空头因素带来阴影，包括沙特阿拉伯产量创出最高纪录水平以及美国库存处于历史高位。在这种情况下，原油生产商在出脱期权合约，比如WTI履约价为60美元的2016年12月买权CL650L6。该合约的未平仓数量在过去5周增加了22%，4月最后一周布兰特原油履约价为75美元的2016年12月买权未平仓数量上升逾7倍。商品期货交易委员会（CFTC）的数据显示，4月中下旬，石油生产商与消费者积累的美国原油期权与期货净空头头寸达到2011年以来最大规模，表明他们不相信油价会持续上升。追踪对冲的分析师表示，美国页岩油生产商2015年套期保值规模较2014年减少了至多50%。建立新的对冲头寸后，生产商通过出售买权及对冲下跌风险，抓住机会实现现金流最大化。

2016年2月中旬，国际油价从11日26美元/桶这一12年来的低位反弹，美国页岩油生产商开始为未来几年询价及设置新的套期保值，认为这或是为2017年及以后将原油价格锁定在45美元/桶的最好机会。16日油价小幅收高，但2017年12月美国原油期货价格仍跌逾2%至43.47美元/桶，部分受生产商套保活动影响。2017年美国WTI期货远期合约价格早盘曾一度高至43.55美元/桶，而一个月前还跌至纪录低位37.38美元/桶。

同日，场外交易中原油互换合约成交量比过去3日合计交易量要高出4倍多。原油业再度有意于50美元心理大关下方进行套期保值，令部分市场人士感到意外，因先前认为油价需站上该道关卡，才可能会吸引生产商进场。这些情况反映了投资者及借贷方保护庞大债权的压力升高，且钻油成本持续下滑，使得美国页岩油生产商得以在更低的油价达到盈亏平衡。一名交易商指出："许多生产商的损益平衡点为45美元。这不仅仅关获利，更关乎生存。"咨询机构Energy Aspects表示："虽然45美元/桶的WTI原油价格不足以令开采成本在平均水平的美国页岩油生产有利可图，但是已经足以让成本最高的生产商也能够生存下去。"

3月22日，油价已从2月11日的最低点26美元/桶升至41美元/桶，涨幅达58%。处境艰难的美国页岩油生产商纷纷以约6个月来最快速度出售未来产出，较长期石油期约成交量也升至纪录高位，因生产商开始把价格锁定在40多美元。美国原油2017年12月合约的成交量在3月18日升至超过3万口的纪录高位，2016年12月期约的成交量触及近9.4万口的纪录高位。这两个合约的成交量加起来相当于成交近1.25亿桶石油期约，价值逾50亿美元。处理产油商交易的一位经纪商称，这是自2015年10月以来最繁忙的成交情况。

2月初油价在30美元/桶左右盘旋的时候，页岩商就表现出套期保值的兴趣，不过仅限于询价。到3月这种兴趣已经转化为实际行动，部分生产商2016年愿意在接近或稍微高出40美元/桶的水平，或者2017年在45～50美元/桶区间设置套保仓位。对许多公司而言，这样的价格仍低于50美元/桶的心理关口只能勉强不亏不赚。许多人原本认为价格需要达到50美元/桶，才会促使生产商寻求价格保护。这意味着钻探商已经接受新的现实，即随着欧佩克产量触及纪录高位，以及伊朗石油出口大增令本已饱和的市场雪上加霜，页岩油价格将在更长时间内守在更低水准。

4月29日，受美元走软以及美国产量减少提振，国际油价收复45美元/桶的当口，美国产油商则见机增产，并宣称其原油锁定更高价格。各大页岩油气生产商乘机在期货市场布置好空单，把有限的弹药重新上膛，为后续新的持久战做好应对准备。有页岩油气生产商已经表示，一旦油价收复50美元/桶，他们就可能终于杀回市场，提升钻井数量了。华尔街和商品投机躁动情绪给了美国页岩油气生产商稍纵即逝的机会，尽管油价仅收复45美元/桶，但生产商仍然紧紧抓住这条生命线。

就在这个当口，2016年12月到2017年12月合约差价一周内急速从2.15美元/桶收窄到1.3美元/桶，表明2017年12月合约的空单大增。2017年12月合约持仓量也大涨2万手，达到12.3万手的纪录高位，不少美国生产商如阿纳达科石油也参与其中。加拿大皇家资本市场能源策略主管陈（Michael Tran）表示，油市出现大的反弹，美国油企向来会迅速锁定价格保护。相比正常水平，大多数能源公司仍在采取避险策略。事实证明，页岩油生产商应对低油价的能力强于市场最初的预期，因生产商2月开始就在45美元/桶的水平锁定油价对冲，这说明页岩油商的保本价格更低。

成熟的油气市场、发达的金融体系是美国页岩革命成功的基础。高杠杆是页岩油气生产商能够在过去10年获得巨大成功的保证。随着油价的下跌，页岩油气企业的收入减少，债务增加，企业风险也随之增加。更糟糕的是，这种情况会随着低油价的持续而持续。

2016年，页岩油气企业的债务水平不断增长。仅第一季度，页岩油气企业就发行了89亿美元的债券，这一数字是2015年最后一季度的10倍，2011年以来的最高水准。切萨皮克能源、康乔资源、大陆资源、爱内珍、怀廷石油这5家美国最大的页岩油气勘探和生产公司，预计2016年产量同比下降10%，收入同比下降20%，对冲收益下降62%。种种迹象都表明，高杠杆的页岩油气商业模式走到了尽头。切萨皮克的标准普尔信用评级已经降至最低（CCC）。美国页岩油气产业3530亿美元的债务中，有36%属于次级债或者夹层债务。勘探开发部门的债务甚至更多，占到了整个美国次级债或者夹层债务的8%。

第七节 美国原油库存规模控制着全球油价

美国影响国际油价走势的手段是多元化的，除了美元政策、页岩油产量，美国原油库存对油价的影响也是直接的。原油库存的变化反映美国政府对原油价格的态度和供求关系的变化。比如，如果战略原油库存大幅增加，表明美国政府认可当时的油价，因此就会为增加战略原油储备而抢夺原油资源，从而激化供需矛盾导致油价上涨，反之亦然。

美国原油库存分为商业库存和战略储备，战略石油储备从2014年下半年以来一直维持在每月6.95亿桶，而商用原油库存随市场供求变化而波动，一般所说的原油库存实际上是指商业原油库存。本书所讲的美国原油库存主要指商业原油库存，到2016年4月，美国原油库存5.44亿桶，创历史最高纪录。

美国原油库存变化跟原油价格变化成一定的负相关特性（见表4-5）。如果美国能源信息署的一周原油库存报告同预期的库存水平相去甚远，原油市场将会反应强烈。当原油库存增加，表明市场上原油供应量过剩，导致油价下跌。当原油库存减少，表明市场上对原油需求旺盛，导致油价上涨。库存多的时候油价在中高位置，库存少的时候油价在中低位置。

表4-5　美国原油库存变化对国际油价影响

项目	库存变化	国际油价变化
原油供给小于需求	库存增加	油价上涨
	库存减少	油价下跌
原油供给大于需求	库存增加	油价下跌
	库存减少	油价上涨
原油库存预期	弱于预期（大于预期增加或小于预期减少）	油价下跌
	强于预期（小于预期增加或大于预期减少）	油价上涨

资料来源：邓正红软实力研究应用中心。

在战略原油储备不变的情况下，商业原油库存反映原油的供求关系。商业原油库存在较长一段时间内稳定在增加，说明原油供应大于需求；库存连续减少，则说明供不应求；时而增加时而减少，说明供求基本处于平衡之中，此时一旦有其他突发消息，就会导致原油价格大幅变化。

美国原油库存的供应来源于美国国内生产和原油进口，需求则来源于炼厂将原油炼成成品油。如果美国国内生产原油的数量不变，则每周进口量将直接影响供应量。进口量增多可能说明世界原油供应充分，但也可能反映出石油商认为目前价位比较合适而增加进口。而炼厂的开工率则反映出成品油需求的变化。引起库存减少的原因就是进口的减少，一旦进口增加，则库存还会增加。

由于季节性气温的变化，原油的消费也具有季节性（见图4-28）。每年的冬季和夏季是用油高峰，库存倾向于减少，比如2015年6—9月、11—12月，美国原油库存就呈减少趋势；春秋季节为每年用油相对较少的季节，一般原油库存处在增加的周期之中，比如2015年1—4月、2016年1—4月，美国原油库存明显上升。当然，在增加的周期中，短期内原油库存也会出于偶然性的因素而减少，但增加的趋势一般不会改变。

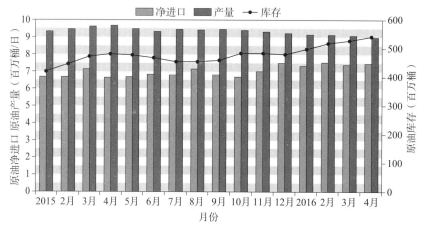

图4-28　美国原油净进口、产量及库存（2015年至2016年4月）
资料来源：美国能源信息署。

其他成品油库存的变化对原油价格的间接影响，对成品油的考察要结合季节性影响。如在冬季，取暖油的变化成为市场的焦点，天气因素也就成了炒作的题材。天气过冷取暖油消耗就会过多，容易导致取暖油与原油双双上涨；相反，暖冬则会抑制油价的上涨。而在春夏季节，尤其是夏季用油高峰季节到来后，汽油则成为市场的焦点，汽油库存的变化成为油品市场的主导力量。

美国页岩油增产主要是实现能源自给自足，但页岩油增产替代进口，对全球原油市场来说就是减少了需求，由此打破了全球既有的原油供求格局，导致产量过剩，引发油价下跌。欧佩克阻击页岩油，原因就在这里。对美国来说，页岩油产量、原油进口、原油库存这三者之间彼此相互联动。2015年1—4月，美国原油产量在油价下跌期间进入最后的增产阶段，从934万桶/日达到969万桶/日的高峰，原油库存从4.215亿桶猛增至4.834亿桶的小高峰，原油净进口则从3月的716万桶/日降至4月的662万桶/日。这一组数据说明，页岩油的增产有助于美国降低对进口原油的依赖，扩大自产原油库存，是美国能源独立战略的重要组成。

在全球原油供大于求的状况下，美国页岩油增产直接影响着以沙特阿拉伯为首的欧佩克产油国的利益。沙特阿拉伯不计损失地全力增产阻击，使得国际油价长时间在低位和跌势之间游荡，高成本的美国页岩油也不得不启动减产模式。2015年5月美国原油产量较上月高峰值减少21万桶/日，进口增加9万桶/日，月末原油库存减少410万桶；6月原油产量减少16万桶/日，进口增加16万桶/日，月末原油库存减少980万桶；7月原油产量增加11万桶/日，进口减少7万桶/日，月末原油库存减少1400万桶；8月原油产量减少2万桶/日，进口增加38万桶/日，月末原油库存增加230万桶。6月、7月出现的原油库存激减，主要是夏日驾车出行旺季期间，美国和其他地区的汽油需求非常强劲，炼厂加工量增至创纪录的1680万桶。另外，6月23日美国原油达到61.17美元/桶之后，油价开始新一轮跌势，也抑制了页岩油的增产。这4个月，只有7月有所增产，库存原油快速消耗的空白主要靠增加进口来填补。这说明这段时间美国原油出现了供不应求，但供大于求的市场气氛依然笼罩，加之伊核谈判达成协议、美元走强和中国股市崩跌等因素的影响，油价上行的动力远小于下行的压力。8月份进入用油高峰期，进口原油猛增，库存原油开始回升。

要特别说明一下，在页岩油降产前，美国影响国际油价的手段主要是美元政策和页岩油产量，2015年4月页岩油开启梯度式降产模式以来，美国原油库存成为影响国际油价的显性因素。页岩油产量退居二线后，对于原油库存的预期以及美国能源信息署每周的原油库存情况公布受到市场的密切关注。

本轮国际油价下跌持续20个月之久，最先是页岩油产量暴增引起的，在此期间美联储结束长达6年的量化宽松、实施美元加息，加剧了油价暴跌，欧佩克常规油与美国页岩油产量的拉锯战，使油价长时间难以翻身。值得关注的是，在油价下行期间几个重要时间节点的原油库存变化（见图4-29）。2014年6月油价从高转跌、11月结束量化宽松、2015年12月页岩油进入第二阶段减产和美联储实施加息政策，这3个时间节点月末原油库存或者减少或者处于相对的低位，这表明，除了美元强势外，即使美国原油库存减少，仍然改变不了全球原油供应过剩的格局，因此，国际油价持续下跌。

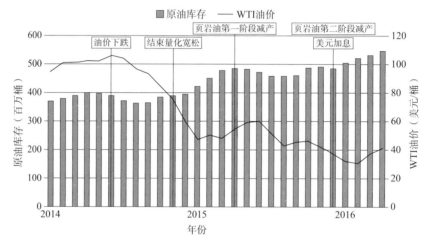

图4-29 美国原油库存与WTI油价走势（2014年至2016年4月）

资料来源：美国能源信息署。邓正红软实力研究应用中心。

注：图中WTI油价为月度均价。

页岩油减产以来，美国原油库存变化已成为油市的风向标。原油库存变化值先是市场预期，后是美国政府公布（见图4-30）。原油库存对国际油价的影响就是通过预期和报告两个阶段来体现。第一阶段是市场对原油库存的预期，这主要是基于过去、现在原油库存情况的前瞻判断，是主观情绪影响油价。如果原油库存预期增加，上涨的油价就会收窄甚至转跌，下跌的油价则会持续下行；如果原油库存预期减少，一般来说油价会上涨。第二阶段是美国能源信息署公布一周的原油库存，实际变化与预期比对，如果出现意外情况，比如意外增加、意外减少，或者强于预期、弱于预期，油价一般会与第一阶段反向而行。

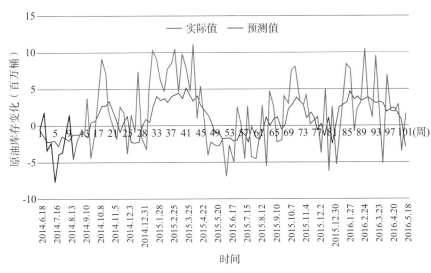

图4-30 美国原油库存变化（2014年6月18日至2016年5月18日）
资料来源：美国能源信息署。investing.com。

2016年2月中旬以来，油价一直呈上升趋势，美油从2月11日26.06美元/桶的最低位已攀升至5月18日48.95美元/桶的高位，接近50美元/桶，涨幅87.8%。在此期间，美国原油库存在持续增加，原油库存从2015年12月末的4.814亿桶增至5月13日当周的5.413亿桶，不到5个月，库存增加了6000万桶。前面讲了，库存多的时候油价在中高位置，库存少的时候油价在中低位置。油价涨势迅猛，原油库存猛增，这是可以理解的。但从库存变化影响油价的惯例看，库存增加一般是导致油价下跌，现在油价不但没跌反而猛涨，是美国原油库存变化对油价失去影响了吗？其实不然，上面所说的只是油价与库存双涨的大势，如果从每周公布原油库存当天的油价变化看，原油库存对油价的影响尽在细微之处（见表4-6）。

表4-6 美国原油库存变化对油价的影响（百万桶）

一周原油库存公布时间	实际值	预测值	评价	油价变化
2016年5月18日	1.310	-2.833	弱于预期	美油-1.44%，布油-1.66%
2016年5月11日	-3.410	0.714	强于预期	美油+3.28%，布油+4.31%
2016年5月4日	2.784	1.695	弱于预期	美油+0.39%，布油-0.78%
2016年4月27日	1.999	2.366	强于预期	美油+1.50%，布油+1.85%

续表

一周原油库存公布时间	实际值	预测值	评价	油价变化
2016年4月20日	2.080	2.400	强于预期	美油+4.08%，布油+3.64%
2016年4月13日	6.634	1.850	弱于预期	美油−0.22%，布油−0.84%
2016年4月6日	−4.937	3.150	强于预期	美油+2.76%，布油+3.70%
2016年3月30日	2.299	3.300	强于预期	美油−0.49%，布油+1.71%
2016年3月23日	9.357	3.090	弱于预期	美油−3.54%，布油−2.50%
2016年3月16日	1.317	3.414	强于预期	美油+5.12%，布油+3.23%

资料来源：美国能源信息署。邓正红软实力研究应用中心。

5月18日，上周美国原油库存意外增加131万桶，至5.4129亿桶。美联储发布4月26—27日会议记录显示，如果经济数据直指第二季度成长加速，美联储就有可能在6月升息。纪要公布后，美元指数急升。受累于美国原油库存增加、美元走强，以及伊朗对欧洲和亚洲出口激增，国际油价下跌。

5月11日，上周美国原油库存意外减少341万桶，至5.3998亿桶，市场预估为增加71.4万桶，为3月以来首次减少，使加拿大和尼日利亚油田停产引发的供应担忧进一步加剧，油市扩大涨幅。

5月4日，上周美国原油库存增幅大于预期，库存创下纪录新高，拖累布兰特原油期货由升转跌，美国原油期货也缩减涨幅。美国库存数据对油市的压力，盖过加拿大阿尔伯塔省麦克默里堡（Fort McMurray）市疏散居民所带来的供应担忧对油价提供的支撑。该省野火蔓延整个麦克默里堡市，当地是加拿大油砂田的心脏地带，令诸如森科能源（Suncor Energy）和荷兰皇家壳牌等原油公司降低产出。

4月27日，上周美国原油库存增加比预期236.6万桶减少36.7万桶，至199.9万桶；美联储宣布维持利率不变，其政策声明暗示不急于升息，支持国际油价上涨。

4月20日，上周美国原油库存增幅小于预期抵消了科威特罢工结束激发的库存过剩忧虑，油价跳涨4%。

4月13日，上周美国原油库存猛增660万桶，至5.3653亿桶，增幅远超预期，美油、布油均收跌。

4月6日，上周美国原油库存意外减少490万桶，而市场原本预计库存将创纪录新高；美联储3月会议纪要暗示将不会在4月加息，这也拉低美元，使以美元计价的原油对持有欧元和其他货币的投资者来说更具吸引力。美油、布油均收涨。

3月30日，上周美国原油库存增加230万桶，达到5.348亿桶，为连续第7周创历史新高。尽管库存增幅较预期少100万桶，但一些分析师仍担心，在炼厂开工率达到2005年来最高的情况下，库存仍在增加。美油收跌，布油收涨。

3月23日，由于进口激增，上周美国原油库存猛增940万桶，是预期310万桶增幅的3倍，达到80多年来最高水平，原油期货创下6周最大跌幅。

3月16日，上周美国原油库存增幅小于预期，加上产油国支持4月在卡塔尔开会，讨论冻产计划，美国油价跳升5%。

在纽约期货交易所（NYMEX）上市的WTI采用交易市场定价，其价格即为交割地美国中部库欣（Cushing）地区的原油交割价格。作为美国最重要的原油集散地，库欣地区拥有美国最大的原油库存设施，包括巴肯页岩区带所属的北达科他州等中北部产油区和加拿大进口的大部分原油都将通过管道集中于此，并输往炼油发达的墨西哥湾区。库欣也是全球最大的原油存储地，容量高达7300万桶，约占美国总库存的13%。截至2016年5月13日当周，库欣原油库存达6827.3万桶（见图4-31），已占到库存容量的93.5%。

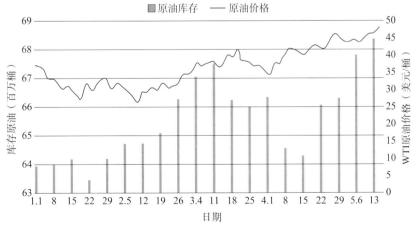

图4-31 美国库欣地区原油库存走势（2016年1月1日至5月13日）
资料来源：美国能源信息署。

美国俄克拉荷马州库欣地区的原油库存规模控制着全球油价，因为库欣是全球交易量最大的原油期货——西得州中质原油（WTI）期货的发送地和定价地，每周有超过30亿桶的WTI原油期货合约在此交易。截止2016年2月26日当周，WTI的交易量（310万手合约）几乎是布伦特ICE交易量（120万手合约）的3倍。总的说来，库欣地区的可比较库存是主宰全球油价的主要因素。全球经济和政治大事件有能力影响油价，但若没有库欣库存水平的支持，这些变化是相对"短命"的。

WTI和布伦特原油价格与库欣的原油库存规模呈负相关关系。2014年1月到6月，可比较库存下跌，而全球油价均值超过100美元/桶。从8月份到11月27日欧佩克政策会议召开，库欣的原油库存增加，油价跌破70美元/桶。欧佩克的拒绝减产决定加剧了国际油市的波动性，导致油价迅速下跌。到2015年1月底，国际油价下跌至46美元/桶。

2015年2月，因油井减少有望降低美国产量，油价上升，但库欣库存上升令3月油价再次下跌。从2015年4月中旬到6月中旬，库欣的原油存储下滑，油价反弹至60美元/桶。后来，因担忧中国经济增长和伊朗国际制裁解除，而库欣库存持平，到2015年8月中旬油价跌至接近38美元/桶的低位。8月底库欣库存再度下滑，油价攀升至接近50美元/桶的水平，直至10月底都基本处于这一价位。后来库欣库存趋平，但中国经济增长前景因中国人民银行宣布推行刺激举措而回暖。从11月到12月底，伴随着中国股市的大跌，且库欣可比较库存再度上行，油价暴跌至30美元/桶以下的超低位。到了2016年初，可比较库存持平、欧佩克减产传闻以及动产协议，令油价重返30美元/桶以上。

库欣地区集中了多条重要油管，原油从生产地输往墨西哥湾的炼厂。但该地区存在原油管道输出能力有限的问题，经常出现大量原油被积压在储库内，导致库存数据压制交割价格的现象。受地理位置影响以及管道输送原油的单向性，巴肯页岩区管道输往墨西哥湾区的页岩油须经库欣转输。而页岩油产量上升造成的外输量增加，将间接加重库欣地区的原油库存压力，从而进一步压低WTI原油价格。尽管页岩油产量中比例较大的部分绕开库欣、通过铁路输往美国东海岸等地区寻求更高的销售价格，但从长期看，管道运输仍是陆上原油输送最为经济的渠道。由于原油输送管道建设周期长、投资大，美国现有原油管道系统的完善尚待时日，在产量没有对全国市场产生实质性影响前，美国原油供需对其价格走势受页岩油产量的影响，但是，WTI现有定价机制在一定程度上放大了这种影响。

若想让国际油价上行，库欣的原油库存必须下降。这意味着美国必须收紧石油产出，同时输往库欣的加拿大轻质原油产出也必须减少。统计数据显示，库欣库存减少300~500万桶，就可导致WTI原油价格上涨10~15美元/桶。换言之，库欣库存增加几百万桶，就可能令油价下跌20美元/桶左右。

2016年5月24日，国际油价上涨（注：之前连续4日下跌），因投资者预计上周美国原油库存将减少，他们希望这将提振油价进一步升向每桶50美元，且美股上涨也支撑油价走强。"油价上涨，因预期加拿大野火造成的影响可能最终在美国原油库存数据中反映出来，"价格期货集团（Price Futures Group）分析师菲尔·弗莱恩（Phil Flynn）表示，"如果美国原油库存大幅下降，油价可能将测试50美元/桶。"

5月25日，美国能源信息署称，5月20日当周，美国原油库存减少422.6万桶，降幅远超预期的减少200万桶，原油库存刷新4月1日以来最大降幅；库欣地区原油库存减少64.9万桶，降幅超预期的减少50万桶，为4周以来首次下降。当日美国原油收涨0.64美元，报每桶49.74美元，为7个月以来的高位。

从2016年5月的情况看，在美元走软、中国经济数据走强、非欧佩克国家产出减少以及需求持续攀升等利好因素支持下，国际油价展开了强劲的反弹。虽然国际大事重要，但库欣的可比较库存掌控着国际油价。这并不是说世界其他地区减产和减库存无法影响油价，但正是北美的非传统原油生产导致的全球供应过剩造成了油价崩溃。2014年6月以来的经验表明，除非美国和加拿大的原油产出下滑到足以削减库欣的原油库存，否则国际油价都不可能上涨。

第八节　页岩油减钻不减产的另一个秘密

截至2016年5月，美国页岩油第二阶段减产已连续6个月，而WTI油价已从2月11日26.06美元/桶的最低点攀升至5月31日的48.83美元/桶，涨幅为87%。页岩油产量与油价变化正好是反向关系，就像平衡木的两头，当一头压下去了，另一头就弹起来了。当然，比起连续20个月的国际油价高达75.7%的暴跌，短短3个多月就升幅接近90%，确实显得有点过猛，也很不正常。

油价在上升过程中，每个节点变化都备受市场关注，而且更多的担忧是，随着油价的上升页岩油产量会再次爆发，压制油价，开始新的跌势。按照页岩油的成本价，当油价达到40美元/桶，页岩油钻机就开始复苏，准备投产；当油价站稳50美元/桶，页岩油钻机就会活跃起来。50美元/桶的油价是一个重要的节点，一旦页岩油产量全面恢复，美国将成为全球原油市场的主要调节者，而沙特阿拉伯早已气喘吁吁，已经不起低油价战的折腾了。

5月份从24日开始，WTI油价连续5个交易日保持在每桶49美元之上（见图4-32），并两度冲破每桶50美元，26日盘中油价曾达到50.21美元/桶，31日油价亦曾达到50.10美元/桶，但最终还是收跌在50美元之下，31日的收跌甚至回落至49美元之下，为48.83美元。委内瑞拉能源部长警告称，最近数月的供应受阻推高了油价，可一旦石油生产恢复，全球供应过剩局面可能再次加剧。影响原油产量的事件除了美国页岩油生产商遭遇低油价的严重冲击而降低产量，还有加拿大山林大火、欧佩克成员国尼日利亚的输油管线遭武装分子袭击、另一成员国委内瑞拉的产量下降。

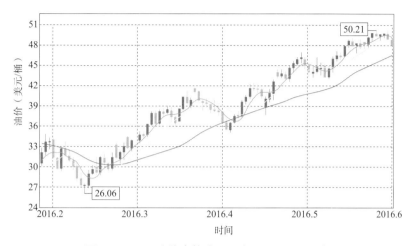

图4-32　WTI油价走势（2016年2月至6月1日）

资料来源：新浪财经。

注：图中标注的最高价、最低价均为盘中价。

　　6月1日，油价收跌，因在50美元/桶附近遭遇技术阻力。投资者担心价格上涨可能会令关闭的原油产能重启，从而加剧全球供应过剩。当油价回到大约50美元/桶时，先锋自然资源将增加5～10座水平钻井平台。如果原油价格继续上涨，那么美国页岩油生产商将积极响应。考虑到WTI油价离50美元/桶只有一步之遥，美国页岩油苏醒似乎指日可待。4000口库存井（DUC）只需要进行完井作业后就可以直接产出，按照美国最慢的完井作业效率，这个过程基本上也可以在两个月以内完成。随着油价的升势，库存井爆发的产量足以压倒已经减产的规模，非常凶猛！在油价升至50美元/桶的情况下，因大量页岩油库存井的投产，国际原油市场可能面临着另一波供应过剩的侵袭。

　　5月26日，美国共和党总统参选人特朗普在美国页岩油产区北达科他州的一场演讲中称，石油生产监管应该减少，产量应有所提升。他声称要力挺页岩油，取消所有限制美国能源出口的规定，批准加拿大输油管道项目，并撕毁巴黎气候协议。特朗普说："我将开放能源市场，以便它们能出口。通过从能源方面挣的钱，我们可以拿来偿还19万亿美元联邦债务的一部分。"特朗普对美国页岩油开采表现大力支持的态度，足以宽慰页岩油开发商的忧心。同时油价上涨若突破50美元/桶也将在一定程度上刺激页岩油开采量增加，从这个角度来看，页岩油复产超过预期，未来原油价格上涨压力增大，油价50美元/桶的关口易攻难守，原油幸福的日子即将远去。

在油价下跌的日子，人们或许更多地在关注美国页岩油活跃钻机的减少和产量的下降。基于成本高的缘故，美国页岩油运转钻机确实在大幅下降，从2014年10月最高时的1609台下降到2016年5月27日的316台，下降了80%，而美国原油产量也从2015年4月最高值969万桶/日降至2016年5月的889万桶/日（注：此处为美国能源信息署2016年8月调整的数据），每天已减产80万桶，但降幅仅为8.3%，这比起页岩油5年间增产400万桶/日的规模，还不到1/4。也就是说，页岩油产量并非与活跃钻机数量同幅下降。从某种程度上，活跃钻机大幅下降掩盖了美国页岩油产量小幅下降，页岩油实际产量减少并不多。

若以油价跌幅而论，WTI油价自2014年6月20日107.26美元/桶大幅下挫至2月份最低时的26.06美元/桶，降幅高达75.7%，截至2016年5月，美国页岩油活跃钻机数量减幅与油价跌幅基本相当，而产量减幅不及油价跌幅的1/7，也就是说，国际油价暴跌并没有使页岩油产量伤筋动骨，仅一点小小的创伤。相反，若以2014年6月美国原油产量868万桶/日相比，2016年5月已是连续9个月减产，产量889万桶/日，尽管如此，美国原油产量仍比油价高峰期的产量多出21万桶/日。也就是说，油价经历了23个月的下跌与颠簸，美国原油产量依然在增产的序列中，国际油价暴跌对页岩油产量的影响几乎可以忽略不计。

业内一直以为美国页岩油生产将因高成本和低油价而遭受重创，但产量下降的幅度低于普遍的预期，实际上美国页岩油生产却保持着巨大的韧性。那么是什么原因使美国原油生产保持了长时间的韧性呢?前面讲了，单看钻机减少，并不能反映页岩油产量的真实变化，因为页岩油生产商从降低成本出发，关停了大量低产低效的油井，同时由于开采技术的改进和生产效率的提高，更是将力量集中在高产油井上。生产高效在一定程度上弥补了低产油井的关停。这是美国在低油价期间页岩油持续减产而原油产量仍然保持足够高的主要原因之一。

图4-33反映了国际油价暴跌以来美国原油产量及运转石油钻机数量变化，运转

钻机数量最高的时候是在2014年10月，之后一路下降，到2016年5月27日当周已降至最低，钻机减少与油价下跌走势基本一致，但是，原油产量下降的趋势却不是很明显，基本上是在900万桶/日的水平上微弱波动，即使在跌破40美元/桶的2015年12月至2016年2月，美国原油产量仍然保持着一定的均衡水平，这表明美国页岩油对40美元以下的低油价适应能力已愈来愈强。

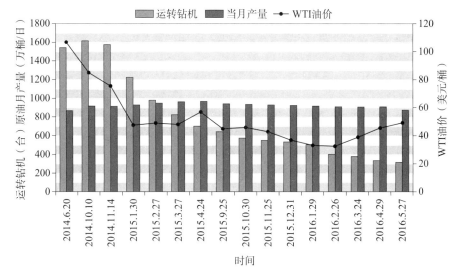

图4-33 国际油价暴跌以来美国原油产量及运转石油钻机数量变化

资料来源：贝克休斯。美国能源信息署。邓正红软实力研究应用中心。

注：图中2015年9月以前的数据由间断性的重要时间节点组成，产量为当月产量，运转石油钻机数为当周数，WTI油价为当日收盘价。

从上面的分析可知，沙特阿拉伯如果单靠低油价就能压制美国页岩油，那就太小看美国了。2014年底，油价已经跌至50美元/桶，很多页岩油生产商已处于无法盈利状态，但2015年2月至6月油价回升至50~60美元/桶，4月正是油价从50美元/桶向60美元/桶冲击的重要时段，美国页岩油运转钻机却降至703台的低位，较2014年10月的最高值1609台，减少了906台，降幅达56%，可是，美国原油产量不降反而大幅增加。2015年2月产量为945万桶/日，比1月增产11万桶/日，3月产量增加20万桶/日，4月产量增加4万桶/日至969万桶/日的峰值。

为什么在钻机数量减少56%的情况下美国原油产量反而创造峰值？可以肯定的是，评判美国原油产量变化不能完全看石油钻机数量变化，钻机数量大幅下降并不能说明美国页岩油就会出现大幅减产。油价暴跌以来，美国页岩油的真实活动其实被钻机数量大幅下降的情况掩盖了，而其真实情况主要体现在钻井和完井。2014年10月美国活跃石油钻机数量达到了1609台的峰值，钻井数量为1699口，完井数量高达1713口，首次超过钻井数，创历史最高纪录（见图4-34），其中启用库存井仅14口，这为两个月后美国原油产量进入高峰期打下了基础。

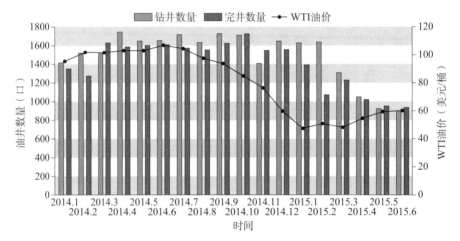

图4-34 美国油井活动与WTI油价走势（2014年1月至2015年6月）

资料来源：美国能源信息署。

注：WTI油价为月均价。

2014年10月之后，油价下跌加剧，但美国页岩油钻井、完井活动并没有明显减缓。尤其是2014年12月至2015年2月，这3个月油价已跌至50～60美元/桶，较2014年10月84美元/桶的均价，均价降幅达44%，但这3个月的钻井活动仍然相当凶猛，钻井数量均保持在1600口以上的高水平，分别为1639口、1620口、1629口，相应的完井数量有所递减，分别为1550口、1389口、1069口，这主要是受了油价下降的影响，但完井数量仍维持在高位。对美国页岩油来说，油价50美元/桶是翻身的节点，60美元/桶是产量全面爆发的节点。2015年3月17日油价跌至42.43美元/桶的低点，随即展开升势，到4月30日，油价接近60美元/桶，美国的完井数量也随着油价的升势而增加，3月的完井数量达1228口，较2月增加了169口。

　　总之，在油价持续下跌、大幅减钻的情况下美国原油产量保持高产、并迎来产量高峰，主要是页岩油钻井、完井活动一直没有停步，而且随着油价的波动，页岩油的钻探、完井活动越来越机动灵活。在用钻机停运是减钻，而钻井、完井数量减少，那仍然是增钻，只是增幅放缓，而且在结束量化宽松一个月后，每个月的完井数量均超过在用石油钻机数量（见图4–35）。结束量化宽松后，在用石油钻机数量在逐月减少，而完井数量仅仅是增加量的多少，没有出现过不增的现象，有了这个增，美国后续的原油产量就有了保证。这也就是在美联储结束量化宽松的半年内，美国页岩油、原油产量接连创造峰值的主要原因。

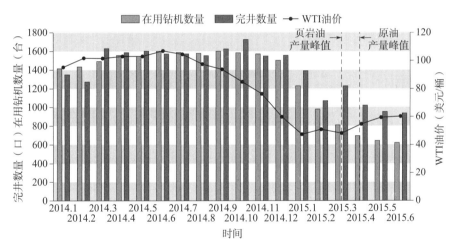

图4–35　美国在用石油钻机数量与完井数量对比（2014年1月至2015年6月）

资料来源：贝克休斯。美国能源信息署。

注：图中在用石油钻机数量为每个月最后一周公布的数据，WTI油价为月均价。

　　页岩油的钻探开采活动视油价而动。油价走低时，钻探活动规模减小，但为了保持未来的产量水平，仍要维持一定规模的钻探活动，不过完成钻探的油井可以暂不完井，作为库存井储备下来，等待油价走高时再进行完井投产；油价高企时，不仅钻探规模扩大，而且完井数量也会增加，刚刚完成钻探的油井即可进行完井投入生产，大量的库存井也被完井投入运营。高度灵活的页岩油已成为影响全球油市走向的有生力量。

2014年1月至2016年8月的32个月，美国页岩油月产量维持在500万桶/日上下（见图4-36），油价暴跌（2014年6月）以来，页岩油最高月（2015年3月）产量547万桶/日，最低月（2016年8月）456万桶/日，比油价暴跌前2014年5月的产量仍多2万桶/日，较峰值产量降幅仅为16.7%。也就是说，持续两年的油价下跌，页岩油产量并没有受到实质性影响，反而在油价下跌过程中产量持续高企，而支撑页岩油高产量的则是充足的完井数量。读者仔细观察图4-36就会发现，每月的完井数量恰如高高耸起的擎天柱将页岩油产量高高提起，32个月平均月完井数量为1074口，如果每口油井的日产量以1万桶计，月均产量就是1074万桶/日，是实际月均产量500万桶/日的两倍多，图中完井数量的柱形几乎每月均高出页岩油产量直柱，只有2016年3月这一个月的完井柱略低于产量柱。

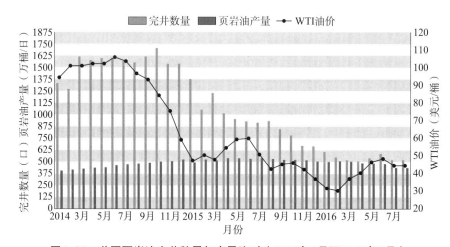

图4-36 美国页岩油完井数量与产量比对（2014年1月至2016年8月）

资料来源：美国能源信息署。

注：图中数据以美国能源信息署2016年9月12日公布的为准，WTI油价为月均价。

从整个趋势看，美国完井数量的减少与油价下降走势基本同步，但页岩油产量并没有随着两者的下降而出现明显的下降，这说明页岩油产量在一定程度已超越油价变化，反过来，页岩油产量细微的变化却在影响油价走势。尤其是2016年以来，完井柱与页岩油产量柱之间的高差几乎拉平，这说明在完井数量大幅收缩的情况下，页岩油单井产量已经实现飞跃性提升。上面讲了，在32个月中，只有2016年3月的完井柱略低于产量柱，其实这是单井产量提升的一个转折点，3月的油价已从2月的谷底爬起来了，从月初的33.89美元/桶升至17日40.37美元/桶的高位，全月均价37.55美元/桶，较2月均价上涨了7.23美元/桶。这个时候，已有美国页岩商喊出了"只要油价站上40美元，页岩油就开钻！"的口号，说明页岩油每桶开采成本已降至40美元以下，而这与单井产量提升密切相关。在油价低位爬行的情况下，页岩油产量柱首次超越完井注，标志着页岩油产量已从密集的完井丛林中走出来，成功地实现了从靠数量、参差不齐的完井混战到集中火力提高单井生产效率的转型。

高油价（注：每桶在60美元以上）时代也是石油企业赚取暴利的时代，正所谓"一俊遮百丑"，这个时候无论钻井多少、完井多少、产量多高，都很难评判石油生产商的生产水平，而在低油价（注：每桶30～50美元）时期或许更能体现石油生产商的生存适应能力和生产水平。油价暴跌以来，本书选取了在30～50美元/桶的油价区间美国页岩油的完井数量、产量，简单地进行模拟分析（见表4-7），发现油价下跌越往后页岩油生产效率越高。

表4-7　美国页岩油生产效率升级节奏模拟分析

页岩油单井生产效率升级节奏	月份	WTI原油均价（美元/桶）	完井数量（口）	页岩油产量（万桶/日）	每口完井日均模拟产量（千桶）
低级 0.30～0.50 （千桶/日）	2015年1月	47.22	1389	520	0.37
	2015年2月	50.58	1069	536	0.50
	2015年3月	47.82	1228	547	0.45
中级 0.50～0.80 （千桶/日）	2015年7月	50.90	924	532	0.58
	2015年8月	42.87	937	529	0.56
	2015年9月	45.48	853	525	0.62
	2015年10月	46.22	781	526	0.67
	2015年11月	42.44	678	528	0.78
	2015年12月	37.19	677	514	0.76

续表

页岩油单井生产效率升级节奏	月份	WTI原油均价（美元/桶）	完井数量（口）	页岩油产量（万桶/日）	每口完井日均模拟产量（千桶）
高级 0.80～1.00以上 （千桶/日）	2016年1月	31.68	609	513	0.84
	2016年2月	30.32	556	513	0.92
	2016年3月	**37.55**	**475**	506	1.07
	2016年4月	40.75	516	498	0.97
	2016年5月	46.71	543	491	0.90
	2016年6月	48.76	593	480	0.81
	2016年7月	44.65	534	467	0.87
	2016年8月	44.72	524	456	0.87

资料来源：美国能源信息署。邓正红软实力研究应用中心。

注：图中加粗数据为页岩油生产水平提升的转折点。

按照表4-7的分析，2015年1月至3月，油价在47～50美元/桶，页岩油月均完井数量为1228口，每口完井模拟产量为0.30～0.50千桶/日，属于低级生产水平，此处也能说明美国页岩油、原油产量峰值是依赖规模庞大的完井军团实现的；2015年下半年，油价在37～50美元/桶，页岩油月均完井数量为808口，每口完井模拟产量为0.50～0.80千桶/日，属于中级生产水平，相比低级阶段，中级阶段的油价下限降低10美元/桶，月均完井数量减少了420口，页岩油生产效率提升、技术方面的突破就集中在这半年；2016年1—8月，油价在30～50美元/桶，页岩油月均完井数量为543口，每口完井模拟产量为0.80～1.00千桶/日以上，属于高级生产水平，其中3月是一个转折点，每口完井模拟产量达到了1.07千桶/日，相比低级阶段，高级阶段的油价下限降低17美元/桶，月均完井数量减少了685口。这说明美国页岩油中高级生产水平正趋于常态化，页岩油生产已进入软实力时代。

第九节　一种巨大的页岩油库存被低估了

美国页岩油有两种库存，一种是地上的库存，比如库欣原油库存，库欣库存影响着当下的国际油价走势；还有一种库存就是呆在地底下即储存在库存井还没有取出的页岩油。所谓库存井，就是已经完成钻探但没有进行水力压裂的储备井（Drilled-but-uncompleted well，简称DUC）。那些随时待命的众多的页岩油库存井，深藏地下，储量巨大，是美国页岩油还未使出的杀手锏。只要油价高企，库存井中的页岩油一夜之间即可倾巢而出，杀向市场，再次掀起一番新的波浪。

美国页岩油库存井数量在2016年1月达到最高峰（见图4-37），为5548口，这些库存井有1802口是在2014、2015年完成钻探而未进行完井积存下来的，2014年以前积存下来的库存井为3687口。量化宽松期间库存井数量最高月份是在2014年9月，为4443口；量化宽松结束后形成的库存井为1119口。很明显，量化宽松期间充足的资本和高位油价刺激页岩狂热钻探，所带来的成果不仅是页岩油产量井喷，更有占比高达80%的库存井积存，而结束量化宽松后，加之油价暴跌，所形成的库存井仅占20%。

图4-37　美国七大页岩油区块库存井统计（2013年12月至2016年8月）

资料来源：美国能源信息署。

注：图中数据以美国能源信息署2016年9月12日公布的为准。

库存井是怎么形成的？就是每月完成钻探的油井中未进行完井的那部分钻井。如果钻井全部用于完井，就没有库存井剩余；如果完井数量超过钻井数量，就说明当月钻井不足，就要动用积存的库存井进行完井，这样的话，累积的库存井数量就会减少。从2014年1月到2016年8月美国页岩油钻井数量和完井数量变化看（见图4-38），2014年有3个月完井数超钻井数，9个月完井数少于钻井数；2015年有4个月完井数超过钻井数，8个月完井数少于钻井数；2016年前8个月，有6个月完井数超钻井数，仅2个月完井数少于钻井数。这说明，2014—2015年的2年，油价虽然在持续下跌，美国页岩油钻探规模远远超过完井规模，这2年所形成的库存井数量是前面5年积存库存井数量的一半，基本上保持了前5年钻探增速；进入2016年以来，页岩油的钻井规模大幅收缩，与完井规模相比，钻井数量明显不足，只能靠消耗积存库存井来填补钻井不足（见图4-39）。2016年前8个月，美国页岩油累计钻井3892口，累计完井4350口，累计消耗库存井458口。

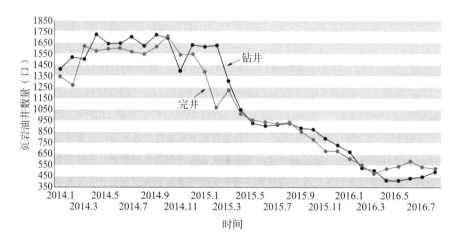

图4-38　美国页岩油钻井与完井数量变化（2014年1月至2016年8月）

资料来源：美国能源信息署。

注：图中数据以美国能源信息署2016年9月12日公布的为准。

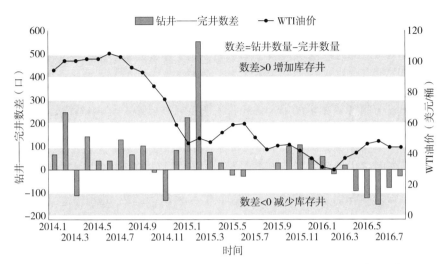

图4-39　美国页岩油钻井—完井数差变化（2014年1月至2016年8月）

资料来源：美国能源信息署。邓正红软实力研究应用中心。

2016年美国页岩油钻井规模虽然大幅萎缩，但页岩油产量受到的影响不大，这要归功于458口库存井所释放出来的产能。如果以每口完井每天1千桶的模拟产量水平计算，458口库存井每天的产量就是45.8万桶，如果将页岩油峰值产量547万桶/日减去这个模拟产量，所得差值501.2万桶/日刚好与1—8月的月均产量500万桶/日相当。换言之，如果没有458口库存井的完井投产，1—8月页岩油要继续减产45.8万桶。因此，在钻井不足的情况下，启用库存井，对页岩油减产起到了缓冲作用。

页岩油库存井是大肆钻探留下的产物，量化宽松期间，页岩油完井主要以消耗钻井为主，同时钻井又有大量盈余，于是积存下来就成为了库存井。2016年以来，页岩油钻井规模落后于完井规模，就只能靠动用库存井来维持适度的高产，这也可看作美国页岩油已从钻井时代进入了逐步消耗库存井的时代，前8个月仅消耗458口库存井就保持了页岩油月均产量500万桶/日的高水平，这458口库存井占5548口总量库存井不到9%，可谓小试牛刀，若是这5548口库存井产能全部释放出来，按上述1千桶的模拟产量计算，就是每日554.8万桶，这个产量水平比页岩油547万桶/日的峰值产量还要高7.8万桶，这意味着，随着库存井产能的逐步释放，在未来两年内美国页岩油产量将再创新的峰值纪录。

截至2016年8月，美国页岩油累积库存井仍维持在5000口以上，为5031口，按现在每月500～600口的完井规模，美国页岩油即使不增钻1口井，这5000多口库存井也能足够维持10个月的完井消耗。油价暴跌以来，美国页岩油无所顾忌地持续大幅减钻停钻，就因为储备了充足的弹药——库存井，手中有粮，心中不慌，美国页岩油商才有胆量收缩钻探业务，集中火力革新技术，提升单井产能。

另外，美国页岩油的这些库存井大部分都处在页岩油区块的"甜点"区，都是高产井，主要分布在巴肯、鹰滩、二叠纪3个产量最多的页岩油田（见图4-40），而且占比还在持续提高，因而支持了产量的增长。2016年1月美国页岩油库存井创5548口的峰值，三大页岩区块拥有库存井达3666口，占全美页岩油库存井总量的66.79%；2016年4月，三大页岩区块的库存井数量创最高纪录，为3719口，占比67.11%。这些库存井有很大部分是2014年由于低油价推迟完井积存下来的。2014年1—8月，包括埃克森美孚、EOG资源在内的主要页岩油公司共钻了3994口井，其中大部分因油价下滑没有进行完井和压裂作业。

图4-40　美国巴肯、鹰滩、二叠纪库存井占比（2014年1月至2016年8月）

资料来源：美国能源信息署。邓正红软实力研究应用中心。

为什么油价暴跌，钻井要推迟完井？这其中就涉及成本因素。传统井的成本主要集中在钻井部分，这部分成本（包括套管和固井）几乎占了所有的成本，而完井、投入生产所占成本极低，因此，传统井只要完成钻井，后续的完井、投入生产就非常快。页岩井不同于传统井，由于页岩油储藏条件相对苛刻，开采难度偏大，因此，其生产成本自然高于普通常规油井。页岩井的大部分成本主要集中在完井部分，页岩井完井需要特定的压力抽水设备和工作人员，以及大液量、大砂量，采用岩层压裂技术完井，这无疑增加了大量额外成本，页岩井完井的成本要占总成本的65%~70%。在本轮油价下跌周期当中，油价低迷，全球石油行业都在大力缩减成本开支，据2016年9月13日国际能源信息署发布的报告称，全球油气田投资将出现连续两年下降的情况，为近半个世纪以来能源支出下降持续时间最长的一次。2015年全球油气田投资下降25%至5830亿美元，2016年有望进一步下降24%至4500亿美元左右。美国页岩油企业主要通过提高生产效率，大幅压缩生产成本来抵御低油价带来的危机，由于资金紧张，难以支持完井成本，页岩油生产商不得不推迟完井。

2014年前8个月，页岩油的钻探规模和完井规模均达到了疯狂的程度，累计钻井、累计完井均在12000口以上（见表4-8），新增库存井仅648口。从10月开始，油价出现断崖式下跌，从90美元/桶下落至53美元/桶，由此出现推迟完井的现象。包括大陆资源、EOG资源、阿帕奇、阿纳达科石油在内的一些勘探公司和生产公司适应油价下跌，为改善财务状况，故意推迟完井时间。"这是一个值得期待的较为稳健的商业决策。我们这样做的话将会有更好的资本回报。"EOG资源首席执行官说。在成本与收入方面，页岩油并不同于其他常规能源。也正因为如此，页岩油生产商才推迟完井时间以寻求突破。

表4-8　2014—2016年1—8月美国页岩油库存井数量变化比对（口）

年月	累计钻井	累计完井	新增库存井	累计库存井
2014.1—8	12791	12143	648	4335
2015.1—8	9284	8460	824	5201
2016.1—8	3892	4350	−458	5031

资料来源：美国能源信息署。

推迟完井可以暂缓投资，而且随着油服公司竞争压力加大，完井成本有20%～30%的下降空间，从而延缓成本，有助于短期内节流资本。在油价下跌情况下，生产商向钻探方——油服公司支付罚款后就可取消合同，以此推迟完井来减少未来支出。页岩油生产商都希望未来完井成本包括从压力泵设备到砂压裂等各方面，价格都有所下降；通过推迟完井时间以调整部分生产，并希望油价能有所上涨。在收入方面，页岩井的产量远高于常规油井的产量。对于常规油井来说，第30天到90天期间的初始产量往往较高，但随后下降很快（见图4-41）。要想维持页岩油产量的稳定甚至是增产，页岩油企业每年需要新增大量油井，这对企业的现金流提出了严格的要求。页岩油收入取决于完井时的价格以及投产时的价格。如果说油价有望恢复，那么推迟完井而非仓促完成并投入生产，就是一个明智之举。

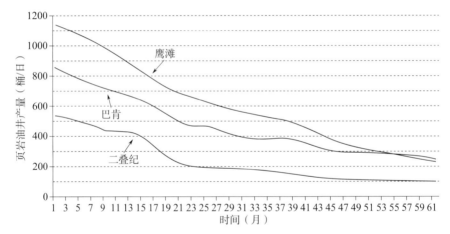

图4-41 美国巴肯、鹰滩、二叠纪地区页岩油井产量递减率曲线

资料来源：美国能源信息署。

2015年12月31日当周美国页岩油运转钻机数量为536台，到2016年4月29日当周运转钻机332台，4个月钻机减少204台，减幅为38%。2016年1—4月累计有132口库存井进行完井，投入开采，使得美国原油产量仅下降2.9%。这4个月，WTI油价从跌至26美元/桶又涨至46美元/桶，美国投运132口库存井，对产量下降起到了缓冲作用。

对比2015年5—8月、2016年1—4月美国页岩库存井完井（见表4-9），就会发现库存井的投运都是在油价处于低位的时候，而且释放的产能巨大，这说明在低油价的情况下，或者油价由高走低，或者油价由低缓慢走高，美国页岩油钻探活动减弱，完井必须动用库存井以弥补钻井不足。2015年5～8月投运80口库存井，并超过运转钻机75台的最大减幅，使得原油产量保持了941万桶/日的高产；2016年1—4月运转钻机从2014年最高值1609台减至332台，随着油价从谷底回升，投运132口库存井，使原油产量仍保持着900万桶/日的较高水平，表明单口库存井的生产效率大大提升，页岩油生产成本对低油价的适应性日趋增强。

表4-9　2015年5—8月、2016年1—4月美国页岩库存井完井与产量对比

年月	WTI油价变化 （美元/桶）	运转钻机最 大减幅	库存井 完井	最后一月末 运转钻机	最后一月 原油产量	生产评价
2015年5—8月	跌势：62～37	75台	80口	675台	941万桶/日	维持高产
2016年1—4月	升势：26～46	204台	132口	332台	900万桶/日	缓冲减产

资料来源：贝克休斯。美国能源信息署。邓正红软实力研究应用中心。

注：表中产量数据为美国能源信息署2016年6月8日公布。

美国页岩油生产的盈亏平衡点因不同地质构造、钻井技术、服务成本、金融成本以及基础设施条件不同而大相径庭，有的公司能够把盈亏平衡点控制在30美元/桶以下，而成本高的区块盈亏平衡点则在80美元/桶之上。随着油价持续走低，美国页岩油公司会利用油服市场价格水平较低的机会，开发部分库存井，确保将产量稳定在一定水平。

美国库存井到底有多大的潜在产能？每口新增油井首年的产能是最高的，之后逐渐递减。前面按每口库存井每日1千桶的模拟产量计算，这是首年产能的最高水平，当然这是按每口井的油储量和开采效率都处于最高水平设计的，是高度理想化的。假设如此，按2016年8月美国页岩油库存井积存数量5031口计算，如果将井里的石油全部开采出来，全球石油市场每天将增加额外500万桶的供应量。如果按最保守的算法，即每口库存井每日0.1千桶的产量，全球石油市场每天也将增加额外50万桶的供应量。美国大量库存井的存在，已成为石油产量下跌的缓冲。因此，美国5000

口库存井的潜在产能大致为50~500万桶/日。

同样,吕斯塔德能源(Rystad Energy)从不同油价的角度,按照稍微积极的算法,对美国页岩油库存井的潜在产能进行了评估,尤其是对第一年库存井可能形成的产量进行了研究(见图4-42)。研究结果表明,WTI油价 在30美元/桶时,库存井在第一年可转化成47.5万桶/日的年均产量(见表4-10)。油价越高,对应的产量越大。当然库存井对美国页岩油生产的影响取决于公司的完井计划,不过终究还是与油价有关。如果油价回升,库存井的投产速度将会大幅加快,从而减缓石油产量的下降速度。

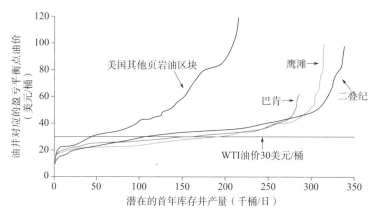

图4-42 不同油价下美国页岩油库存井形成的产量预估

资料来源:吕斯塔德能源。

表4-10 不同油价下美国页岩区块库存井产量评估

WTI油价 (美元/桶)	巴肯产量 (万桶/日)	鹰滩产量 (万桶/日)	二叠纪产量 (万桶/日)	其他区块产量 (万桶/日)	合计 (万桶/日)
30	15	18	10	4.5	47.5
40	26	26	24	9	85
50	28	30	30.5	13.5	102
60	28.5	30.5	32	15	106

资料来源:吕斯塔德能源。邓正红软实力研究应用中心。

从2005年美国页岩项目大规模开发以来,美国页岩革命大致分为两个阶段:第一个阶段是2005年至2014年6月(油价暴跌前),称为"页岩革命1.0"。在1.0时代，以水平井分段压裂为代表的作业技术和自2005年之后暴涨的油价孕育并且推动了页岩项目的辉煌。第二个阶段是从2014年下半年开始的时代，即"页岩革命2.0"，在2.0时代，由于全球油气供需平衡被打破，油价很可能会长期徘徊在相对低位，技术成为页岩项目的唯一发展动力，新设备、新工具、新作业方法、新物探技术等新技术在页岩2.0时代大放异彩，不仅页岩项目从盈亏平衡线上拉回来，并且终将再次实现页岩油气新的辉煌。

在页岩革命1.0时代，也就是躺着都能赚钱的高油价时代，页岩商的主要目标是提升开采效率，将油气资源尽快从地底释放变现，即用相同的成本，在相同的时间内钻更多的井，更长更深的井，进行更多次的压裂，进而产出更多的油气。但是，当油价遭腰斩之后，有效性替代效率成为页岩项目继续革命的关键。

所谓有效性，是相对于现有页岩项目中普遍存在的无效和低效作业方式而言的。提升开发有效性，旨在进一步降低页岩项目的成本。在页岩油气井的总成本中，钻井所占的比例只有30%～35%，另外的65%～70%是水力压裂成本，而压裂成本则取决于油服市场价格。一些领先的油服公司在页岩项目开发中深入利用大数据技术，并且获得较好效果。哈里伯顿通过利用大数据技术，部分页岩项目的成本降低了40%以上；贝克休斯利用大数据技术，使部分老页岩井的产量翻了一番；斯伦贝谢也通过大数据技术在部分页岩项目上减少了50%的成本；康菲石油通过运用一系列以大数据为代表的先进ICT技术，在存量页岩井上实现了30%的产量增长。

50美元/桶的油价是美国页岩油开发商盈利的分水岭：稳定在其上，生产运营就有经济效益。随着油价每上升1美元，美国页岩油重新回归市场的可能性也变得越来越大。需要注意的是，一旦油价反弹至每桶50美元，一些生产商就会对油井进行再压裂，并且会对数千口库存井进行完井作业。而这样一来，几个月后，美国页岩油产量可能每日增加50万~60万桶，并迫使油价再次下行。澳大利亚投资分析师安古斯·尼克森（Angus Nicholson）表示，"一旦接近45美元/桶或更高，油价大幅回调的风险开始增加，因为页岩油企业又开始变得有利可图了。"他补充道，"更多的原油供应将会回到市场。这一幕在2015年也发生过，当时价格上涨后大量供应回到市场，结果导致油价跌至历史低点。"

库存井决定未来美国原油产量。美国的页岩油生产商把油井钻好，但不对它们进行水力压裂，让石油乖乖呆在地底下，等油价上涨之后立即把石油开采出来投入生产。这是一种被人们低估了的巨大的石油库存，就像潜伏于地下的无数条黑龙，一旦油价高企，它们便会乘势翻身，跃出地面，窜入油市兴风作浪，成为未来抑制油价复苏的利器。

第五章

一场有预谋的石油美元行动

　　美国页岩油和欧佩克常规油的产量战，其实是一种硬实力的比拼。美国页岩油持续减产，欧佩克产量占了上风，这能说明美国输了、沙特阿拉伯赢了吗？美国页岩油会轻易退却吗？美国页岩商除了以减产、停钻、紧缩、亏损、破产等示弱外，就是出奇的静，似乎透露出一种高度理性的克制，这不合常理，注定有着阴谋，而这一切的幕后推手正是美联储。

【本章重要看点】

油价与美国经济增长、通胀率、就业增长三大经济数据息息相关，透过美联储议息决策，美联储更关注油价与通胀。欧佩克喊"冻产"、美联储喊"加息"都是虚幻效应。美国能源信息署以"数据减产"满足沙特阿拉伯"精神胜利"。低油价对美国页岩商的生存不再是问题，焦点已变成如何在更好的价位复出。美国页岩油选在2016年6月启动"复出模式"，按照原油总产量减产的节奏，美国页岩油第二轮持续减产至少长达10个月，也可能1年抑或更长时间，2017—2018年页岩油将实现完全复出。美联储进入新一轮加息周期以来，首次实质性加息发生在2017年的可能性很大。

第一节　一个小动作揭开页岩油产量真实面纱

国际油价暴跌长达20个月，美国页岩油所展现的韧性却超乎寻常。在此期间，尽管美国页岩商遭受了低油价的打压，但页岩油产量并没有受到实质性的影响，反而比高油价时期表现出更灵活的适应性，产量是能高则高，该减则减。在2015年5月以前，美国页岩油火力很猛，产量暴涨；4月以后，美国页岩油与沙特阿拉伯常规油的产量之战则以退为进，而且随着活跃钻机数量大幅下降，页岩油大有溃败之势；

从2015年12月到2016年4月，油价跌势加剧，并在触底后迅速回弹，这5个月美国页岩油产量更是扑朔迷离，让人捉摸不定，随着油价升至40美元/桶以上，页岩商复出的呼声不断。

美国页岩油在油价下跌期间更多的是装出被逼无奈而减产的样子，以此迷惑欧佩克，使得沙特阿拉伯等欧佩克产油国和其他产油国在不愿减产的心态下叫嚣要"冻产"，而美国则作为置身事外的旁观者静观其变。说实在的，美国在调和世界的矛盾中一贯的做法是阴谋和阳谋双管齐下，前提是自己不吃亏，或者少吃亏，或者吃眼前亏而图长远，这体现了美国在国际事务中高超的软实力。

这场供给过剩的原油产量大战可谓惊心动魄，世界主要产油国每天的产量、出口、库存无时不触动市场的心弦，无时不在影响油价的涨跌。美国页岩商除了以减产、停钻、紧缩、亏损、破产等示弱外，就是出奇的静，而且似乎透露出一种高度理性的克制，这不合常理，其中注定有着阴谋。

美国页岩油和欧佩克常规油的产量战，其实是一种硬实力的比拼。美国页岩油持续减产，欧佩克产量占了上风，这能说明美国输了、沙特阿拉伯赢了吗？美国页岩油会这样轻易退却吗？在美国阴谋揭开之前，这样的结论还下得尚早。为什么呢？美国能源信息署数据方面一个非常细微的动作就可以说明这场原油大战绝非我们想象的那么简单。

2016年6月7日，正值中国高考，美国油价触及2016年以来的高位，近1年来首次收于每桶50美元之上，为50.43美元。6月8日，美国能源信息署公布了5月份的原油产量记录为875万桶/日，与之前的预测值一致，不仅如此，还对前几个月的原油产量进行了调整，这已是过去1个月内进行的第二次调整，也就是3个版本的原油产量记录（见表5-1）。比对两次调整的原油产量数据，就会发现2015年12月至2016年4月正是油价跌宕加剧，两次多哈协商冻产的时候，美国能源信息署最先公布的原油产量是最低的，其后的两次调整，产量都上调了。

表5-1　美国能源信息署对2015年12月至2016年4月原油产量记录调整比对（万桶/日）

数据获取时间	2015年12月	2016年1月	2016年2月	2016年3月	2016年4月
2016年5月8日（1.0版）	923	918	912	904	895
2016年5月13日（2.0版）	925	918	913	907	898
2016年6月8日（3.0版）	925	919	913	913	900

资料来源：美国能源信息署。

　　5月8日的第一个产量版本，2015年12月923万桶/日，2016年1—4月的产量分别为918万桶/日、912万桶/日、904万桶/日、895万桶/日。5月13日的第二个产量版本，2015年12月产量上调了2万桶/日，2016年2月产量上调了1万桶/日，3月产量上调了3万桶/日，4月产量也上调了3万桶/日。6月8日的第三个产量版本，2016年1月产量上调了1万桶/日，3月产量继续上调了6万桶/日，4月产量亦继续上调了2万桶/日。第三个版本与第一个版本相比，2015年12月增加了2万桶/日，2016年1月增加了1万桶/日，2月增加了1万桶/日，3月增加了9万桶/日，4月增加了5万桶/日。

　　对比3个版本的产量记录，不知读者是否看出端倪。很明显，美国能源信息署在不同时间公布或调整不同版本的产量记录，是有心计的。2015年12月至2016年2月的这段时间，国际油价处于最低位的时候，从40多美元/桶跌至26美元/桶，主要产油国各方虽言不由衷，但都认为应该限产或减产，以缓解供给过剩的问题。产量上哪怕减少1万桶，量虽不大，至少也表明了对冻产的支持态度。否则，哪怕增产1万桶，油价还会继续下跌。在此敏感时期，美国是懂的，每月偷偷藏掖着1～2万桶/日的产量。

　　美国这种不动声色、自甘示弱、瞒天过海的做法，已在一定程度上稳住了沙特阿拉伯。加之尼日利亚、加拿大和哥伦比亚出现石油供应中断的影响，全球原油生产过剩的问题至少在眼下已得到缓冲。油价正加速爬坡过坎，向50美元/桶挺进。这一切都给了沙特阿拉伯对市场的信心。6月2日，欧佩克石油大会在奥地利城市维也纳举行，虽然会议在石油冻产协议方面未能取得一致，但会后，沙特阿拉伯新任石油大臣、以强势著称的哈利德·阿尔·法力赫在接受美国有线电视财经频道

（CNNMoney）主持人约翰·德菲特瑞斯（John Defterios）的专题访谈中，信心满满地表示，"原油价格到2016年年底将会上涨至每桶60美元，这一上涨趋势甚至根本不需要欧佩克组织采取任何措施去推动。""正确的做法就是继续监控市场，并让市场自己决定石油价格的涨跌，这是目前对我们最有利的做法。"

法力赫的弦外之音是，目前非欧佩克组织成员国的石油产量出现下降，从而推升了原油价格上涨。在他看来，原油供给和需求之间已经出现"融合"，供给方面的中断已经对石油价格产生提振作用。

然而，随着油价上升，尤其到50美元/桶的关口，美国的态度似乎不那么沉默了，其过往的实际产量逐渐浮出水面。2016年1—2月份，油价跌破30美元/桶，一些分析师曾表示，这不仅仅是又一个市场里程碑，还标志着很多美国页岩油生产商的末日进入了倒计时。富国银行称，40美元/桶以下的油价"几乎让任何一家（美国页岩油）生产商都难以为继"。市场方面几乎不相信美国页岩油在30美元/桶以下的油价还能继续坚持。但事实是，2015年12月至2016年2月，油价从40美元/桶跌至26美元/桶，市场处于最艰难的时候，美国页岩油不仅减产相当缓慢，而且暗地里还能多产1~2万桶/日，这足以说明美国页岩油的生存能力比料想的要坚强。

有关盈亏平衡模型显示，即使油价跌至30美元/桶以下，美国得克萨斯州和新墨西哥州的页岩油生产也能保持盈利。其中，主要产区得克萨斯州的鹰滩德威特县页岩油开采成本为22.52美元/桶，里夫斯县开采成本为23.40美元/桶。

从美国公布的原油实际产量数据看，油价越往上升，页岩油产量爆发力越大。2016年3—4月，油价从33美元/桶升至46美元/桶，美国页岩油每天暗中就多产了5~9万桶，这说明美国页岩油对油价的适应性很强，对不同的油价都有能力保证页岩油的产量。也应验了美国页岩油"30美元/桶保底，40美元/桶复苏，50美元/桶开钻，60美元/桶全面复工"的说法并不虚。

前面讲了美国页岩油库存井超过5000口，如果按照30美元/桶的油价进行完井，首年的潜在产量就可达到近50万桶/日；假设这5000口油井在1月投入生产，加上已有的919万桶/日的实际产量，美国原油产量即可第二次创造969万桶/日的峰值。4月份，油价突破40美元/桶关口至46美元/桶，按照这个价码，美国库存井的产量可达近90万桶/日，加上已有的实际产量900万桶/日，产量规模可达990万桶/日，这将是美国有史以来原油产量最高纪录。

5月份，油价接近50美元/桶，美国能源信息署首次公布的产量数据为875万桶/日，若按高油价与高产量相匹配分析，这一产量数据明显偏低，试想1—2月份30美元/桶左右的油价，产量都在910万桶以上，5月的油价涨了80%之多，难道产量还不及1、2月份？谁信呢！这数据虽然没有水分，却打了折扣，而且是不小的折扣。显然，美国能源信息署做了手脚，实际产量至少不会低于4月份，也就是每天在900万桶以上。可以肯定的是，后面随着产量数据调整，这些被掩藏着的产量会陆续冒出来。如果算上50美元/桶油价库存井102万桶/日的潜在产量，那么5月份美国原油产能规模已达到1000万桶/日。这个产量水平基本上可以与世界最大的产油国之一——沙特阿拉伯并驾齐驱了。

当然，以上都是根据美国能源信息署那个数据小动作来推断的，同时根据不同油价所针对的页岩油库存井潜在产量分析美国的原油产能。这样一分析，不得不惊叹美国页岩油的产量储备实在太强大了，美国随时都可以根据市场行情和自己的利益诉求进行生产。

按理说，随着油价回升，美国页岩油开钻就越多，产量也就越高。然而，美国能源信息署在第一时间公布的原油产量数据却是产量随着油价上涨而持续下降，而且减幅持续加大（见表5-2）。比如，2016年3月的油价较2月上涨了23.8%，但原油产量比上月减少了8万桶/日；4月的油价较上月上涨了8.5%，但原油产量比上月减少了11万桶/日；5月的油价较上月上涨了14.6%，但原油产量比上月减少了20万桶/日。显然，上述3个月首次公布的原油产量数据均为不正常。美国能源信息署6月8日新调整的产量数据，3月产量和2月产量均为913万桶/日，除了补齐3月最先减少的8万桶，还增加了1万桶。这也说明上述评价为不正常月份的原油产量是成立的。

表5-2　美国月度首次公布的原油产量数据与WTI油价变化分析

月份	WTI油价（美元/桶）		原油产量（万桶/日）		评价
	油价	与上月对比	产量	与上月对比	
2015年12月	37.19	−12.4%	923	−10	正常
2016年1月	31.68	−14.8%	918	−5	正常
2016年2月	30.32	−4.3%	912	−6	正常
2016年3月	37.55	23.8%	904	−8	不正常
2016年4月	40.75	8.5%	895	−11	不正常
2016年5月	46.71	14.6%	875	−20	不正常

资料来源：美国能源信息署。邓正红软实力研究应用中心。

注：表中WTI油价为月均价。

　　美国能源信息署作为美国政府的官方信息机构，为何要在原油产量数据上"造假"呢？主要是迷惑和麻痹沙特阿拉伯等欧佩克产油国，使其转移注意力，比如关注伊朗的增产，从而达到干扰欧佩克决策、削弱欧佩克影响力的目的。全世界都认为，这场油价暴跌是美国页岩油产量猛增所致。美国利用数据上的持续"减产"可以给自己洗刷"清白"，在油价持续上涨的情况下，页岩油仍在持续减产，以此表明美国在以实际行动努力缓解全球原油供给过剩的问题。另外，还可以造成一种错觉，就是美国页岩油已到"山穷水尽"的地步，无力东山再起。

　　在国际事务中，美国干什么事情都是阴谋与阳谋交错，阳谋就是转移视线，为阴谋实施扫清障碍，其真实意图就在于阴谋。《孙子兵法·计篇》云："兵者，诡道也。故能而示之不能，用而示之不用，近而示之远，远而示之近。利而诱之，乱而取之，实而备之，强而避之，怒而挠之，卑而骄之，佚而劳之，亲而离之，攻其无备，出其不意。此兵家之胜，不可先传也。"按孙子的说法，阴谋"不可先传"，不能过早暴露，否则难以达到目的。

　　面对以沙特阿拉伯为首的欧佩克产量和低油价打压，《孙子兵法》中的计谋几乎全被美国派上了用场。产能巨大且生产成本下降，却数据"减产"，此谓"能而示之不能"；生产效率极大提升，但活跃钻机数量大幅减少，此谓"用而示之不用"；解除对伊朗制裁，并连本带息17亿美元（账款4亿美元，利息13亿美元）偿还30多年前扣押的一笔旧账，此谓"利而诱之"；加剧沙特阿拉伯与伊朗之间的矛盾，此谓"亲而离之"；通过高盛等投行放风，美国页岩油生产成本高，承受不了低油价，此谓"卑而骄之"。凡此种种示弱的做法，美国的目的就是要扰乱欧佩克阵营，搅浑世界油市，在供给过剩的市场环境中继续做大做强页岩油，实现乱中取利。

油价始终是页岩油产量的导向棒，但油价高又不能明目张胆地增产，这样的话就会抑制油价，受到市场的指责。因此，美国采取反其道而行之的做法，油价愈走高，原油数据"减产"愈大。美国以数据"减产"（见表5–3）为掩盖，就可以大肆增产页岩油。不过，油价涨至一定程度，美国页岩油增产阴谋也渐渐浮出水面。5月30日至6月3日这一周，WTI原油均价达到49.06美元/桶，邻近页岩油开钻的分界点——50美元/桶，美国页岩油活跃钻机增加9台，为325台，这是过去10周以来活跃钻机数量首次增加。6月6日至6月10日这一周，WTI原油均价达到50.20美元/桶，已经达到页岩油开钻的分界点，美国页岩油活跃钻机又增加3台，为328台。可以肯定的是，美国能源信息署首次公布的5月原油产量数据875万桶/日，其实际产量远不止于此，还会上调。而实际情况恰如作者所料，美国能源信息署在首次公布后续两个月——6月、7月原油产量的时候，就对5月的原油产量进行了两次调整，7月上调至881万桶/日，8月再上调至889万桶/日，对比而言，首次公布的5月原油产量数据被"减产"了14万桶/日。

表5–3　美国能源信息署公布2016年美国原油产量（万桶/日）和WTI油价（美元/桶）

项目	1月	2月	3月	4月	5月	6月	7月	8月	9月	10月	11月	12月
油价	31.68	30.32	37.55	40.76	46.74	*46*	*46*	*46*	*46*	*47*	*47*	*47*
产量	919	913	913	900	875	*860*	*847*	*822*	*810*	*819*	*826*	*824*

资料来源：美国能源信息署。

注：表中数据为美国能源信息署2016年6月8日公布，斜体数字为预测值。

第二节 美联储是页岩油出没的幕后推手

美国页岩油活跃钻机在2014年10月10日以前可谓高歌猛进，活跃钻机数量达到了1609台的最高纪录；10月10日以后则渐次进入"休钻模式"，页岩油活跃钻机大幅减少，到2016年5月27日当周降至316台，创2011年以来的最低纪录。美国开启"休钻模式"以来，页岩油出奇地沉默，而美联储却显得异常活跃，关于"加息"的争争吵吵备受全球瞩目。

早在2014年9月，美联储就抛出了未来的政策走向，"将在相当长一段时间后加息"。2014年10月9日，在国际货币基金组织/世界银行2014秋季年会上，美联储副主席斯坦利·费希尔（Stanley Fisher）就"相当长一段时间"答道，这段时长会在两个月到一年之间。他又补充说明：美国的经济目前不会迅速直线上升，而是会缓慢增长，这个时长是基于现有数据的预测，但最终决定必须依据当时的实际数据。如果数据和预测不一样，加息就不会发生。

读者别忘了10月9日这个重要的时间节点，也就是美国页岩油活跃钻机最疯狂的时候，创历史纪录的1609台钻机全速开动，为5个月之后2015年4月原油产量达到969万桶/日的峰值打下了基础。不知读者注意到没有，同样是这个月，28—29日美联储召开了为期两天的议息会议，会后美联储宣布，削减最后的购债规模150亿美元并从11月起结束QE3和QE4。至此史上最大规模的货币试验宣告结束（见表5-4）。

表5-4 美联储的量化宽松政策（QE）进程

时间	量化宽松政策
2008年11月25日	美联储宣布购买1000亿美元GSE、5000亿美元MBS
2009年3月18日	美联储扩大MBS规模至1.5万亿美元，购买最多3000亿美元长期国债
2010年3月31日	QE1在2010年第一季度结束

续表

时间	量化宽松政策
2010年11月3日	美联储实施6000亿美元QE2
2011年6月30日	QE2在2011年第二季度结束
2011年9月21日	美联储宣布延长扭转操作（OT）至2012年6月底
2012年6月20日	美联储宣布延长扭转操作（OT）至2012年底
2012年8月31日	美联储宣布延长扭转操作（OT）至2012年底
2012年9月14日	美联储推出QE3，以每月400亿美元的速度购买更多机构抵押贷款支持债券
2012年12月12日	美联储推出每月采购450亿美元美国国债的QE4，并继续推行每月采购400亿美元抵押贷款支持证券QE3，月度购债规模总计850亿美元
2013年12月18日	美联储宣布从2014年1月起小幅削减月度资产购买规模，将长期国债的购买规模从450亿美元降至400亿美元，将抵押贷款支持证券的购买规模从400亿美元降至350亿美元
2014年10月29日	美联储宣布QE3、QE4至2014年10月31日结束，从11月开始不进行资产购买

资料来源：美国联邦储备系统。

通过研究美联储的量化宽松进程以及后续的有关加息，就会发现美联储的货币政策动态与页岩油的出没存在着紧密的联系。在近6年的量化宽松中，美联储为市场注入了4万亿美元的流动性，这期间美国页岩油利用充沛的资金来源从钻探到水力压裂获得了快速发展，到2014年10月，美国原油产量创造了自1997年以来的最高纪录，首次突破900万桶/日，为913万桶/日，同时页岩油活跃钻机数量达到最高峰值，为1609台，库存井4429口，当月完井数量创最高纪录，为1713口。美联储为什么要在页岩油最活跃的时候结束量化宽松？主要是通过6年来美联储货币宽松带来的巨大的资金支持和高油价支撑，美国页岩油已经形成大规模性的生产能力，具备了冲击全球石油市场的强大实力，因此，页岩油规模性开发暂告一段落。量化宽松对页岩油来说，就好比放水、育秧、播种；结束量化宽松意味着页岩油进入了市场收割期。

美国原油产量为什么会在2015年4月达到969万桶/日的峰值？首先，结束量化宽松也是页岩油井新陈代谢的开始，所谓新陈代谢，就是逐步让一批低产的页岩油井退出。从2005年美国页岩革命算起，到2014年，一大批油井无论是开采页岩气还是开采页岩油，即使还在生产，至少也有5年以上，而页岩油气井一般只有3～5年的寿命期，越到后期产量越低，生产成本也越高，非常不经济。在持续了近10年的迅猛开发后，美国储备了大量未完页岩井，为页岩油的持续生产备足了弹药。似乎这一切美联储都预先设计好了，既然页岩油第一阶段的开发已走向巅峰，进入成熟阶段，美联储扶持页岩油的目的达到，因此见好就收，对页岩油进行"断奶"，结束量化宽松。接下来的重点就不是页岩油的开发，而是页岩油的生产，即慢慢消化那些库存井，淘汰老油井，为页岩油持续生产注入新的动力。

其次，页岩油库存井从完成水力压裂到投入生产需要4—5个月的时间，简单地从时间上推算一下，从2014年11月结束量化宽松开始到2015年4月，恰恰经历了5个月，这正是从完井到投入生产的时间。从2014年11月开始，美国页岩油活跃钻机开启了"休钻模式"，一批批老油气井正依次退出，到2015年4月，活跃钻机数量从10月最高纪录1609台降至703台，减少了906台；随着一大批老井退出，一批新的完井转入生产。2014年11月至2015年4月，美国页岩钻井、完井进入最后的冲刺阶段，6个月共计钻井8646口，完井7794口，积累库存井852口，钻井完井率高达90%。2015年2月，页岩库存井首次突破5000口，为5168口，4月累计库存井达5281口。从5月开始，美国页岩钻井、完井速度明显减缓，钻井、完井数量均降至1000口以下，为过去16个月最低水平。这说明，从量化宽松结束以来，美国页岩商把握5个月的完井生产周期，加速钻井和完井，到2015年4月，这些新完井的潜在产量火力全发，由此将美国原油产量推上最高峰值。

再就是美联储不加息，确保了油价，为页岩油增产提供了市场动力。美联储自结束量化宽松以来，市场一直关注其货币政策什么时候加息。从美联储2015年3月发布的政策声明内容来看，不仅4月加息几无可能，6月加息的可能性也很低，甚至8月和9月加息的可能性也不高。这就等于告诉那些押注美联储将较早加息的投资者调整押注。在升息前，美联储希望先确定失业率改善将能持续，通货膨胀亦能重返2%的目标。也就是说，即使失业率下降至5%，亦不致增加通货膨胀压力。这意味着美联储维持利率于低档会有一段更长时间。有人认为，美联储是在刻意通过言论来压低美元，削弱美元的升势。但不管怎样，美联储的这种做法恰恰令市场倍加欢喜。

美元走弱，油价上扬，这是美元与油价走势负相关决定的。果然，4月份WTI油价一路急速攀升（见图5-1），从3月18日每桶最低价42.03美元上涨至4月1日的49.55美元，随后全月都处于高歌猛进的升势中，到4月30日涨至59.77美元，接近60美元的关口，并为5月、6月油价在60美元左右盘旋提供了支撑。油价猛升，美国页岩油更有干劲生产。天时（油价）、地利（钻井完井）、人和（美联储官员支持）三要素将美国原油产量推至巅峰。当然，这一切都是美联储预先谋划好了的。

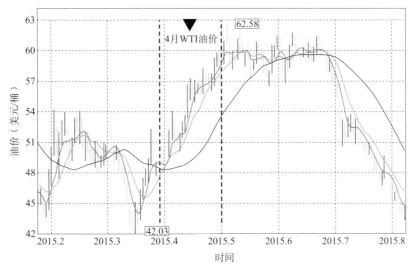

图5-1　2015年4月WTI油价急速上涨

资料来源：新浪财经。

注：图中标注的最高价、最低价均为盘中价。

前面主要讲了美联储通过操作货币政策支持页岩油产量暴涨，前后分为两个阶段：第一个阶段是从2008年11月25日至2014年10月31日，通过长达6年的量化宽松政策支持页岩油完成大规模开发，储备潜力巨大的页岩油产能，为页岩油可持续生产和产量保持打下了坚实基础。美国原油产量从2008年11月的509万桶/日猛增至2014年10月的913万桶/日，6年间美国原油产量净增439万桶/日（注：以2008年10月的产量为比对），增幅达92.6%，这些原油增量有83.8%来自页岩油。

第二阶段是从2014年11月至2015年4月，这是在美联储结束量化宽松以来，利用市场对加息的预期，以接近0的超低利率推升油价，将第一阶段储备的页岩油产能渐次释放出来，从而将美国原油产量再次推上高峰。美国原油产量从2014年11月的920万桶/日增至2015年4月的969万桶/日，仅5个月原油产量就增加了56万桶/日（注：以2014年10月的产量为比对），这些原油增量有62.5%来自页岩油。

页岩油在美联储的强力支持下横空出世，全球原油市场也因此陡然增加了400万桶/日的供应量，需求速度赶不上供应速度，欧佩克产油国又不愿减产，原油供给过剩的格局就此形成，导致油价下跌。这轮长达20个月的国际油价为何偏偏始于2014年6月？这其中又是美联储在捣鬼。

进入2014年，美联储的量化宽松政策开启了"削减模式"（见表5-5），这也标志着美联储的量化宽松开始了退出的节奏。在1月、3月、4月、6月美联储举行了4次议息会议，将每月购债规模从2013年的850亿美元削减至2014年7月的350亿美元（见图5-2）。读者注意，美联储6月议息会议的时间点是17日至18日，18日会议结束后，美联储发布了政策声明，美联储主席耶伦在新闻发布会上表示，如果经济增长高于预期，可能很快升息。耶伦的这句话意味着美元走强势头即将出现，但对国际油价来说却是乌云盖日，当日WTI油价下挫0.53%，20日又回升至107.26美元/桶的高点，这恰似暴跌前的回光返照。从23日开始，耶伦的"可能很快升息"演化为油价立马下跌，当日油价重挫1.17%，由此拉开了油价长达20个月的下跌序幕。

表5-5 美联储第四次量化宽松（QE4）实施全程

时间	第四次量化宽松政策（QE4）进程
2012年12月12日	美联储推出每月采购450亿美元美国国债的QE4，并继续推行每月采购400亿美元抵押贷款支持证券，月度购债规模总计850亿美元
2013年12月18日	美联储宣布从2014年1月起小幅削减月度资产购买规模，将长期国债的购买规模从450亿美元降至400亿美元，将抵押贷款支持证券的购买规模从400亿美元降至350亿美元，月度购债规模总计750亿美元
2014年1月29日	美联储宣布将每个月量化宽松政策缩减100亿美元至650亿美元
2014年3月19日	美联储宣布削减购债规模100亿美元至550亿美元

续表

时间	第四次量化宽松政策（QE4）进程
2014年4月30日	美联储宣布削减购债规模100亿美元至450亿美元
2014年6月18日	美联储宣布每月购债规模缩减100亿美元至350亿美元，其中每月购买150亿美元抵押贷款支持证券，200亿美元美国国债
2014年7月30日	美联储宣布从8月开始每月购债规模缩减100亿美元至250亿美元，其中每月购买100亿美元抵押贷款支持证券，150亿美元美国国债
2014年9月17日	美联储宣布削减每月购债规模100亿美元至150亿美元，其中每月购买50亿美元抵押贷款支持证券，100亿美元美国国债
2014年10月29日	美联储宣布削减最后的购债规模150亿美元并从11月起结束QE4

资料来源：美国联邦储备系统。

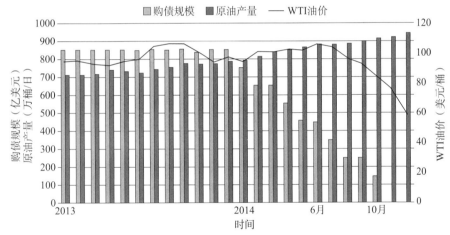

图5-2　美联储第4次量化宽松（QE4）期间美国原油产量及WTI油价走势
资料来源：美国联邦储备系统。美国能源信息署。邓正红软实力研究应用中心。

　　2014年6月国际油价转跌，除了美联储的货币政策操纵，美国还有一件事也直接影响着油价走势，那就是美国40年来首度放宽原油出口禁令，允许先锋自然资源和美国油气管道运输公司企业产品伙伴（Enterprise Products Partners）将超轻质原油经过加工后出口。5月，美国能源部长厄尼斯特·莫尼兹(Ernest Moniz)曾在公开场合表示，目前由于美国增产的页岩油品质与当前的炼厂装置不匹配，政府正在重新审视1974年以来的原油出口禁令。2014年1—5月美国原油出口只是微弱增长（见图5–3），从1月的5.95万桶/日到5月的7.25万桶/日，4个月原油出口仅增加1.3万桶/日，到6月由于首次放宽原油出口禁令，原油出口猛增至17.35万桶/日，比5月猛增10.1万桶/日。读者要注意的是，虽然本月的原油出口并未正式解除禁令，只是原油出口政策出现一点松动，但这一举措的意义非凡，这个月的原油出口井喷式上升意味着已经站上一个新的起点，也开启了美国逐步解除长达40年的原油出口禁令的进程。

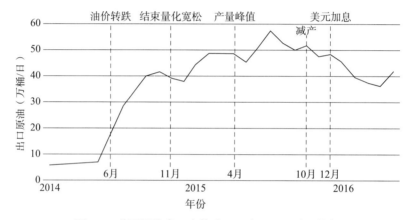

图5–3 美国原油出口走势（2014年至2016年5月）
资料来源：美国能源信息署。邓正红软实力研究应用中心。

在原油出口禁令松动之前，美国每日增产的300多万桶页岩油主要满足国内需求，并通过减少原油进口而增加全球原油供应，但出口禁令松动后，增加的出口原油则直接冲击全球原油市场，挤占了其他产油国在全球的市场份额，也为页岩油进一步增产增添了新的动力。因此，6月国际油价转跌决非偶然，美联储进一步削减量化宽松、放风"可能很快升息"是主导，页岩油出口大幅增加则是压低油价的最后一根稻草。

第三节　美联储持续喊加息却迟迟不加息

前面讲了，美联储推出4次量化宽松和结束量化宽松后不加息，页岩油完成了第一阶段的大规模开发和巨量产能储备，美国原油产量因此实现了两次飞跃性的提升。退出量化宽松后，美联储加息提上议事日程，随着每次议息会议的递进，加息日程日渐清晰，与此相呼应的是国际油价在持续下跌，美国页岩油从"增产模式"转入"减产模式"（见表5–6），从疯狂生产到遁隐江湖，一起一落的页岩油出没，美联储就是幕后的导演，"翻手为云覆手为雨"，页岩油的走向尽在其掌控之中。

表5–6　美联储货币政策与美国原油产量、WTI油价变化（截至2016年5月）

时间	美元政策	原油产量变化（万桶/日）	WTI油价变化（美元/桶）
2008年11月25日至2010年4月27日	第一次量化宽松（QE1）	增产 509～550	升势 33.20～87.09
2010年11月4日至2011年6月30日	第二次量化宽松（QE2）	增产 556～560	升势 80.06～114.83
2012年9月14日至2012年12月11日	第三次量化宽松（QE3）	增产 656～708	跌势 100.42～84.13
2012年12月12日至2014年10月31日	第四次量化宽松（QE3，QE4）	增产 708～913	由升转跌 86.05～112.24～79.44
2014年11月1日至2015年12月15日	基准利率 0%～0.25%	由增产转减产 920～969～933	跌势 81.27～34.53
2015年12月16日至2016年5月31日	基准利率 0.25%～0.50%	减产 925～900以下	由跌转升 37.35～26.06～50.21

资料来源：美国能源信息署。邓正红软实力研究应用中心。

从2014年11月开始，美联储朝着加息的方向沿路喊话。12月议息会议，美联储声明认为可以"耐心地"开始将货币政策立场正常化，将以"耐心"来决定何时该提高借款成本。2015年1月议息会议，美联储在声明中彻底舍弃了利率前瞻指引中"相当长一段时期"的表述，但仍重申在开始实现货币政策正常化上"保持耐心"，任何加息时间都将取决于经济数据。3月议息会议，美联储在声明中删除了

"对货币政策恢复正常化应有耐心"的措辞，但大幅下调了对未来利率的前景预期图，并称修改前瞻指引不意味着美联储决定加息。4月议息会议，美联储在声明中保留了"合理信心"一词，重申加息前需对通胀有"合理信心"。6月议息会议，美联储重申将在就业市场进一步改善以及对通胀将向2%的目标回升，并"有合理信心"后才会升息。7月议息会议，美联储重申将在就业市场进一步改善时才会升息。9月议息会议，美联储重申在就业市场进一步改善、对通胀重返2%有信心时才会加息。12月议息会议，美联储决定加息25个基点，并在声明中指出，当前状况允许循序渐进加息，现在有合理的信心相信通胀将在中期内升至2%。

美联储历经1年的喊话，终于把利率增加了25个基点。为何美联储要持续喊加息却又迟迟不加息？有两重因素：一是美国经济增长缓慢，通胀难以达到预期目标，如果仓促加息，只会更加抑制通胀，加大通缩，经济增长将会停滞；二是美国原油产量第二次暴增后，90%以上的页岩油井进入"休钻模式"，页岩油生产明显转入匍匐期，页岩油对市场的影响衰减，美联储持续12个月空喊加息，实际上是制造美元走强的气氛，以此代替减产的页岩油继续打压油价。

当美联储宣布结束量化宽松的时候，沙特阿拉伯已彻底地从联美抗俄打击伊朗的石油"梦战"中醒悟过来。当初，沙特阿拉伯与美国结成同盟，主要出于政治考量，而且沙特阿拉伯是美国主要的原油进口国之一，无论从政治考量还是从原油输出，沙特阿拉伯与美国结盟都是合理的。但没料到的是，沙特阿拉伯替美国挤压俄罗斯、伊朗，美国页岩油开采却一路势如破竹，高歌猛进，造成在全球原油需求增长的情况下油价反而大跌，油价下跌造成的损失自不待说，页岩油暴增更是直接威胁到沙特阿拉伯的市场份额。也就是说，沙特阿拉伯替美国充当石油打手，在市场一线卖力，美国却一声不响地发动了页岩油偷袭，或许这并非是对着沙特阿拉伯来的，但沙特阿拉伯觉得吃这亏十分委屈。醒悟后的沙特阿拉伯立马掉转枪口，集结欧佩克石油军团，以十万的火力反击美国页岩油。说实在的，其实美国并不想得罪沙特阿拉伯，尽管页岩油产量猛增，但美国现阶段原油进口很大程度上仍然依赖沙特阿拉伯。

　　面对沙特阿拉伯集结欧佩克产油国不减产的反击，美国的心理是很矛盾的。出于保持对海湾国家的政治影响以及石油进口的保证，美国绝对不会和沙特阿拉伯撕破脸，甚至对沙特阿拉伯的吃亏从面子还要给予迎合抑或精神上的补偿。但是，页岩油是美国的核心利益，关系到美国"能源独立"战略的成败，基于这一点，美国在页岩油产量上绝对不会有实质性的让步，即使有也是做出姿态给沙特阿拉伯看，满足沙特阿拉伯精神上的胜利。前文所说的，美国能源信息署在原油产量数据上的小动作，其意图即如此。

　　美国并不想和沙特阿拉伯撕破脸，更不想和沙特阿拉伯正面展开石油战争，所以，面对沙特阿拉伯领欧佩克军团咄咄逼人之势，美国自然会想尽办法避其锋锐。美联储持续喊话，制造加息气氛，就有这层意思。12个月的空喊加息，就好比诸葛亮应对司马懿大兵压境的"空城计"。美联储充当诸葛亮，为页岩油摇羽毛扇，而沙特阿拉伯则是司马懿，从将信将疑到深信不疑，觉得页岩油确实退却了。美联储迟迟不加息，对美国有诸多好处：一是为页岩油休整争取时间。维持了10多年的页岩油井大多数到了退役年龄，活跃钻机大幅减少，意味着页岩油钻探、开采需要时间来调整。二是营造美元走强的气氛，从而持续压低油价。页岩油减产短期内可以产生原油过剩得到缓解的效应，刺激油价上涨，但美国获益不多，便以空喊加息的零和思维继续干扰油价走势，最终谁也别想占到便宜。三是转移矛盾焦点，以空喊加息造成油价持续下跌，使得欧佩克产油国和其他产油国坐立不安，想办法解决原油过剩的问题，比如多哈冻产会议，达不成协议可以激化他们彼此间的矛盾，若是达成协议，油价回升，美国页岩油又可乘机开钻复产。

　　美国发展页岩油是服从于其"能源独立"战略的，从一开始仅出于满足美国国内的需求，实现能源自给自足，并没有考虑要与谁争夺全球原油市场份额。即使2015年12月美国国会解除了长达40年的原油出口禁令，那也是页岩油产量爆炸式增长使然，因为美国国内富余原油大增，加之页岩商要求解禁原油出口的呼声高涨，必须走出去寻求更多的世界买家。

　　外界总认为这场油价暴跌是沙特阿拉伯与美国页岩油产量斗法所致，其实不尽然。说实在的，在这点上外界倒是冤枉了美国，沙特阿拉伯也误判了美国页岩油的战略形势。为了面子上不得罪沙特阿拉伯这一政治盟友，美国可谓使尽办法对沙特阿拉伯保持低调。但沙特阿拉伯仍不认账，总以为美国在背地里与之较劲，结果是欧佩克开足马力增产，弄得油价凄风惨雨。

有两件事可以证明美国页岩油增产并非针对沙特阿拉伯。美国原油产量逐步上升的2010年至2013年，对沙特阿拉伯的原油进口占比没降反升（见图5-4），2010年占比提高了0.9%，2011年提高了1.5%，2012年提高了2.8%，2013年提高了1.3%。这4年美国页岩油在美联储量化宽松政策支持下快速发展，如果美国真要与沙特阿拉伯进行产量战争，就没必要提高进口沙特阿拉伯原油的比例。另外美国原油出口是从2014年6月开始松动的，之后伴随页岩油产量的暴增，富余原油出口量也大增，到2015年7月原油出口量达到高点为57.225万桶/日，仍不足60万桶/日。也就是这两年（2014、2015年）美国原油出口大幅上升，但出口量非常有限，况且随着页岩油活跃钻机的大幅减少，从2015年8月到2016年4月，美国原油出口量持续下降，2016年4月减至36.45万桶/日，较2015年7月的高点减少了约21万桶/日，减幅达36%。

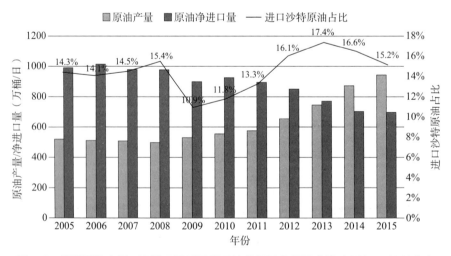

图5-4 美国原油产量、净进口量以及进口沙特阿拉伯原油占比（2005—2015年）
资料来源：美国能源信息署。邓正红软实力研究应用中心。

　　从2005年到2015年的10年间，美国原油产量增加了425万桶/日，原油净进口减少了320万桶/日，产量增加而进口减少是很正常的事情。问题就在于美国10年所增产原油有近一半是在2014、2015这两年实现的，生产的原油多得必须寻求世界买家，所以，这两年原油出口从放宽到解除禁令，出口量大增也是情理之中的事。也仅仅在这两年美国对沙特阿拉伯进口原油占比有所下降，2014年下降0.8%，2015年下降1.4%。但沙特阿拉伯看不下去了，认为美国抢他的市场份额。所以，在2014年11月27日的欧佩克石油大会上，沙特阿拉伯串通欧佩克海湾产油国，达成一致决定不减产，誓将油价拼到底。11月，这是本轮油价下降以来值得关注的一个时间节点，美联储结束量化宽松，沙特阿拉伯等海湾产油国正式打响了旨在快速打压美国石油产量的全球石油价格战。

　　美国原油产量能够持续保持高产，关键的是美国页岩油钻探热潮在持续，为美国页岩油持续高产提供了强大的潜力支撑。沙特阿拉伯打响石油战的时候，正值美国页岩油钻井、完井进入最后的冲刺阶段之际，钻井完井率高达90%。沙特阿拉伯认为，若不将美国页岩油钻探热潮压下去，一轮又一轮的美国页岩油高产潮将使欧佩克失去对全球石油市场的控制。欧佩克不减产使得全球油价持续下跌，易受油价骤然波动影响的小型页岩油生产商必然减缓支出，快速削减涌入市场的原油供应量，达到快速打压美国页岩油钻探活动的目的。

　　当时市场人士预计，沙特阿拉伯要想减缓美国页岩油钻探活动，可能需要1年以上时间。从2014年11月到2015年底，恰恰1年多时间，在此期间，美国页岩油钻井数量持续下降，月度钻井数量从2014年10月1699口降至2015年12月730口，减幅达57%。这说明，沙特阿拉伯经过1年多的低油价打压，美国页岩油钻探活动已明显减缓，而且美国页岩油确实亦在梯度减产，沙特阿拉伯发动的石油战似乎初步达到目的，所以，沙特阿拉伯在2015年12月开始号召主要产油国减产、限产、冻产，以拯救油价，因为油价继续跌下去，他自己也难以承受了。这也是本轮国际油价持续下跌的原因。

第四节　美联储加息节奏令页岩油欲罢不能

回顾这场全球性的所谓原油产量之战，细细梳理就会发现，每当页岩油产量处于重要节点的时候，美联储或美国政府都会神出鬼没地出招（见表5-7），从而使得国际油价持续下跌或短期升幅。表面上似乎是沙特阿拉伯等海湾产油国不减产在左右油价，实际上是美联储根据页岩油产量趋势利用加息节奏在影响油价。如果美联储放出近期内不加息的明确信号，国际油价就会止跌回升，从而为页岩油增产带来动力。比如2015年3月、4月，美联储不加息，WTI油价两个月之内上涨了18美元/桶，使得页岩油完井产能充分释放，页岩油产量走向巅峰；2016年3月、4月，美联储仍然不加息，WTI油价两个月之内上涨了11美元/桶，使得持续减产的页岩油获得了暗地"增产"的机会。

表5-7　美联储加息节奏与WTI油价变化

时间节点	美国原油产量	美国出招	当月WTI油价变化
2014年6月	·868万桶/日 ·富余原油增加	·美联储称"可能很快升息" ·美国能源部放宽原油出口禁令	每桶原油从最高点107.26美元跌至105.51美元
2014年10月	·突破900万桶/日至913万桶/日	·美联储宣布从11月开始结束量化宽松	每桶原油从90.70美元跌至80.70美元
2015年3月至4月	·3月965万桶/日 ·4月969万桶/日创最高纪录	·美联储在3月决议声明中删除了"对货币政策恢复正常化应有耐心"的措辞 ·美联储在4月决议声明中保留了"合理信心"一词	每桶原油从3月低点42.03美元升至4月高点59.77美元
2015年12月	·925万桶/日 ·页岩油减产1万桶至525万桶/日	·美联储宣布利率提高25个基点 ·美国国会解除长达40年的原油出口禁令	每桶原油从41.65美元跌至37.07美元
2016年1月	·919万桶/日 ·页岩油减产6万桶至519万桶/日	·国际解除对伊朗的制裁 ·美联储预计未来加息的步伐是缓慢的	每桶原油从37.07美元降至26.55美元，再升至33.74美元

续表

时间节点	美国原油产量	美国出招	当月WTI油价变化
2016年3月至4月	·3月917万桶/日，比第一次数据公布"增产"13万桶/日 ·4月产量经4次调整最终还是恢复到第一次公布的数据，即895-898-900-893-895万桶/日	·美联储3月决议称预计未来加息的步伐是缓慢的 ·美联储4月决议重申经济形势仅适宜缓慢加息	每桶原油从33.89美元升至44.89美元

资料来源：美国能源信息署。美国联邦储备系统。邓正红软实力研究应用中心。

美联储结束量化宽松，表明美国经济从复苏转向强劲，无需更多"货币外力"刺激，但联储会议纪要中"仍将在很长时间内维持超低利率"的表述，奠定联储货币宽松基调。美联储也称，货币政策绝非板上钉钉，会视对经济和金融市场影响而随时调整。相反，如果经济再度出现丝毫疲软苗头，不排除美联储重回量化宽松时代的可能。2015年12月，美联储加息25个基点，这是近10年来美联储首次加息，国会还解除了长达40年的原油出口禁令，尽管美国原油出口量相当有限，但这两项举措同时推出，则反映了美国的一种"阳谋"，开放原油出口后，会使得更多美元回流美国，有助于促进经济复苏，也能配合美联储后量化宽松时代的政策过渡。

美联储自进入新一轮加息周期以来一直格外谨慎，鸽派和鹰派态度来回变换，引发全球市场过山车行情。2016年4月27日，美联储在其政策声明中去掉了"风险"一词，反映了美联储对全球经济和金融市场动态担忧的减弱。5月18日美联储发布4月份会议纪要，官员们认为如果即将公布的数据显示经济改善、就业市场继续增强以及通胀正向目标水平回升，那么6月份加息是可能的，这打压了市场认为下次会议不太可能加息的预期，也表明美联储开始"鸽"转"鹰"。

5月27日，耶伦在马萨诸塞州剑桥的哈佛大学发表演讲。耶伦表示，没有注意到金融危机出现的迹象，也未能弄清系统性风险如何出现并爆发成"非常严重的"危机。从近期数据看，美国经济增速正在加快。此前，通胀水平未达美联储目标的原因在油价下跌和美元走强，美元走强和油价下跌使得通胀疲软，而目前油价跌势和美元升势大致稳定下来。

就在市场预计美联储6月会议会加息之际，6月3日，美国劳工部发布5月非农数据，美国5月季调后非农就业人口新增3.8万，与预期值16万反差巨大，为2010年9月以来最小增幅，让市场大感意外。数据发布的那一刻，美元出现全面走低，美元指数断崖式下跌，破坏了美元之前3周的反弹战果。美联储年中加息的信心是否充足，很大程度上取决于就业数据发出的信号。5月非农数据是6月美联储议息会议之前最后一次，对美联储夏季是否加息至关重要。4月非农就业数据不佳，而此次5月数据意外急剧恶化，美联储未来几个月重启加息的几率也大幅下滑。

美联储以最大化就业、稳定通胀两大目标来决定美国货币政策。6月15日，美联储公布了不加息的利率决议，并指出，就业市场的改善步伐已经放缓，新增就业伴随失业率的下降而下降，仍预期就业指标将增强，将继续关注通胀、全球经济以及金融市场的发展，仍预期只会缓慢加息。在会后的新闻发布会上美联储主席耶伦表示，谨慎地调整货币政策的做法是适宜的，近期经济指标喜忧参半，某些经济指标削弱的现象在美联储预料之中，但非石油行业放缓出乎美联储意料之外。

读者注意，耶伦所说"非石油行业放缓出乎美联储意料之外"，这话反映了美联储的加息节奏一直在关注石油行业。此前耶伦在哈佛大学的演讲也提到了"美元走强和油价下跌使得通胀疲软"，"目前油价跌势和美元升势大致稳定下来"。这说明，美联储自进入新一轮加息周期以来的6个月，其迟迟不加息的原因就是在等待油价上涨。当然也还有一个重要因素，本轮加息正处于美国大选年，从政治经济稳定的角度出发，美联储要防范在美国大选期间出现金融市场的动荡。因此，美联储此次升息需要极为谨慎，这也提升了市场预期的难度。

2016年3—5月，WTI油价较2月的最低点有大幅回涨，但美国页岩油仍然打着"减产"的旗号却暗中增产。截至2016年5月27日，从2014年10月以来，美国页岩油钻机开工数累计减少了1293台。加拿大和尼日利亚问题导致3月全球原油供给减少了5000万桶。在原油产区供给事故减产冲击下，5月26日美国WTI原油一度突破50美元/桶关口，为2015年11月以来首次，尽管之后迅速回吐了涨幅，但触及50美元/桶大关意味着油价突破了"心理上的里程碑"。

　　基于美联储对"目前油价跌势和美元升势大致稳定下来"的判断以及采取谨慎
加息的节奏，进入6月，虽然欧佩克6月2日的会议并没有就产量上限达成协议，但受
美国石油产量连续下滑，以及加拿大森林大火和尼日利亚输油管道遭受破坏等产油
国生产中断事件的影响，全球石油供应过剩局面有所缓解，同时全球石油需求好于
预期。在这些因素的影响下，国际油价出现强劲反弹。油价连续3个交易日站上50美
元/桶（见图5-5），6月8日涨至51.53美元/桶，是2月接近每桶26美元低点的近乎两
倍。先锋自然资源说过，当油价回到大约50美元/桶时，该公司将增加5～10座水平
钻井平台。油价反弹已使更具灵活性的美国页岩油生产商蠢蠢欲动，美国页岩油钻
机开始活跃起来了。

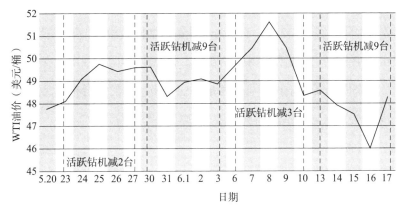

图5-5　WTI油价与美国页岩油活跃钻机变化（2016年5月20日至6月17日）
资料来源：贝克休斯。邓正红软实力研究应用中心。

　　据挪威吕斯塔德能源公司（Rystad Energy）的统计数据显示，在50美元/桶的油
价水平下，美国大部分页岩油库存井已具备商业生产价值。其中最具经济性的是科
罗拉多州丹佛—朱尔斯堡（Denver-Julesburg）盆地约600口库存井，平均完井成本为
4.7美元/桶，在WTI油价为30美元/桶时便可进行商业生产，近一半的井属于阿纳达科
石油，另一半由PDC能源、诺布尔能源和怀廷石油各持10%的权益。二叠纪盆地的
里夫斯县和巴肯页岩区的麦肯齐县的库存井也颇具经济性，单桶油的完井成本分别
为4.8美元和5.1美元。

虽然雪佛龙很多大型项目需要在油价更高时才能获利，但该公司称，位于得克萨斯州二叠纪盆地的项目在油价达到50美元/桶时就能赢利。雪佛龙已将该地区的生产成本削减了40%，当WTI油价为每桶50美元时，该公司在该区域的4000口油井的回报率为10%。当大型石油公司谨慎观望时，小型生产商正显示其在低油价时期的灵活性。钻井设备制造商雪姆（Schramm）公司一位负责战略的副总裁表示，越来越多的小型生产商正启用更小、更快的钻机，可在48个小时内完成地面钻孔。小型生产商虽然不能控制油价，但是可以降低成本。这就是为何当全球其他地区的石油开采遭遇困境时，美国的页岩油生产商还能赢利的原因。

北美页岩油资源最丰富的二叠纪盆地，新油井又开始赢利，开采商又在小心翼翼地提升产量。截至6月17日当周，二叠纪页岩油盆地的活跃钻机数量达到146台，4月末钻机数量曾降至谷底132台，不到两个月钻机增幅达14台。该页岩油富集地区涵盖50多个县，在得州与新墨西哥州交界处。二叠纪地区4月发放的钻探许可数量达到2015年10月以来的最高。钻探许可是衡量行业未来活动的先行指标。从5月30日到6月17日的3周，美国页岩油活跃钻机数量增加了21～337台。

第五节　美联储零利率政策和沙特阿拉伯之间的对决

2014年11月27日的欧佩克石油大会，沙特阿拉伯与欧佩克海湾产油国放弃了以往限产保价的惯用手段，达成不减产，实施低油价下的稳产政策，试图将美国页岩油快速挤出市场。经过18个月的较量，应该说沙特阿拉伯的市场份额保住了，但代价不低。沙特阿拉伯一直声称，石油生产成本很低，然而从国家经济对石油的依赖程度看，沙特阿拉伯需要的石油盈亏平衡价格远超50美元/桶的油价水平。据相关国际咨询机构分析，沙特阿拉伯国家层面的盈亏平衡油价在80～100美元/桶。2015年国际油价下滑致沙特阿拉伯出现978亿美元高额财政赤字，占其国内生产总值的20%，这足以说明沙特阿拉伯为这场原油价格战付出了巨大代价。

限产保价是沙特阿拉伯和欧佩克的惯用手段。本轮油价下跌之初，业界曾有欧佩克会限产保价的猜测与判断，但沙特阿拉伯不减产的决策出乎所有人的意料。然而沙特阿拉伯的稳产政策坚持了一段时间后就出现了松动的信号，如2015年上半年沙特阿拉伯内部有消息说，可以考虑减产，但前提是俄罗斯等其他产油国也同意减产，一并跟进。此举在当时并没有得到其他产油国的积极响应，特别是在欧美制裁解除导致伊朗对再次进入国际油市雄心勃勃的形势下，沙特阿拉伯的减产倡议失去了影响力。

欧佩克坚持稳产的结果是，产油国的压力越来越大。2016年4月欧佩克成员国在多哈讨论冻产问题，一定程度上可视为产油国因为感受到经济运行压力而努力寻求突破。沙特阿拉伯是欧佩克的领头羊，遭遇低油价时并不是不愿意减产保价，而是其盟友各有各的利益和盘算，导致所有产油国无法在限产保价上达成一致。

截至2016年5月，美国页岩油产量较2015年3月的高峰产量减少了55万桶/日，仅占美国页岩油产量规模的一成。看起来沙特阿拉伯似乎已赢得了这场原油价格战，实际上却没有这么简单，因为过去两年美国原油产量并没有下降多少，页岩油生产效率已得到大幅提升，页岩油气生产商用行动证明了他们有顽强的生命力。相反，这场油价战持续这么久，出乎沙特阿拉伯所料，沙特阿拉伯因此伤得不轻。

前文讲了，美国页岩油的出没一直受美联储的操纵。量化宽松期间，由于资本来得易来得快，美国页岩油恰如雨后春笋，钻探、开采狂飙不止。量化宽松结束后，美国以维持超低利率作为货币宽松基调，支持页岩油钻井完井和生产，从而实现了页岩油产量的第二次飞跃。2015年3月，沙特阿拉伯与美国的原油产量战正式进入短兵相接，此时美国页岩油新完井产量爆发接近最高纪录（见图5-6）。在达到产量最高纪录后，5月、6月美国原油产量急转下降，而6月沙特阿拉伯原油产量触及1056万桶/日的高位纪录；7月、8月、9月，美国原油产量在6月的低位上有所上升，连续3个月稳产，而沙特阿拉伯原油产量则有所下降；美国页岩油产量3月达到546万桶/日的峰值后，就渐次进入梯度式"减产模式"。截至2016年5月，与2015年9月相比，美国原油产量每天减产累计70万桶，当然，这是按美国能源信息署2016年6月8日公布的数据计算的，若按8月调整后的数据，每天减产累计仅56万桶。而沙特阿拉伯产量在2014年11月、12月稍有下降之后，2016年1—5月则是稳产增产，2016年5月的原油产量较4月略有上升，达1025万桶/日。

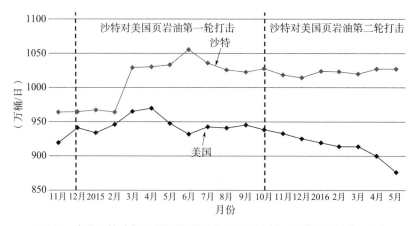

图5-6 沙特阿拉伯与美国原油产量比对（2014年11月至2016年5月）

资料来源：美国能源信息署。邓正红软实力研究应用中心。

注：图中数据为美国能源信息署2016年6月8日公布。

表面看，沙特阿拉伯的稳产策略似乎起到明显效果，美国页岩油产量被压下去了。尽管如此，但沙特阿拉伯还远远没有赢得这场战争。因为，沙特阿拉伯发动这场油价战的时候，美国页岩油已随着美联储量化宽松政策的结束而退出战争一线，美联储则由页岩油幕后推动者进入前台，运用货币政策工具，和沙特阿拉伯进行低油价战。沙特阿拉伯只顾用低油价挤压页岩油，谁知美国页岩油巧妙地避其锋芒，隐身而去，美联储却从正面杀来，被逼无奈的沙特阿拉伯只得借钱来贴补自己石油美元储备的消耗。沙特阿拉伯的这种打法好比赤膊上阵的许褚，中了美联储货币宽松的箭，委实有点活该。因此，这场低油价持久战可概括为是一场美联储和沙特阿拉伯之间的战争，而作为这场战争发动者的沙特阿拉伯，在财政支出的管理方面却面临着一系列特有的挑战。

2014年11月至2015年12月，国际原油市场的核心是美联储零利率政策和沙特阿拉伯之间的对决。美联储零利率政策使得美国页岩油生产商得以在低油价的环境中生存。本来沙特阿拉伯政府坚持不减产以保证自己的市场份额，并希望利用低油价将美国页岩油生产商挤出市场。当沙特阿拉伯挤压美国页岩油的市场，并打击俄罗斯而扼杀石油美元的时候，沙特阿拉伯并没有意识到美联储零利率政策的威力以及美联储为美国页岩油生产商抗争的立场，超宽松的美联储政策使得资本市场大开，在此帮助下，美国页岩油已经设法最大程度地保留了自己的市场份额。

油价暴跌让沙特阿拉伯的财政收入缩水严重，给沙特阿拉伯带来了巨大的预算压力。沙特阿拉伯政府2015年的预算赤字达到近1000亿美元（3700亿里亚尔）的创纪录水平（见图5-7）。2015年年初，沙特阿拉伯央行主要通过变现外汇储备来弥补赤字，但7月、8月，沙特阿拉伯改变了这一战略，开始发行债券，8月沙特阿拉伯政府已向银行售出53亿美元债券。与此同时，沙特阿拉伯着手重建其外汇储备。7月，虽然外国有价证券总额环比下降3.6%，但外国银行存款总额环比上涨9.6%。

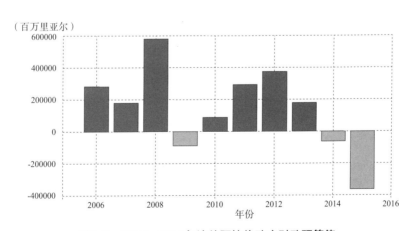

图5-7　2006—2015年沙特阿拉伯政府财政预算值

资料来源：tradingeconomics.com。

沙特阿拉伯外汇储备以美国国债等外国有价证券和在外国银行的存款为主。截至2015年7月底，其外国有价证券总额为4658亿美元，外国银行存款总额为1312亿美元。美元是其外国资产的主要形式。值得注意的是，沙特阿拉伯持有的外债减少3.6%，这是沙特阿拉伯政府自2007年以来首次抛售外债。除了上述所说向银行抛售53亿美元债券，沙特阿拉伯7月还通过准主权财富基金抛售约40亿美元债券。沙特阿拉伯7月外储环比跌0.5%，6月环比下降1.2%。7月末外储总额下降为6610亿美元（见图5-8），再次刷新2013年以来的最低值。

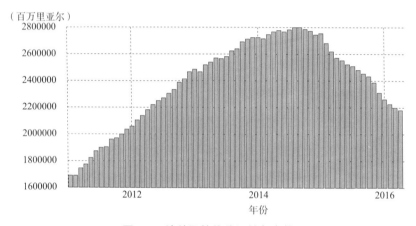

图5-8　沙特阿拉伯外汇储备走势

资料来源：tradingeconomics.com。

　　这里要说明的是，2014年11月美联储结束量化宽松，这就意味着石油美元已开始逐渐终结，由此造成了美元资产在新兴市场被抛售，特别是中国和沙特阿拉伯，两国分别是全球第一大和第三大外汇储备国。如果中国和沙特阿拉伯的外汇储备继续下滑，那么美联储将被迫进行新一轮大规模的资产购买，以抵消美国国债的压力以及美国经济的压力。

　　沙特阿拉伯2015年财政赤字规模达到创纪录的1000亿美元，很大一部分归因于油价的暴跌，当然还有其他原因，如沙特阿拉伯要维持沙特阿拉伯货币里亚尔盯住美元，并且还有自己的问题要处理。对于不减产策略，沙特阿拉伯始终认为低油价最终会将美国页岩产油商挤出国际油市。尽管财政预算压力巨大，沙特阿拉伯还是倾向于尽早挤压美国的原油生产。

2014年12月至2015年9月，沙特阿拉伯发起的第一轮对页岩油的打击，将美国原油产量从2015年4月的969万桶/日的高位纪录压至945万桶/日的低位，2015年9月美国页岩油也相应每天减产17万桶。在这一轮打击中，美国大部分页岩油生产商的自由现金流均为负值，资本市场的收紧，使一些生产商可获得的流动资金减少，"资金缺口"减弱了页岩油的钻探能力。同时，沙特阿拉伯也动用大量的外汇储备填补低油价造成的财政预算缺口，致使其外汇储备大幅下降，沙特阿拉伯的外汇储备从2015年1月的27600亿里亚尔降至9月的24600亿里亚尔（见图5-9），外汇储备下降了3000亿里亚尔（800亿美元）。第一轮打击，沙特阿拉伯获得小胜，但仍不善罢甘休，2015年10月沙特阿拉伯又发起新一轮打击，试图彻底将美国页岩油挤出国际市场。在第二轮打击中，美国原油产量从2015年10月的938万桶/日减至2016年5月的889万桶/日（注：此数据为8月调整后的数据），美国页岩油每天减产49万桶，沙特阿拉伯的外汇储备消耗加剧，从2015年9月的24600亿里亚尔降至2016年4月的21800亿里亚尔，外汇储备减少了2800亿里亚尔（750亿美元）。两轮打击，沙特阿拉伯总共消耗了1550亿美元的外汇储备。

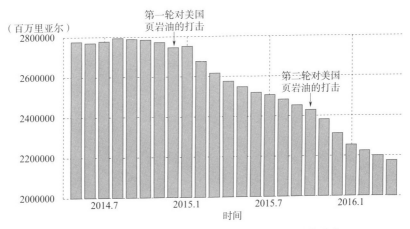

图5-9　沙特阿拉伯打击美国页岩油期间外汇储备变化

资料来源：tradingeconomics.com。

2015年沙特阿拉伯政府财政收入为6080亿里亚尔（1620亿美元），低于预期15%。与此同时，政府开支为9750亿里亚尔（2598亿美元），超过预期13%。由于对也门的干预和对IS采取军事行动，2015年沙特阿拉伯政府在军事和安全方面的开支达853亿美元。沙特阿拉伯2015年国家财政收入的73%来自于石油工业。沙特阿拉伯拒绝以减产来提升石油价格，而寄希望于把其他生产商（主要是美国页岩油生产商）挤垮。国际油价下滑致沙特阿拉伯出现978亿美元高额财政赤字。

下面简单分析一下2015年沙特阿拉伯高额财政赤字是怎样形成的。花期集团在2014年对沙特阿拉伯的收支做过一项研究，花期认为，2014年沙特阿拉伯要实现财政收支平衡，油价必须达到每桶98美元；而2015年要收支平衡，油价必须涨到每桶103美元才行。2015年布伦特原油均价为每桶52.32美元，较2014年的每桶98.89美元减幅达47%；WTI原油均价为每桶48.67美元，较2014年的每桶93.17美元减幅达48%。2014年布伦特原油均价刚好达到花期所认为的沙特阿拉伯财政收支平衡点，而2015年布伦特原油均价每桶52.32美元却与沙特阿拉伯收支平衡点每桶103美元相距甚远，相差49%，若按美油均价每桶48.67美元，则相差53%。按上述推算，沙特阿拉伯2015年原油收入比2014年至少要减少50%。而实际情况是，由于油价暴跌，沙特阿拉伯2015年的财政收入比2014年减少了40%（见图5-10）。为了填补财政赤字，2015年沙特阿拉伯削减了一些项目支出，全年政府开支较2014年下降了15%（见图5-11），但受也门战争的影响，全年的军费和国防开支高达853亿美元（见图5-12），占政府开支33%，较2014年807亿美元的军费开支的增加了46亿美元，增幅达5.7%。

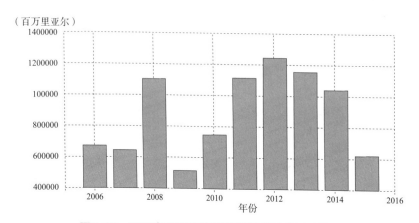

（百万里亚尔）

图5-10　2006年至2015年沙特阿拉伯政府财政收入

资料来源：tradingeconomics.com。

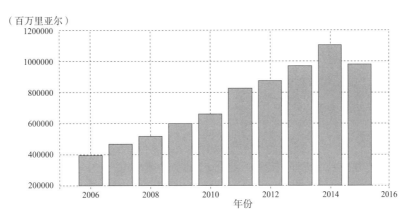

图5-11　2006年至2015年沙特阿拉伯政府开支

资料来源：tradingeconomics.com。

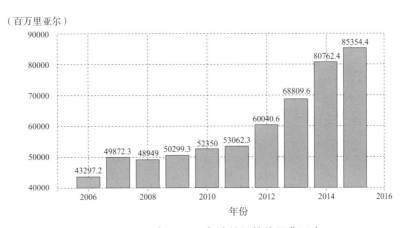

图5-12　2006年至2015年沙特阿拉伯军费开支

资料来源：tradingeconomics.com。

　　在2014年以前油价高的时候，石油收入占到沙特阿拉伯政府财政收入的90%以上，在油价开始下跌的2014年，这一比例还有89%，而2015年油价跌幅接近50%，沙特阿拉伯政府收入低于预期15%，石油收入占比则降到了73%。在收入减少的同时，沙特阿拉伯政府开支超过预期13%，而这其中由于对也门反政府武装的打击和参加对抗极端组织"伊斯兰国"国际联盟行动，军费和国防开支增加。收入降低，支出增加，造成了2015年沙特阿拉伯政府的财政赤字达到了创纪录的978亿美元。

　　在沙特阿拉伯批准的2016年财政预算中，2016年收入预期为1368亿美元，开支预期为2240亿美元，赤字高达870亿美元。这3项都比2015年有所降低。2016年的财政预算是沙特阿拉伯10年来首次按照国际原油每桶低于50美元来制定的。沙特阿拉伯政府财政大臣表示，沙特阿拉伯将继续捍卫在国际市场的份额，已准备好应对国际油价不会短期内恢复的情况。沙特阿拉伯国王萨勒曼也表示，沙特阿拉伯经济有应对挑战的潜力。

为了节约开支，沙特阿拉伯开始削减部分能源补贴，并减少不必要的建设项目。从2015年12月29日开始，沙特阿拉伯将高等级汽油的售价提高了50%，由原来的每升0.6里亚尔涨到0.9里亚尔，低等级汽油的售价则提高了67%。提价的还包括柴油、供电和供水价格。沙特阿拉伯的汽油价格原本就是世界范围内的低价，在海湾国家则是最低的。从绝对值上看，上涨后的汽油价格仍然低于国际标准。国际货币基金组织曾预计，如果沙特阿拉伯将燃料价格提高到海湾国家的平均水平，每年将可以节省170亿美元。

第六节　美联储和沙特阿拉伯
在英国脱欧公投前的吊诡

自2015年年中以来，市场就已开始大炒英国脱欧预期，期间市场走势也是风云变幻。进入2016年6月，英国脱欧公投已成为影响美联储加息的重要因素。6月15日，美联储结束了为期两天的议息会议，耶伦在会后的新闻发布会上强调了全球对英国脱欧的担忧。她表示，6月份的会议决定维持利率不变的一个原因是围绕即将进行的英国脱欧公投的不确定性，英国脱欧可能给全球金融市场和经济体带来影响。耶伦也对美元升值发出警告，美元走强对美国经济有压制效应。美元走强压制了国内需求，美元自2014年中期以来的上涨已经压制了通胀。

6月21—22日，也就是英国即将举行脱欧公投前，耶伦出席了美国国会听证会。这是在11月美国大选前国会议员（其中很多议员面临改选）最后一次有机会公开质询这位美联储主席。加之英国将在两天后（6月23日）举行脱欧公投，在这样的形势下耶伦到国会作证尤其不轻松。21日，耶伦在美国参议院金融委员会半年一度的货币政策报告听证会作证。耶伦称，英国退欧公投正是美联储关注的内容之一。英国退欧将引导出一段时期的不确定性，与英国退欧相关的金融波动可能会影响到美国。

在21日的听证会上，耶伦重申了6月议息会议传递的信息，即美联储预计美国经济在短期内将从令人失望的第一季度表现中反弹，且她继续预计"循序渐进"加息，但没有提供时间表。耶伦承认招聘放缓，体现在非常糟糕的5月份就业报告中；但她告诫称，不要过于看重个别月份的数据。耶伦表示，"重要的是不要对一两份经济报告反应过度，劳动力市场的其他几个同步指标依然不错"。她还提到另一个积极因素，称最近的数据显示"第二季度GDP增速出现了明显升高"。

22日，耶伦向众议院金融服务委员会重申公投可能对美国造成重大后果，称必要时会在公投后的周末参与紧急会议。耶伦再度释放出"鸽派"信号，指经济情况有好有坏，"我不想释出悲观信息"，但全球增长放慢和美元强势都会对美国造成拖累。在回答提问时，耶伦说其他国家的情况"对于我们的决策很重要"，其他国家的货币政策可能影响美元，影响对于美国出口产品的需求。耶伦还暗示，她尚未将周五的时间预留给应对6月23日英国公投的结果。

在英国脱欧公投前，耶伦反复强调这一事件对美联储加息的影响，那么英国脱欧公投对美联储的影响到底是加息还是不加息？如果英国没有脱欧公投这一出戏，美联储会不会加息？这才是美联储关注英国脱欧公投事件的关键。如果英国没有出现脱欧公投这件事，按照美联储"循序渐进"加息的节奏，6月不加息是美联储的本意（见图5-13）。实际上从结束量化宽松以来，美联储的所谓货币正常化进程是美联储预先给全球开出的一张难以实现的"空头支票"，这是美国经济状况和全球经济形势决定的。即使是2015年12月作为近10年来的首次加息并非美联储的初衷，只是一种战术性的操作，做出一个推进货币正常化的姿态给世界看看，因为在全球

"去美元"呼声日渐高涨的形势下，加息给美国经济带来的负效应大于正效应。

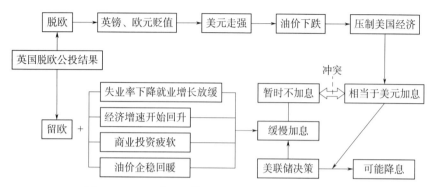

图5-13　2016年6月英国脱欧公投对美联储加息影响
资料来源：邓正红软实力研究应用中心。

还有一件事要提一下，就在美联储6月议息会议期间的15日，尼日利亚央行意外宣布，将自6月20日起，放弃本国货币奈拉对美元实施的固定汇率机制。这意味着，该国正式终止了维持16个月的固定汇率制，市场普遍担忧这一举动将引发奈拉大幅贬值。正如市场预期，6月20日奈拉对美元出现大幅跳水，美元对奈拉从199.00暴升至255.05，21日再升至281.50，两天时间奈拉贬值幅度达41.46%。

从20日以来，最牵动全球投资者心的除英国脱欧公投外，还有尼日利亚货币崩盘、暴跌超过40%所引发的担忧。作为非洲最大产油国，尼日利亚眼下的遭遇代表着众多产油国在油价持续低迷、美元强势回归趋势下的生存现状。此前，尽管面临很大压力，尼日利亚一直坚持执行固定汇率机制，美元对奈拉的交投范围被锚定在197~199之间，而为了维护这一水平，尼日利亚央行动用了27亿美元的外汇储备。尼日利亚总统穆罕默杜·布哈里（Muhammadu Buhari）一向反对本国货币贬值，但是作为全球主要石油出口国，尼日利亚政府近2/3的财政收入以及90%的外汇储备均来自石油出口。

尼日利亚的情况也反映了众多产油国所共同面临的问题，一方面国际油价暴跌，导致了石油国家经济受到重创；另一方面，美联储开启加息通道推动美元上涨，石油国家货币对美元不断贬值，可谓雪上添霜。因此，越来越多的石油国家加快了"去美元"的步伐。

美联储每次会议都在炒作加息，从2014年11月到2016年6月的20个月也就加息一次，其意图无非是虚张声势，在给市场制造加息的紧张气氛。6月份，美联储明明加不了息，可耶伦无论在新闻发布会还是国会作证，仍然坚持为加息辩护。比如5月的就业增长已降至低点，但耶伦认为"不要过于看重个别月份的数据"，似乎让外界觉得6月不加息的原因不是就业增长放缓，而是英国脱欧公投的不确定性。

对比4月美联储关于推迟加息的声明，美联储在6月声明中分析当前经济形势略有不同。美联储4月声明中对经济状况的描述是就业形势持续改善，但经济活动显示疲软。而6月声明的描述则恰恰相反：持续加速的乐观就业形势有所放缓，但经济活动正逐渐加快。美国SAC前首席宏观分析师彼得·科里（Peter Corey）将这个变化的原因归结到强势的美元。科里表示："世界上很多的经济活动都是通过美元进行交易的。美元近期的强势走高，促进了通过美元进行结算的商品交易，因此美国这几个月的经济活动变得非常活跃。但从另一个方面讲，美联储这次决定不加息也是因为保持持续宽松的货币政策不至于让美元持续上涨，这样有利于促进外需，也使美国的大型公司不会面临过大的债务问题。"

美联储行事向来欲盖弥彰，在英国脱欧公投前耶伦反复强调这一事件对加息的影响，明明加不了息，却一直在声张加息，这就是美联储比较吊诡之处。其实，美联储并不担心英国脱欧公投，最担忧的是怕美元强势。换言之，美联储不是加不了息，而怕加息节奏变快。美联储6月会议保持按兵不动，就是在英国公投等重大风险事件前尽可能多地保留回旋余地。更深一点分析，在英国脱欧问题上，美联储公开的担心是美元走强，暗中的忧虑则是油价下跌，因为正值页岩油恢复开钻的关键时候，英国若脱欧或导致英镑及欧元下跌，美元走强，国际油价有可能被浇成落汤鸡，页岩油重燃的希望也可能被浇灭。

英国脱欧，对于暂缓加息的美联储来说，无异于火上浇油，彻底打乱美联储的加息计划。一直在警告称低利率损害全球经济的比尔·格罗斯24日在彭博电视上接受采访时表示，英国公投退欧可能将令美联储2016年加息的计划泡汤，而且可能连

2017年加息都难。耶伦在国会作证时发言，强调美国经济存在相当大的不确定性，以及面临来自中国、英国的潜在威胁，表示仍将采取谨慎的方式加息。耶伦的讲话显示出美联储对经济前景心里相当的没底，而联储的大鹰派在这个当口也改变口风做出一副鸽派嘴脸，这与一个月前的情形大相径庭。这一切显示，2016年内美联储仅可能在年底之前加息一次，甚至不加息。

也就在英国脱欧公投前的这个当口，一向就原油产量问题与美国争强斗胜的沙特阿拉伯似乎也和美国达成了某种程度的默契。沙特阿拉伯能源大臣法力赫6月22日表示，经过两年的阵痛之后，原油市场终于摆脱了导致油价大跌的供应过剩局面，但库存过剩还会持续一段时间。法力赫还说："当油价在沙特阿拉伯认为合适的水平上稳定下来后，沙特阿拉伯愿意担当全球原油产量调节者的重任。"一直为了打击页岩油和伊朗的沙特阿拉伯，对原油增产的态度突然间有所缓和，这意味着沙特阿拉伯对美国页岩油生产商的战争亦已结束。

平心而论，这场持续两年的原油价格战争到底谁是赢家，真的不好作答，也许是沙特阿拉伯赢得了这场战争，但代价巨大。以沙特阿拉伯5月每日产量1027万桶计算，两年前的6月20日WTI油价是107.26美元/桶，两年后的6月22日WTI油价则是49.00美元/桶，两年间沙特阿拉伯每天的原油收入减少了近6亿美元。当然，美国页岩油行业的损失也很大。自2015年以来，北美已有81家石油与天然气公司申请破产。仅在得州，便有41件破产案例，债务高达243亿美元。但低油价让美国经济得以复苏，而沙特阿拉伯经济则遭到重创，因其经济几乎全靠石油，这促使沙特阿拉伯不得不改弦更张。

读者要注意的是，沙特阿拉伯赶在英国脱欧公投前一天宣布结束石油战争，这是很吊诡的。法力赫发布这个声明，是在他陪同沙特阿拉伯副王储兼国防大臣穆罕默德·本·萨尔曼（Mohammed bin Salman）访问美国期间所讲的。时间节点比较敏感，正值美联储结束6月会议、耶伦国会作证。萨尔曼访美期间，受到了一系列美国高官的接见，还赴白宫会见了美国总统奥巴马，白宫重点关注了原油等经济问题。由于沙特阿拉伯正在经历经济转型，美国十分担心沙特阿拉伯会陷入崩溃。美国安全部门官员认为，沙特阿拉伯正处于一个十字路口，如果萨尔曼提出的改革计划不成功，沙特阿拉伯将陷入政治动荡。

根据美国官员的暗示，本次萨尔曼美国之行的最大意义，是他最终踏足美国领土。由于沙特阿拉伯的王储纳耶夫（Mohammed Bin Nayef）病重，萨尔曼是实际上的沙特阿拉伯王位第一顺位继承人，评论人士称这是没有形式化礼仪的国事访问。萨尔曼此次出访的主要目的是与高科技领域专家探讨实施沙特阿拉伯2030愿景计划的细则，萨尔曼的主导思想是将沙特阿拉伯发展为技术型社会，使沙特阿拉伯年轻一代受益。

沙特阿拉伯对美国页岩油生产商的打击突然收兵，很明显，萨尔曼访美已就原油问题与美国达成了某种程度的内部妥协。一则英国脱欧公投在即，国际油价面临遭受重压，如果沙特阿拉伯不结束石油战争，等于火上浇油，国际油价可能再次暴跌，这是美国最担心的；二则沙特阿拉伯进行转型，建立技术型社会，没有美国作后盾，没有美国高科技企业的支持，沙特阿拉伯这场变革恐难成功。

沙特阿拉伯收兵妥协，其背后与美国是有交易的，就是沙特阿拉伯以石油让步甚至以市场份额换取美国对沙特阿拉伯经济转型的支持。美国总统奥巴马的政府经济团队会见了萨尔曼及随行高访团，双方探讨了沙特阿拉伯2030年愿景计划和国家转型方案，并就如何加强经济和投资领域双边合作进行深入交流。会后，美国白宫发表声明，美国政府经济团队明确表示愿意帮助沙特阿拉伯实施新经济改革政策，促成沙特阿拉伯2030年远景规划。

白宫"愿意帮助沙特阿拉伯"，表明沙特阿拉伯与美国在原油增产上已达成交易。作为姿态回应，法力赫赶在英国公投前宣布结束石油战争，解除了美联储后患之忧，也给市场吃上了一颗定心丸，即使英国脱欧，对油价下跌也能起到缓冲和护盘的作用。

6月22日，美原油8月期货一度冲破50美元/桶关口，刷新一周半高点至50.54美元/桶，布伦特原油8月期货最高触及51.24美元/桶。不过此后，在美国能源信息署公布的原油库存减幅逊于预期，加上英国脱欧公投油市避险情绪升温，油价大幅跳水。

不过沙特阿拉伯能源大臣法力赫发表重磅讲话，称原油供应过剩局面已结束并重提产量调节者角色，暗示沙特阿拉伯增产决心动摇，油价得到有效支撑。

法国兴业银行石油市场研究主管维特纳（Michael Wittner）认为，如果英国选民周四（6月23日）决定脱欧，油价可能会下跌，但跌势不会持续太久。他指出，在公投到来前，石油市场避险情绪明显增强。如果英国脱欧，油价所面临的负面压力可能是由避险情绪导致，而不是基本面因素。英国《金融时报》民调显示，支持退欧的比例已经领先，高达47%，而有44%的英国人支持英国留在欧盟。如此高的比例，让美国等国家捏了一把冷汗，不知道英国是否还留得住，从而导致能源需求前景承压，致使原油等风险资产惨遭抛售。这是原油下跌的原因之一。

6月23日，英国脱欧公投。当日WTI油价涨1.13美元至50.13美元/桶，涨幅2.31%；布伦特油价涨1.25美元至51.14美元/桶，涨幅2.51%。

6月24日，英国脱离欧盟公投382个投票区全部公布结果，其中支持留欧16141241人，占比48.1%，支持脱欧17410742人，占比51.9%。英国即将结束其欧盟成员国身份。受此影响，全球金融市场避险情绪暴增，英镑兑美元汇率一度下跌超过11%，至1985年以来最低水平；欧洲股市暴跌；避险类资产黄金现货、日元兑美元汇率大涨。美联储最大的担忧是美元走强。美联储表示，正密切监控全球金融市场动向，必要时将通过货币互换提供美元流动性；若基金市场遭受压力，将及时采取行动。当日WTI油价跌2.56美元至47.57美元/桶，跌幅5.11%；布伦特油价跌2.73美元至48.41美元/桶，跌幅5.34%。

第七节　英国脱欧暴露美联储加息只是幌子

英国脱欧暴露了美联储隐藏已久的秘密——打着加息的幌子却并不想加息。为什么？担心美元走强而难以达到通胀预期。怎么办？期待国际油价上涨。细细梳理2013年7月以来美联储历次议息会议所发布的货币政策声明，便会发现美联储在结束量化宽松前后的政策声明中有一个很难被人察觉的细微差异：在结束量化宽松前的历次政策声明很少提到能源价格或油价；而结束量化宽松后13次政策声明，有8次提到了能源价格下滑对通胀的影响，未提到能源价格的政策声明分别是结束量化宽松后的第1次议息会议（2014年12月）、近10年首次升息的议息会议（2015年12月）以及国际油价触底回升期间的3次议息会议（2016年3月、4月、6月）。

下面是结束量化宽松后美联储发布的历次货币政策声明摘要：

※　2014年12月17日，尽管油价以及俄罗斯卢布暴跌，美联储在政策声明中未提及最近全球经济情势的动荡。更明显的讯息是美国能够凭自身力量承受风雨的能力。美联储声明称，经济活动正温和扩张。最近就业报告强劲，是"就业资源利用不足的情况正在逐步减少"的证据。

※　2015年1月28日，美联储政策声明表示，通胀率已经下滑，并担心会进一步下滑，大部分反映能源价格下滑。

※　2015年3月18日，美联储政策声明认为，通胀进一步低于联储的较长期目标，这主要与能源价格的下跌有关。

※　2015年4月29日，美联储政策声明提到，通胀仍未进一步接近2%目标，部分原因是能源价格及美国进口成本下降。

※　2015年6月17日，美联储政策声明指出，对通货膨胀具有合理信心，预计通胀在中期内向2%的目标靠拢，基于调查的通胀预期保持平稳。同时将把国际局势发展纳入考量，美国能源价格企稳，投资和出口疲软。

※　2015年7月29日，美联储政策声明显示，预计通胀将在中期升至2%，通胀继续低于目标水平，部分反映此前能源价格和非能源进口商品价格下跌的影响，并且希望在通胀方面抱有合理信心。

※　2015年9月17日，美联储政策声明认为，美国经济温和扩张，就业增长稳固，失业率出现下滑。通胀依然低于目标，部分反映了能源价格和非农进

口产品价格下滑的影响。

※ 2015年12月16日，美联储政策声明中表示，货币政策在此次加息后依然宽松；实际利率路径将取决于经济前景与数据，预计逐步加息有助于经济增长。

※ 2016年1月27日，美联储政策声明表示，正紧密监控全球经济和金融进展以评估美国经济全局风险的平衡度，强调依然预期能源价格下滑和美元走强只是暂时性的，通胀在中期内将上扬。

※ 2016年3月16日，美联储政策声明指出，近几个月通胀有所回升，但仍低于目标水平，基于市场的通胀预期依旧低迷，基于调查的通胀预期基本持稳。未提及能源价格。

※ 2016年4月27日，美联储政策声明称，基于市场的通胀预期依旧较低，基于调查的通胀预期基本保持稳定，尽管通胀继续低于2%的目标，但随着暂时性因素消退，预计通胀将在中期内升至2%。未提及能源价格，对全球经济和金融市场动态担忧的减弱，相比前次声明，美联储在其政策声明中去掉了"风险"一词。

※ 2016年6月15日，美联储政策声明指出，仍预期通胀将在短期内维持低位，在中期恢复至2%的目标；美联储将继续关注通胀、全球经济以及金融市场的发展；仍预期只会缓慢加息。未提及能源价格。

这个差异说明什么呢？读者别急，我们耐着心再往深处看看，就会发现美联储政策声明是否提及能源价格都与国际油价高低或其走势有关。6年量化宽松期间（2008年11月25日至2014年10月31日），美联储历次政策声明很少提到能源价格，这期间国际油价的走势从金融危机触底后一路上涨并连续4年保持在每桶80美元以上的高位（见图5-14）；结束量化宽松后的美联储首次议息会议，当时的油价已从量化宽松结束前的每桶80美元暴跌至每桶55美元，美联储的政策声明仍然没有提到能源价格，因为55美元每桶的油价仍在美国页岩油可承受的范围内；2016年3月、4月、6月，美联储3次政策声明亦未提及能源价格，国际油价处在暴跌见底后的回升上浮阶段，到6月甚至冲破50美元每桶的关口，这段的油价情形与金融危机油价触底后反弹上涨极为相似；还有1次未提及油价是十分反常的，就是美联储加息的2015年12月，当时的油价已跌至每桶35美元，大多数页岩油生产商已叫苦不迭，这时候美联储居然不顾及能源价格断崖式下滑，反而加息，使得油市承压，无异于雪上加霜，令人匪夷所思；剩余的8次政策声明提到了通胀低于2%的目标，部分原因是能源价格下滑的影响，这8次议息会议恰好处在本轮油价似自由落体运动急剧下降的阶段（2015年1月至2016年1月）。

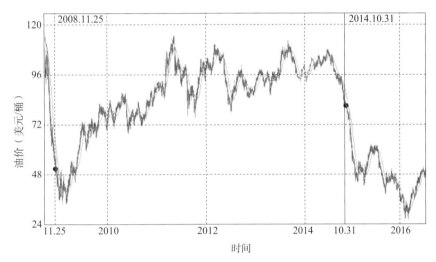

图5-14 WTI油价走势（2008年9月15日至2016年6月27日）

资料来源：新浪财经。

回顾起来，美联储加息的那个月正是油价做自由落体运动急跌的后期，按前后8次政策声明提及能源价格下滑而未加息的思路分析，2015年12月的加息本来是不能加息的，而美联储居然置国际油价暴跌于不顾，竟然升息，不合常规的举动说明美联储另有所谋。美联储的这次非常规加息似乎可与另外两件事一并考虑。一件是2015年12月18日，也就是美联储宣布加息后的第二天，美国国会参众两院表决通过了1.1万亿美元的新财年拨款法案，为联邦政府运营拨付资金。该法案最令人瞩目的内容是解除实施40年之久的美国原油出口禁令。另一件则是2016年1月16日，美联储宣布加息后恰好一个月，伊朗核问题全面协议正式执行，美国、欧盟宣布，鉴于伊朗履行全面协议承诺，解除对伊朗相关经济和金融制裁。

实际上，上述3件事情几乎是在同一时段连续发生的，2015年12月15日，美联储召开议息会议，当天国际原子能机构通过决议，结束对伊朗是否秘密研发过核武器等问题长达12年的调查；16日，美联储议息会议结束并宣布加息；18日，美国国会通过法案，解除原油出口禁令。这3件事的发生对国际油价产生的影响是相同的，也是叠加的，就是油市承压，加剧油价下跌。

美联储这次议息会议是2015年的最后一次，前面7次会议的政策声明均提到了能源价格下滑对通胀的影响，而这次会议正值国际油价急跌，其政策声明不但没提及能源价格下滑，反而加息，此举明显不合常规。尽管如此，在同一时段发生的美国解禁原油出口和解除对伊朗的国际制裁，似乎以行动填补了美联储政策声明中"能源价格下滑"这一内容的空白。尤其是三者对国际油价产生共同打压，美联储政策声明公布后，美元全面上涨，全球股市震荡上涨，国际油价暴跌，2年期国债收益率自2010年以来首次升至1%之上。

美联储为什么要这样做？继续看美联储2016年1月的政策声明，美联储的这种反常图谋已经显露出来。1月的市场情况也就回到了本书第一章，全球市场跌得一塌糊涂，处处弥漫着恐慌情绪，对此，美联储表示，正紧密监控全球经济和金融进展以评估美国经济全局风险的平衡度。不仅如此，美联储在政策声明中还特别强调，依然预期能源价格下滑和美元走强只是暂时性的，通胀在中期内将上扬。"能源价格下滑"这个在前次政策声明中消失了的内容终于又出现了，而且"只是暂时性的"，这反映了美联储对油价下跌还会持续多久相当有底，好像都在其掌控之中。

这样一来，美联储反常加息的图谋就完全清楚了。美联储这次加息和"两个解禁"，目的只有一个，就是加速国际油价下跌的进程，让油价加快下跌，迅速触底，从而尽快结束本轮已持续长达18个月之久的油价下跌周期。现在回过头看，很多事情已经越来越明了。在美联储结束量化宽松后的首次政策声明，也是2014年最后一次政策声明，尽管油价以及俄罗斯卢布暴跌，但美联储并未提及能源价格以及当时全球经济情势的动荡。表明美联储对当时的油价走势和通胀预期是很乐观的，正如政策声明中所表述的，美国能够凭自身力量承受风雨的能力，经济活动正温和扩张。但是，油价下跌持续时间之长以及对美国通胀的影响已大大超出美联储所料，2015年前7次政策声明均提到"能源价格下滑"就是最好的佐证，而最后一次竟以加息直接取代"能源价格下滑"，说明美国对油价继续下跌已到了不堪承受的地步，必须启动美联储出手，迅速终结这场低油价之战。于是，美联储、美国国会、国际原子能机构、欧盟甚至联合国，在美国政府的操纵下，联手干涉，这场持续一年半的原油价格战争在最后两个月油价快速触底后终于画上止跌句号。因此，美联储的这次反常加息是加速并终结油价下跌的最后一根稻草。

国际油价在2016年2月11日探底后，到6月中旬美联储议息会议，已连续4个月上涨，对此，美联储感到非常满意，这在美联储3月、4月、6月的政策声明中都可以反映出来。3次声明均未提及能源价格下滑，4月声明对全球经济和金融市场动态的表述去掉了"风险"一词，在6月议息会议结束后的新闻发布会上，耶伦的一句话则亮出了美联储的图谋"谜底"，耶伦指出，非石油行业放缓出乎美联储意料之外。这说明，结束量化宽松后，一路走来，美联储的13次议息会议都在视国际油价的变化而动。只是当旧的问题——油价下跌止住后，新的问题——"非石油行业放缓"又冒出来了，无疑给美联储制造了新的难题。

在结束量化宽松前，美联储就较早地放出风要"加息"，油价持续下跌这么长时间完全在美联储意料之外，等了1年多才反常性地加了一次息，而且仅仅是止住油价继续下跌。好不容易油价连续保持了4个月的涨势，又蹦出英国脱欧这只"黑天鹅"，美国金融状况由此变得更为紧张，通胀预期出现下行，经济增长前景也蒙上了阴影。2016年6月25日，在瑞士巴塞尔出席国际清算银行年度大会的耶伦，原本计划出席欧洲央行29日在葡萄牙辛特拉举行的论坛，27日美联储突然宣布，耶伦取消了这一行程。耶伦在国际清算银行的会议之后匆匆返回华盛顿。这表明美国决策者在金融市场动荡之际保持高度警戒。美联储6月24日表示，准备好通过现有的央行掉期协议来提供美元流动性，以避免全球资金市场压力过大。

英国脱欧决定让全球金融市场陷入混乱，意味着美联储2016年的加息计划也不得不搁置。结束量化宽松后，美联储最初确实是在朝着加息的路线走，但持久的油价下跌打乱了美联储的加息步骤，最后不得不将加息由目的变成手段对油价进行止跌，由此在市场屡屡预期美联储加息而次次落空的情况下，美联储的加息行动已演变成有其名而无其实的幌子。如果5月份美国的非农数据不是那么糟糕的话，按照油价的回升势头，美联储6月加息几乎没有什么悬念，但美联储终究放不下的还是英国脱欧公投。因为英国脱欧，必然导致美元强势，油价承压，就相当于替美联储完成了一次加息；若美联储加息，就会产生叠加效应，有可能将回升的油价再次打入谷底，美联储又要陷入"能源价格下滑"的困扰而无法加息。

英国脱欧对于油价最大的威胁在于市场风险意愿层面，如果该事件引发了全球金融环境不稳定性的大幅飙升，避险需求高涨将削弱投资者对风险资产的配置比例，从而影响到油价。美国页岩油活跃钻机数已连续3周增加，如果24日当周继续增加的话，必然导致石油价格雪上加霜进一步承压下行。不过，庆幸的是24日英国公投虽然已决定脱欧，但美国石油钻机数未能再度增加。截至2016年6月24日当周美国页岩油活跃钻机数减少7台至330台，在连增3周后再度下滑。美国钻机数据公布后，WTI油价和布伦特油价变化不大，市场依然被英国脱欧引发的避险情绪主导。原油市场仍围绕英国退欧担忧，加之大量投机客的"捣乱"，油价回升乏力。

"不要想（美联储）短期内加息了，"渣打银行经济学家托马斯·科斯特格（Thomas Costerg）表示，"我担心的是，英国退欧可能会成为压垮美国经济成长的一根稻草。"过去一年市场波动，美元日益升值损及出口商获利，油价和通胀偏低，美国贸易伙伴国经济增长减缓，这些因素已成为美联储维持货币政策不变的理由。

乔·盖格农（Joe Gagnon）曾在美联储工作了近20年，现在是彼得森国际经济研究所（Peterson Institute for International Economics）的经济学家。盖格农原本认为，美联储2016年会加息一次。但英国退欧将使英国经济陷入衰退，并不利于美国出口、就业增加和经济成长，影响相当于美联储至少加息25个基点。盖格农说："这可能意味着2016年不会加息。"全球性事件一再束缚美联储的手脚，美联储不愿采取任何行动，担心妨碍美国温和的经济复苏。

第八节　美联储在等待页岩油全面复出

本章开头讲了，美国能源信息署在原油产量数据上搞小动作，有意压低原油实际产量，给外界制造美国页岩油受不了低油价的打击而大幅减产的假象，以此麻痹竞争对手，暗中加紧生产页岩油。为了弄清美国官方的数据与真实数据到底有多大差异，作者多方搜集信息进行比对。从TRADING ECONOMICS网站公布的相关产油国产量数据看，果然，美国能源信息署在第一时间公布的原油产量数据确实令人置疑（见表5-8）。

表5-8　美国、沙特阿拉伯、伊朗原油产量比对（2015年12月至2016年5月）

国家	美国能源信息署数据（万桶/日）						
	①2015/12	2016/1	2016/2	2016/3	2016/4	②2016/5	差值（②-①）
美国	925	919	913	913	900	875	-50
沙特阿拉伯	990	998	995	1000	1000	1030	40
伊朗	280	285	305	320	350	361	81
国家	TRADING ECONOMICS网站数据（万桶/日）						
	①2015/12	2016/1	2016/2	2016/3	2016/4	②2016/5	差值（②-①）
美国	926.2	917.9	912.9	912.7			
沙特阿拉伯	1014.4	1023.0	1022.0	1022.4	1026.2	1027.0	12.6
伊朗	335.0	337.0	338.5	340.0	350.0	360.0	25

资料来源：美国能源信息署。tradingeconomics.com。

注：上述数据采集于2016年6月27日。

TRADING ECONOMICS网站公布的美国原油产量数据以最后一次调整的为准，而对美国能源信息署第一时间公布的或经过一次调整的数据并不十分认可。比如美国2016年4月的原油产量为900万桶/日（已经过一次调整），5月的原油产量为875万桶/日（第一时间公布的），这两个数据没有被TRADING ECONOMICS网站采纳，截至2016年6月27日这两个月的产量数据仍是空缺。而之前经过多次调整的2015年12月至2016年3月的美国原油产量数据则被TRADING ECONOMICS网站基本确认和采纳，但存在细微差异。

不仅如此，美国能源信息署公布其他产油国的产量数据也与TRADING ECONOMICS网站不一致，而且差异还很大。比如沙特阿拉伯2015年12月至2016年4月的原油产量，美国公布的数据比TRADING ECONOMICS网站分别少24万桶/日、25万桶/日、27万桶/日、22万桶/日、26万桶/日；伊朗2015年12月至2016年3月的原油产量，美国公布的数据比TRADING ECONOMICS网站分别少55万桶/日、52万桶/日、33万桶/日、20万桶/日。沙特阿拉伯2016年5月的原油产量，美国公布的数据比TRADING ECONOMICS网站多3万桶/日，而伊朗2016年4月、5月的原油产量，两家公布的数据基本一致。

两家公布的数据，差异如此之大，到底哪家的数据更可信呢？相比而言，作者觉得TRADING ECONOMICS网站公布的数据更靠谱。既然美国能源信息署对本国的原油产量数据都能玩小动作，对他国的数据也就可想而知了。那么，美国为何要对沙特阿拉伯、伊朗的原油产量数据要小动作？2016年5月的原油产量较2015年12月，按美国公布的数据，美国每天减产50万桶，沙特阿拉伯每天增产40万桶，伊朗每天增产81万桶；按TRADING ECONOMICS网站公布的数据，沙特阿拉伯每天增产12.6万桶，伊朗每天增产25万桶。按照美国的逻辑，2016年以来，美国因减产而失去的原油市场份额已被沙特阿拉伯和伊朗抢占，还特意渲染伊朗自1月解除制裁以来，原油产量猛增，并以此向市场证明，油价的回升归功于美国的减产，而沙特阿拉伯、伊朗的增产则进一步加剧全球原油供应过剩。实际上，沙特阿拉伯、伊朗每天增产的总量不到40万桶，仅37.6万桶，占美国公布的产量减幅的75.2%。

在2008年12月以前，伊朗每天的原油产量保持在380万桶以上（见图5-15），2005年7月，也就是联合国对伊朗实施第一轮制裁前，伊朗每天的原油产量接近400

万桶。伊朗拒绝参与多哈冻产协议，称产量必须恢复到制裁前的水平才考虑冻产。美国借此故意压低伊朗解除制裁前的产量数据，推高伊朗解除制裁后的增产幅度，使之成为全球原油市场过剩的关注点。

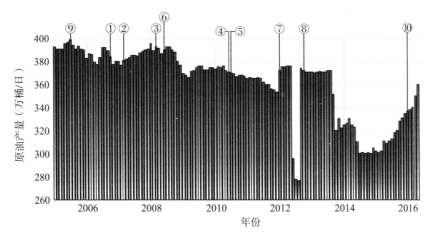

图5-15　国际制裁期间伊朗原油产量走势（2005年至2016年5月）

资料来源：tradingeconomics.com。邓正红软实力研究应用中心。

注：①2006年10月联合国对伊朗第一轮制裁；②2007年3月联合国对伊朗第二轮制裁；③2008年3月联合国对伊朗第三轮制裁；④2010年6月联合国对伊朗第四轮制裁；⑤2010年7月美国单方面制裁伊朗；⑥2008年6月欧盟对伊朗制裁；⑦2012年1月欧盟对伊朗新一轮制裁；⑧2012年10月欧盟扩大对伊朗制裁；⑨2005年7月伊朗每日原油产量接近400万桶；⑩2016年1月16日国际解除对伊朗制裁。

受西方制裁影响，伊朗在过去的10年中，日均出口原油被限制在120万桶。由于受制裁，伊朗的石油出口从2012年的每天250万桶减至每天100万桶，伊朗的市场份额也逐渐被其他产油国侵占。伊朗作为一个石油生产成本极低的石油储量大国，当海外资产、贸易通道、金融手段全部打开的情况下，伊朗必定会通过大幅增加石油出口来提高自己的市场份额。伊朗石油部长赞加内曾表示，西方经济制裁解除后，伊朗将立即日均增加50万桶原油出口量，6个月内日均还将额外增加50万桶出口量。

2016年4月，欧洲每天从伊朗购入50万桶原油，而在2012年中期对伊朗制裁收紧之前，欧洲的单日购买量为60万桶。6月17日，赞加内称，伊朗原油产量继续攀升，当前已经超过了380万桶/日，其中出口量逾200万桶/日。这意味着，伊朗已经逐渐夺回失去的市场份额，同时也直接令世界原油供给过剩的局面进一步恶化。

美国原油产量自2015年4月达到峰值后，截至2016年6月，已连续14个月产量低于950万桶/日，自2015年10月以来，连续9个月产量下降。美国页岩油产量在2015年3月达到峰值547万桶/日（见图5-16），到2015年12月产量仍保持在526万桶/日，对比3月的峰值仅减少21万桶/日，所以，沙特阿拉伯发起的对美国页岩油的两轮打击战，成效并不明显。这主要得力于美联储结束量化宽松以来，长达14个月的超低利率政策对美国页岩油生产的支持。

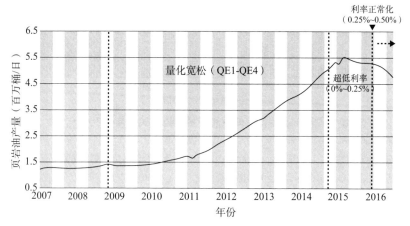

图5-16 美国页岩油产量走势（2007年至2016年6月）

资料来源：美国能源信息署。邓正红软实力研究应用中心。

注：图中数据为美国能源信息署2016年7月公布。

2015年12月7日，距离美联储宣布加息还有9天时间，美国能源部长莫尼兹（Ernest Moniz）对媒体称："美国石油生产不会大幅下降，虽然有小幅下跌，但相比过去数年同期，日均产量还是增加了400多万桶。"莫尼兹表示，尽管美国钻塔关闭数量一直在增加，加上支出削减和不少页岩油项目被取消，但美国石油生产将会实现复苏。莫尼兹补充说："我们不会寻求限产。"就像天然气那样，价格持续走低，但产量还是不断增加。

美国页岩油真正持续减产是在美联储宣布加息之后，2016年以来页岩油产量逐月下降。按2016年7月美国能源信息署公布的数据（见图5-17），1月日产519万桶，减7万桶；2月日产515万桶，减4万桶；3月日产509万桶，减6万桶；4月日产496万桶，减7万桶；5月日产489万桶，减7万桶；6月日产477万桶，减12万桶，较2015年12月累计减产49万桶。这里要说明一下，美国页岩油持续减产分为两个阶段，2016年8月美国能源信息署对过去页岩油部分月产量进行了调整，将第二阶段的持续减产从2015年11月开始后移一个月，即从2015年12月开始。第一阶段持续减产开始于2015年4月至9月，这个没有变化，只是其中有些月份的产量有微调。后面分析页岩油产量衰减周期，主要指第二阶段的持续减产。

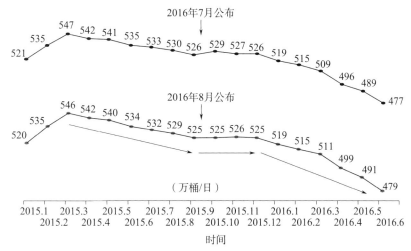

图5-17 美国页岩油产量调整前后比对

资料来源：美国能源信息署。邓正红软实力研究应用中心。

美国页岩油的发展服从于美国能源独立战略。自2008年以来，美国页岩油产量变化历经3个阶段，每个阶段美联储都在用心布局。第一阶段是页岩油产量爆发期，从2008年12月到2014年10月，美联储大印钞票，增加市场流动性，得益于廉价的资本支持，页岩油产量暴增，从2008年11月的日产141万桶增至2014年10月的每日507万桶，每天产量增加了366万桶；第二阶段是页岩油高产维持期，从2014年11月到2015年12月，虽然量化宽松结束，国际油价暴跌，得益于美联储的超低利率政策，页岩油产量仍保持在高位，从2014年10月的日产507万桶增至2015年12月的每日526万桶，每天产量增加了19万桶；第三阶段是页岩油产量下降期，从2016年1月到2016

年6月，受美联储加息节奏影响，页岩油自甘沉落，产量逐月下降，从2015年12月的日产526万桶降至2016年6月的每日477万桶，每天产量减少49万桶（注：上述数据源于2016年7月公布的数据）。

本书写到这里的时候，2016年6月份已经过去，美国页岩油在这个月开始动作了，美联储却在密切监控油价变化。在这个月，美联储最担忧的不是美国5月非农数据的糟糕表现，而是英国脱欧。为将英国脱欧对油价的影响降至最低，事先白宫已对沙特阿拉伯施压，沙特阿拉伯为着本国经济转型最终妥协，宣布石油战争结束。6月是页岩油复出的关键时刻，油价已涨到每桶50美元，美联储小心谨慎，尽一切努力保持油价不至于有大的波动。

整个6月发生的大事较多（见图5-18），2日的欧佩克石油大会、14至15日的美联储议息会议、22日沙特阿拉伯宣布停止石油价格战、23日英国脱欧公投、24日英国公投结果是脱欧，这一连串的大事接踵而来，让市场对国际油价的走势忧虑重重，还好，全月WTI油价基本稳定在46～51美元/桶的区间。50美元/桶的油价对美国页岩油来说是一个重要关卡，6月页岩油确实开始活跃起来了。6月3日、10日、17日的当周，美国石油活跃钻机数持续增加，24日当周受英国脱欧、美元强势的影响，活跃钻机数量有所减少，到7月1日当周，活跃钻机数再次增加，超过17日当周的钻机数量。全月活跃钻机数较5月最后一周增加25台至341台。

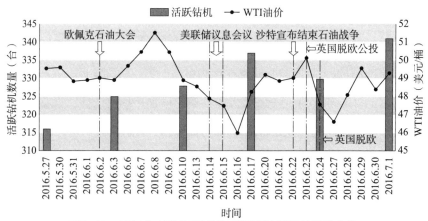

图5-18 2016年6月WTI油价和美国石油活跃钻机数变化

资料来源：贝克休斯。邓正红软实力研究应用中心。

从国际油价暴跌以来，以石油独立为核心内容的美国"能源独立"战略在加速推进，但美国页岩油开发面临两难处境。一方面，随着美国"能源独立"战略的推行，美国的石油进口量大幅减少，造成国际油价下降是必然的；另一方面，美国"能源独立"战略是建立在高国际油价基础上的，尽管页岩油开采成本在持续下降，但仍高于常规石油，只有国际油价高于美国页岩油生产成本，美国"能源独立"才有保障。这就是说，美国要通过页岩革命推进"能源独立"，必然带来国际油价下降；而国际油价的下降，又会阻碍美国"能源独立"战略的实现。

按照美联储的逻辑，只有油价企稳至每桶50美元，才能确保页岩油复出，通胀率才有可能回升到2%的设定目标。仅从这点看，美国不希望造成石油价格大幅波动，因为油价的大幅震荡会对全球经济产生负面影响，最终将不利于美国的发展。从结束量化宽松到美联储近10年来首次升息，历经14个月，而最后的加息是美联储为终结油价下跌不得已而为之的，因为国际油价持续跌下去，美国页岩油承受不了，美国经济也承受不了。正如耶伦2015年12月16日在华盛顿举行的记者会上所言，"在通胀上我们大幅落后，对油价进一步下行感到'意外'，期待油价企稳。没有一个简单的公式可以计算出通胀表现会如何影响未来的加息。"

过去8年来的事实证明，无论是6年的量化宽松、14个月的超低利率，还是近10年来首次加息抑或渐进加息的节奏，美联储的这一切行动都与美国"能源独立"战略之页岩油战略密切相关。下一步，美联储何时加息，一要看国际油价企稳后能维持多久，二要看美国页岩油复出的进展情况。可以预计的是，在美国页岩油未完全复出之前，美联储是不会轻易加息的，因为这关系到美国"能源独立"战略的推进和实现。

7月4日，普氏能源资讯有则消息，挪威吕斯塔德能源公司一项研究报告指出，美国已发现的原油蕴藏量首度超过沙特阿拉伯与俄罗斯，总量达2640亿桶，超越沙特阿拉伯的2120亿桶及俄罗斯的2560亿桶。吕斯塔德公司这项研究涵盖全球6万处油田，历时3年才完成。该报告称，全球总蕴藏量为2.1万亿桶，以目前每年全球生产300亿桶计算，相当于70年的产量。报告还特别提到，许多其他国家未来都不会有惊人的油藏发现，但美国例外。美国半数以上的油藏为页岩油，单是得州就拥有600亿桶以上；最近在得州及新墨西哥州发现的页岩油田将是油藏最丰富的产区。由此可见，页岩油是美国"能源独立"战略的决定性因素。

按照相关机构估算，一般来说，美国页岩油全面复工大致需要1年。6月份美国页岩油已启动复工，如果按照1年的复工周期推算，美国页岩油全面复出可能要到2017年中期。那么，美国页岩油为何要选在6月份开始复工？美国能源部长在两个月前后的相关言论已若隐若现地透露出其中原因。

为期两天（6月29—30日）在北京召开的2016年20国集团（G20）能源部长会议刚刚结束，会后（7月1日），莫尼兹在北京与沙特阿拉伯能源大臣法力赫会面。法力赫认为，油市将在2016年底达到平衡，预期将在2017年实现平衡。同时，沙特阿拉伯的石油政策将遵循市场，而非配额。沙特阿拉伯将维持闲置产能不变，并称欧佩克将对短期市场需求做出回应。莫尼兹称："这样预计是合理的，但也可能要到2017年才会恢复平衡，因为油价上涨已经开始刺激新的产量出现。"莫尼兹表示，石油市场的供需会在1年内达到平衡，但是油价不太可能马上有很大的改变。当油市达到再平衡时，市场的石油供应将会很充足，因为原油库存较高。

其实，莫尼兹关于原油供需1年内实现平衡的这番言论，早在两个月前就公开了。5月2日，莫尼兹在日本北九州召开的7国集团（G7）能源部长会议结束后表示，国际油市供需平衡化趋势看起来非常可信，油市或将在1年内实现平衡。这或将改变油价走向。但从结构上看，原油库存依旧很大，供需目前尚未达到平衡。

油市实现平衡需要1年，页岩油全面复工需要1年。按莫尼兹5月初的讲话，表明美国页岩油在5月就已为启动复出做准备。7月初莫尼兹再次强调油市平衡需要1年，而且是呼应法力赫的讲话，表明美国页岩油已开启"复出模式"，并与沙特阿拉伯达成了这方面的共识，沙特阿拉伯不反对页岩油的复产。很明显，美国早已预见到原油过剩的问题将在1年内消化解决，因此要踏着这个步调让页岩油全面复出，这样可在油市恢复平衡后全面出击，抢占市场份额。

基于油市实现平衡、页岩油全面复工都需要1年的时间，若按照这个节奏估计，美联储下一次加息可能在2017年5月至6月。作者的这个预计与市场分析师的预计基本吻合。鉴于美联储对于波动和短期数据势头的高度敏感，分析师预计美联储下次加息时间是2017年5月，并且2017年只会加息两次。当然，预测不是一成不变的，随着实际情况的变化，作者对美联储加息的预测也在不断调整。

第九节　国际石油巨头挑战美国页岩商

进入7月以来，美国的石油活跃钻机数量持续保持复苏增长趋势，已由5月27日当周的最低点316台增至7月29日当周的374台，增幅为58台，其中有35台钻机来自二叠纪盆地，占全部增幅的60%（见图5-19）。如果说油价在2016年4月底先是突破45美元/桶，之后又一度突破50美元/桶，掀起了一场关于美国页岩油到底多少美元能够起死回生的讨论，那么自4月底开始的美国最优质的页岩油区块二叠纪盆地率先开始增加钻机就让担忧成为了现实。

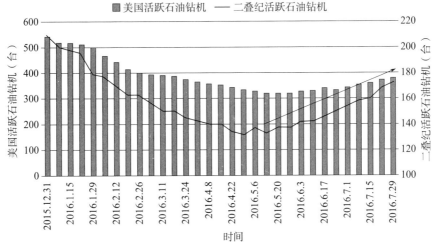

图5-19　美国二叠纪页岩油产区活跃石油钻机变化（2016年1月至7月）
资料来源：贝克休斯。邓正红软实力研究应用中心。

需要特别说明的是，新增钻机形成的新井将会进行水力压裂并投产，从增加钻机到形成产量一般需要3个月时间，而从开始对库存井进行水力压裂作业到形成产量一般在两个月以内。增加钻机所能够打的井的数量受到已批复的许可证数量的限制，往往需要更长的时间石油公司才能够从监管部门获得许可证。

二叠纪盆地在45～50美元/桶率先且快速增加钻机，本无可厚非，因为二叠纪是全美最优质的页岩油产区，45～50美元/桶的油价远远高于其收支平衡点。但是，二叠纪的率先"增钻效应"正在向美国其他页岩区块传递。其他数个质地远不如二叠纪、收支平衡价格高得多的美国页岩油产区纷纷步二叠纪后尘开始连续增加钻机。这已预示着，在连续多年削减成本后，45～50美元/桶的价格已经让至少一部分美国页岩油公司进入低油价下的预算舒适区。

二叠纪盆地从4月29日当周最低点132台开始到7月29日当周已经连续增加40台活跃钻机且势头不减。按照当前钻机效率，加上对库存水平井进行水力压裂作业并且投产的情况进行估算，二叠纪应该能够形成半年约33～43万桶/日的新增产量，如果配合上对库存井的投产，仅此一处就可能形成35～50万桶/日的新增产量。这将使得美国原油产量衰减速度到2017年中期减缓约一半左右。如果美国的石油钻机持续增加，那么美国的石油产出的削减趋势可能将会结束。

整个7月WTI油价下跌了16%，到8月2日，油价跌破40美元/桶至收盘39.72美元/桶，盘中曾跌至39.26美元/桶的低点，对此，马拉松石油、大陆资源、阿帕奇3家页岩公司已经没有年初油价暴跌的那种紧张感了，反而更加从容不迫。8月4日，3家公司的高管们在各自的季度收益电话会议上都显示出了相对乐观的态度，他们在会上提出继续井产量改善以及展望2017年，他们都期待明年更高的油价预计将刺激更多的钻井活动。这表明，持续两年的低油价，页岩商苦练内功，大幅削减成本和提高井产量，已使他们有足够的底气面对低油价。

7月油价下跌了16%，美国页岩油活跃钻机却增加了10%，新增钻机数量累计达33台。这种逆市而上的钻机增加态势，显示出低油价阻挡美国页岩油复出的作用在减弱。尤其值得注意的是，整个7月，美国石油行业陆地钻井活动增加不仅在开采，还包括勘探，但是，此轮美国钻井活动增加并不是由大公司主导的，主要由小型的私有公司驱动。私有的勘探和开采商的钻机数量已经从5月份的低点大幅增加60%，而石油巨头们的钻机数量则下降了6%。

在油价下跌的情势下，小型石油商忙于增钻，石油巨头却减钻。那么，石油巨头们在忙什么呢？全球石油巨头们正在投入大量的资金用于改善页岩钻井领域的性能。8月16日的《华尔街日报》称，以英国石油为代表的国际石油行业巨头再次向页岩油领域发起进攻，他们希望可以尽快掌握水力压裂技术并进行技术革新，以维持一定的产量水平。一旦成功，就意味着页岩革命将迎来"第二春"。

长达20个月的低油价迫使美国小型页岩商基本完成了提产降本的软实力运营转型，而今这些小公司蓄势待发，低油价的"魔咒"似乎已成历史，美国页岩商的全面复出已经不是问题，只是在时间节点上的选择。美国页岩油重出江湖的势头日渐显露，国际石油巨头们不甘人后，正紧锣密鼓地革新页岩钻井技术，以提升产量，赶在第二波页岩热潮来临之际抢占先机。

众所周知，美国的页岩革命是由中小油气公司主导的。趁着油价暴跌，美国页岩商悄悄地进行了技术和效率上的蝶变转型。从国际石油巨头跃跃欲试页岩钻井技术劲头看，可以预计，美国中小页岩商在即将来临的第二波页岩热潮中，面临的最大挑战不是资金问题，也不是低油价问题，而是来自国际石油巨头的页岩竞争。

在众多石油商中，有两兄弟的举动来势很猛，一个是作为英国石油首席执行官的大卫·劳勒（David Lawler），另一个是大卫·劳勒的哥哥罗伯特·劳勒（Robert Lawler）——美国石油天然气巨头切萨皮克的首席执行官。劳勒兄弟正在创新水力压裂技术，欲与水力压裂技术领先者一争高下。

英国石油正在美国得克萨斯州的潘汉德尔钻油，在地下1.5英里处，水平放置的管道向3个方向延伸至少1英里，形状就像鸡爪一样。大卫领导的这部分试验，就是想把1个油井变成3个。如果成功了，那么英国石油将成为页岩油开采技术的创新者。罗伯特则试图通过钻井租赁项目带领切萨皮克能源走出负债困境。罗伯特认为，美国的油井极具诱惑力，但耗资巨大，这在油价45美元/桶的大环境下显得尤为奢侈，因此，变革势在必行。劳勒兄弟代表了水力压裂革命的第二波大潮，他们希望将页岩油的开采在财务上变得更加持续、稳定，而不再用债台高筑的方式来支撑钻油活动。

《华尔街日报》认为，如果英国石油、埃克森美孚等石油巨头能够以低于当前油价的成本从水力压裂油井中抽出足够多的原油，那么他们便可维持当前的产量水平。但如果功亏一篑，就难以填补老化的大型海上油井所欠下的产量，也会被行业革新远远地抛在后面。迄今为止，石油巨头在美国水力压裂钻井上的表现不尽如人意，主要是因为技术没掌握到位。他们在这方面已经投入了不止200亿美元，有一些是因为要收购页岩油企；油价的下挫更是火上浇油。埃克森美孚已经连续6个季度在美国钻油业务上出现亏损了。

数据分析公司Nav Port称，与水力压裂技术领先的美国页岩油企相比，国际石油巨头的页岩油井产能仍然比较落后。2015年埃克森美孚、雪佛龙、英国石油和荷兰皇家壳牌的水平井平均产量仍然比美国领先页岩商的产量低1/3（见图5-20、图5-21）。但从数据显示看，2016年前5个月石油巨头们的这一指标正在改善。

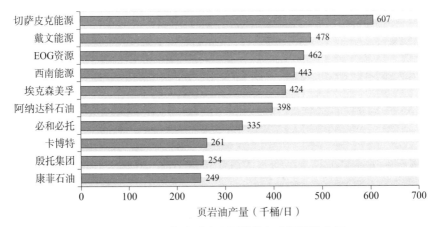

图5-20 2015年全球十大页岩油气商页岩油产量

资料来源：伍德麦肯兹。

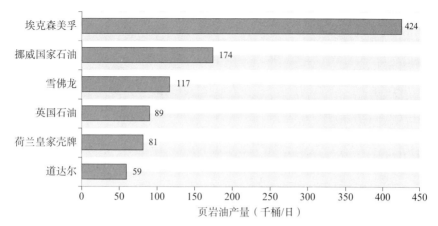

图5-21 2015年国际石油巨头页岩油产量

资料来源：伍德麦肯兹。

　　不过，大卫·劳勒对此却十分乐观，他相信英国石油的页岩油能够在国际低油价的情况下获利，关键在于要以"迅雷不及掩耳之势"实现变革。如果成功了，就意味着页岩时代还将持续数十年，而且不止是美国，其他新地区也将会出现钻井热潮。截至2016年7月，英国石油在俄克拉荷马州以及得克萨斯州的钻油成本已经下降了2/3，平均钻井时间为37天，比2012年的67天大有改善。

　　7月20日，哈里伯顿首席执行官戴维·勒萨尔（Dave Lesar）在公司财报中称，北美原油市场正在转型。勒萨尔表示，2016年下半年北美钻井数会可观地提高，"生产商以未曾预料到的速度在进行扩张。接触到的客户都在讨论钻井、收购等资本投入，简而言之，能源行业活过来了。"7月21日，斯伦贝谢首席执行官帕阿尔·吉布斯贾德（Paal Kibsgaard）在发布的财报中称，第二季度在公司全球业务的大部分地区中，市场状况进一步恶化，尽管如此，我们现在似乎已经到达周期的底部。

　　7月22日，美国MCW能源公司称，其研发的新型无水溶剂法油砂开发技术在美国犹他州的尤因塔盆地油砂区的现场测试已成功，该方法可采出油砂中99%的烃类，还能实现溶剂的循环利用；同时，处理后的砂体非常干净，可用来恢复地表，且整个生产过程不会产生废水。这项技术使用的溶剂本身也是烃类混合物，主要包括丙烷、凝析油和柴油等。利用该方法处理油砂的成本受油价影响，初步测算显示，在WTI油价为80美元/桶时，用该方法处理油砂的成本为35美元/桶；当WTI油价为35美元/桶时，处理成本为24美元/桶。MCW能源已在犹他州的油砂核心区建成并投产了一个产能为250桶/日的处理厂，并计划一年内将产能增至5000桶/日。

美国页岩油复出势头正在趋热，很多油气生产商已开始做扩产准备。杰富瑞银行覆盖25家勘探和开采公司，2016年第二季度这些公司的支出增加了约11亿美元，增幅为4%，有10家公司增加了预算。杰富瑞表示，多数新增投资的石油产能应该在2017年投产，在2016年剩余时间里影响有限。诺布尔能源一直受到原油价格持续疲软的打击，但得益于改进以后的钻井效率提升，第二季度亏损却小于预期，不仅如此，还上调了全年油气总销售量的预测，提高幅度超7%，平均日产41.5万桶油当量。诺布尔能源第二季度油气销售量增加了42.8%至42.7万桶油当量/日。

戴文能源也将2016年油气产量预期上调了3%，日产量增加1.8万桶油当量。戴文能源称，预计中的产量增加部分将来自西得州米德兰盆地的非核心产区。6月份，戴文能源宣布将以8.58亿美元出售该地区很大一部分非核心资产。戴文能源表示，之前保留的非核心产区2016年下半年的产量将达到约1.5万桶油当量/日。

伍德麦肯兹在一份报告中称，2016年石油公司只需要50美元/桶的油价就能实现现金流的中性，而在2014年时需要90美元/桶的油价。此外，一些石油公司甚至正努力实现在油价40美元/桶的情况下达到现金流中性。全球石油项目的加权平均保本价格降低了8美元/桶，至51美元/桶，较2014年最高时期降低了19美元/桶。油价下滑以来，全球石油公司采取了一系列降本措施，其效果正在显现，其中美国页岩油项目的降本最明显，在60美元/桶的油价水平下，70%的美国页岩油新增钻井有经济性，2025年前可新增约900万桶/日的石油供应量。伍德麦肯兹的分析结果表明，美国页岩油生产商拥有强劲的生存反射，美国页岩油是此次降本战的最大赢家。

高盛预计，2017年美国页岩产量将显著增加，从2016年8月到2017年年底之间，美国在用钻机数将增加1倍多。美国陆上在用钻机数到2018年第四季度将增加到1069台，并预计新增的钻机每台需要雇用120～150名工人。高盛认为，随着预期产量的增加以及考虑到油气行业已解雇人员情况，美国的油气行业在2018年底前将需要雇用多达10万名工人。

随着页岩油开采的回升，美国原油产量加码上升。截至8月12日当周，美国原油产量上升15.2万桶/日，至859.7万桶/日，创出2015年5月以来最大升幅（见图5-22）。2015年5月22日当周美国原油产量增幅为30.4万桶/日，至956.6万桶/日。美国原油产量出现猛升，还有一个重要因素，就是用页岩油开发技术用于常规油井提高采收率。美国咨询公司IHS对美国得克萨斯州和北达科他州2010—2015年完钻并完井的4600口水平井进行的调查结果显示，约10%的水平井并非用于开发页岩油，而是开发常规油藏。这些常规油藏中的水平井是在原来直井的基础上钻的，因此完井成本更低，而且这些油藏附近都有比较完善的管道和基础设施。这表明，在40~50美元/桶的油价水平下，石油公司勘探开发的重点已不再是获得大发现，而是从现有生产井甚至已关闭的井中获得更多产量。IHS预计，这一做法可为全球新增油气产量1414亿桶油当量。

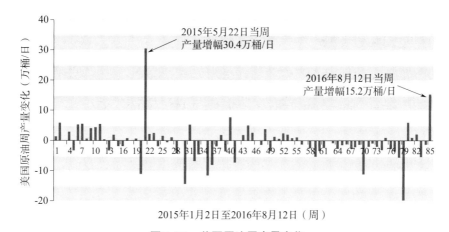

图5-22　美国原油周产量变化

资料来源：美国能源信息署。

自2014年中期国际油价暴跌以来，美国页岩油在用钻机尽管大幅减少，但单台钻机生产效率的提升比较明显，七大页岩区块除了海恩斯维尔、马塞勒斯的生产效率一直徘徊在日产油70桶以下的水平，其他5个区块的生产效率却在持续提高（见图5-23）。截至2016年7月，各区块石油钻机单台每日产能：鹰滩1062桶、奈厄布拉勒941桶、巴肯840桶、二叠纪513桶、尤蒂卡342桶，比2014年6月的生产水平，鹰滩增加了462桶、效率提高了77%，奈厄布拉勒增加了563桶、效率提高了149%，巴肯增加了401桶、效率提高了91%，二叠纪增加了319桶、效率提高了164%，尤蒂卡增加了250桶、效率提高了272%。这5个页岩区块，鹰滩生产效率最高，尤蒂卡的生产效率最低但提升幅度最大。低油价战争持续了两年，美国这5个页岩区块的生产效率整体上提升了114%。生产效率持续提升，意味着美国页岩商的开采技术在持续改进，开采成本在持续下降。这就是低油价期间美国页岩油大幅减钻而产量并未明显下降的主要原因。低油价不但没拖垮美国页岩油商，反而为美国磨砺出一支具有超强韧性的页岩油生力军，以英国石油为代表的国际石油巨头想挑战美国页岩商，是有得一拼的。

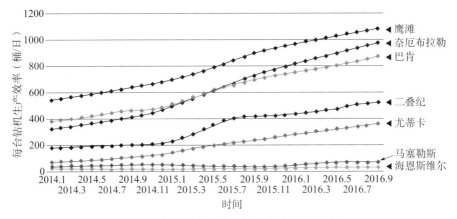

图5-23 美国七大页岩区块石油钻机生产效率

资料来源：美国能源信息署。

注：图中数据以2016年8月16日美国能源信息署公布的为准，2016年8月、9月的数据为预测值。

第十节 美国页岩油缓缓退出产量衰减周期

就在美国页岩商为页岩油复出加紧张罗之际，从路透社传来消息，刚刚被提名为美国共和党总统候选人的特朗普打算提名传奇页岩巨头、大陆资源公司首席执行官哈姆（Harold Hamm）担任美国能源部长。特朗普一心要大力发展油气，加上哈姆，这个组合无疑给美国油气行业打上兴奋剂。特朗普的能源政策相当激进，他提出，只要能够让美国石油工人有活干、有钱赚，就应该多打井。尤其应该通过加大美国国内产量阻止欧佩克在油气板块继续发号施令。

特朗普打算终止美国加入全球气候协议（GloBAl CliMATe Accord）的计划，表示那些妨碍复苏美国油气行业的环保政策将被废除。从经验来看，美国国内严格的环保政策加重了油气成本，其中原油5~15美元/桶、天然气0.3~1美元/百万英热单位，虽不能完全减掉，但是也直击油气行业痛点，这很有可能来自于哈姆的指点。特朗普的这项提议直接同民主党候选人希拉里提出的要加大可再生能源比例、限制非可再生能源比例的提议背道而驰。考虑到美国石油工业的从业人数远远大于环保和可再生能源行业的从业人数，这确实是能够充分撩动油气从业者心扉的提议。

2016年7月12日，美国能源信息署公布了6月份的原油实际产量为863万桶/日，比预测值860万桶/日多3万桶，不仅如此，与作者6月8日采集的数据对比（见表5-9），5月的实际产量调增6万桶至881万桶/日。较2015年12月原油产量925万桶/日，1—5月美国原油累计减产从50万桶/日降至44万桶/日，按6月的实际产量计算，1—6月美国原油累计减产62万桶/日。按照6月8日采集的预测值，2016年美国计划每日减产原油累计达101万桶；按照7月12日采集的预测值，2016年美国计划每日减产原油累计达100万桶。

表5-9　美国能源信息署公布2016年美国原油产量（万桶/日）

项目	1月	2月	3月	4月	5月	6月	7月	8月	9月	10月	11月	12月
产量①	919	913	913	900	875	*860*	*847*	*822*	*810*	*819*	*826*	*824*
产量②	919	916	915	893	881	863	*847*	*822*	*810*	*819*	*826*	*825*
产量③	919	916	917	895	889	875	*857*	*849*	*829*	*839*	*847*	*845*
产量④	919	915	917	895	889	870	863	*846*	*837*	*850*	*860*	*860*

资料来源：美国能源信息署。

注：①表中数据是美国能源信息署在2016年6月8日公布的，斜体数字为预测值。②表中数据是美国能源信息署在2016年7月12日公布的，斜体数字为预测值。③表中数据是美国能源信息署在2016年8月9日公布的，斜体数字为预测值。④表中数据是美国能源信息署在2016年9月7日公布的，斜体数字为预测值。

　　这里要向读者说明的是，本书的写作一直在按美国能源信息署逐月公布原油产量实际数据的节奏向前推进，随着新数据的公布可能会对既有的历史数据进行调整，这虽然是美国能源信息署惯使的手法，但从新旧数据差异亦可看出美国原油生产隐藏的真正意图。所以，一旦新数据公布，作者会回过头来不厌其烦地比对新旧数据。

　　从8月9日美国能源信息署公布的原油产量数据看，美国的原油减产在不断"缩水"。7月的实际产量为857万桶/日，比预测值847万桶/日多10万桶，3—6月的产量数据比7月公布的数据分别调增了2万桶、2万桶、8万桶和12万桶。8—12月的预测值较7月公布的数据，都有较大幅度的增加，8月产量预测增加27万桶/日，9月预测增产19万桶/日，10月预测增产20万桶/日，11月预测增产21万桶/日，12月预测增产20万桶至845万桶/日。照此预测计算，2016年美国计划每日减产原油累计仅为80万桶，相比7月公布的减产计划，每日产量减幅减少了20万桶。

　　这说明，美国早先公布的原油减产量包含了一部分人为的"数据减产"，这部分"数据减产"是比照停钻的幅度推出的，意在制造大幅减产的假象，而每台活跃钻机因生产效率提高所带来的原油增产量却被美国能源信息署隐瞒了；而8—12月的产量预测每月平均被调增21.4万桶/日，这与美国页岩油6月以来连续增钻预期后几个月大幅增产有关。美国页岩油活跃钻机自6月3日当周转增，截至8月12日当周，已连续增钻累计达80台，其中二叠纪盆地就占了52台，占比65%。很明显，美国已对页岩油全面复产信心满满，因而将未来几个月的原油产量大幅调增。

　　9月7日，美国能源信息署又公布了新的原油产量数据，对于既往月份的产量数据调整就不再赘述了，因为美国能源信息署玩的"数字游戏"太频繁了，多讲已无意义。这里仅就从7—9月公布的4个版本数据中基于12月产量预测变化进行简单比对（见图5-24），相比2015年12月的产量水平，2016年12月美国原油产量累计减产到底有多少。6月版本累计减产101万桶/日，7月版本累计减产100万桶/日，8月版本累计减产80万桶/日，9月版本累计减产63万桶/日。9月版本与7月版本相比，累计产量减幅减少了37万桶/日。美国原油产量减幅的缩小意味着对未来增产的信心增强，这种增产信心始于2016年8月。

图5-24　2016年12月美国原油产量预测与2015年12月产量水平比对
资料来源：美国能源信息署。

从美国每月实际原油实际产量看，从2015年10月开始，截至2016年8月，美国原油产量已连续11个月减产，那么美国这轮原油产量衰减周期何时结束呢？读者仔细观察2016年9—12月每月产量预测值的变化，就会发现，10月的预测值比9月增产13万桶/日，这说明，本轮美国原油产量衰减周期将持续至2016年9月而终结（见图5-25）。美国页岩油产量衰减周期与原油总产量衰减周期基本一致，不同的是，页岩油减产是从2015年12月开始的（见图5-26），根据预测值，至2016年9月结束，持续减产10个月，比原油总产量衰减周期少两个月。这里要说明一下，美国页岩油产量衰减周期是本书结合美国原油产量衰减周期得出的初步预测，仅供读者阅读参考，基于美国原油产量实际数据在不断调整，页岩油产量的衰减周期也有可能会延至12月，这样页岩油减产周期和原油减产周期刚好都是1年，只是错开了两个月，两者的减产没有完全同步。

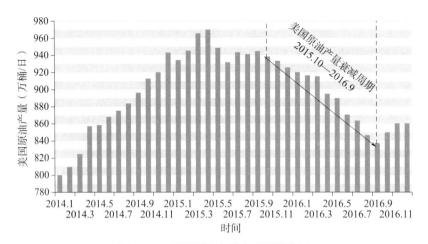

图5-25　美国原油产量衰减周期分析

资料来源：美国能源信息署。邓正红软实力研究应用中心。

注：图中2016年4月以前的数据以2016年7月12日美国能源信息署公布的为准，2016年4月至12月的数据以2016年9月7日美国能源信息署公布的为准，2016年9月至12月的产量为预测值。

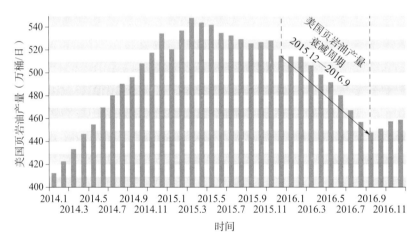

图5-26　美国页岩油产量衰减周期分析

资料来源：美国能源信息署。邓正红软实力研究应用中心。

注：图中2016年10月以前的数据以2016年9月12日美国能源信息署公布的为准，2016年9月至12月的产量为预测值，其中10月至12月的数据系本书根据页岩油产量占比×当月美国原油预测产量所得。

本轮美国原油产量衰减周期恰好为1年。2015年9月美国原油产量为945万桶/日，经过持续12个月产量递减，到2016年9月将减至837万桶/日（注：此处为美国能源信息署2016年9月7日公布的预测值），美国原油每日产量累计减少108万桶。2016年10月13日，美国能源信息署公布9月的实际产量为840万桶/日，这个产量值与2014年3月至4月的平均产量843万桶/日基本相当，这意味着经过持续1年的减产后，美国原油生产将从2014年3月的产量水平起步。可以预计，美国原油产量新一轮高峰将在2018年爆发。

一般来说，从实际作业安排考虑，美国页岩油减少钻机或增加钻机，在产量上的反应至少需要3个月时间。所以，美国页岩商无论缩减钻井和完井计划还是增加钻井和完井计划，产量的增减都要在3个月后体现出来。美国石油活跃钻机数量减少从2015年9月开始（注：2015年8月活跃石油钻机数变化是增加的），持续了9个月，2106年6月、7月石油活跃钻机数增加。按照3个月的缓冲期，这里简单地推算了一下，钻机数减少和增加，所顺延的减产时间和增产时间，恰与美国能源信息署公布的原油产量（或预测值）变化一致（见表5-10）。

表5-10　美国石油活跃钻机数量变化对原油产量的影响

钻机数变化月份	活跃钻机（台）	变化幅度（台）	影响原油产量月份	产量变化	实际（或预测）原油产量变化（万桶/日）
2015年9月	641	-34	2016年1月	减产	-6
2015年10月	578	-63	2016年2月	减产	-3
2015年11月	555	-23	2016年3月	减产	±1*
2015年12月	536	-19	2016年4月	减产	-22
2016年1月	498	-38	2015年5月	减产	-6
2016年2月	400	-98	2016年6月	减产	-14
2016年3月	372	-28	2016年7月	减产	-18
2016年4月	332	-40	2016年8月	减产	-8
2015年5月	316	-16	2016年9月	减产	-20
2016年6月	330	14	2016年10月	增产	10
2016年7月	374	44	2016年11月	增产	8

资料来源：贝克休斯。美国能源信息署。邓正红软实力研究应用中心。

注：表中活跃钻机数为当月最后一周的活跃钻机数；产量变化的数值以2016年8月9日美国能源信息署公布的为准，斜体数字代表预测值；3月产量变化标注为±1，按7月公布的数据为减产1万桶/日，按8月公布的数据则为增产1万桶/日，但按持续减产的分析逻辑，仍将3月产量变化视为减产。

7月26—27日，美联储召开了议息会议，会后发布政策声明，如市场预计，联邦基金利率目标区间维持在0.25%~0.50%不变。重申预计未来经济走势将使其有理由实施渐进式加息。美联储6月的议息会本可加息，但5月就业增长仅3.8万人，远不及预期的16万人，加上英国脱欧公投，打乱美联储的加息节奏。美国6月的非农就业新增人数大大高于预期，就业增长28.7万人，远高于预期的18万人，按理说，这个震惊世界的良好数据足可改变美联储的利息基调，但7月的议息会议仍然维持既有的利率政策。

5月和6月的就业增长，一个极低（低于预期12.2万人），一个极高（高于预期10.7万人），这一惊一乍弄得美联储真不知如何决策，但结果都一样——不加息（见图5-27）。美联储官员可能学乖了，在加息方面更加谨慎。对于6月的就业形势，美联储会议声明称，威胁到美国经济的风险因素在减少，劳动力市场在好转，这意味着美联储认为形势在朝着有利于加息的方向转变。

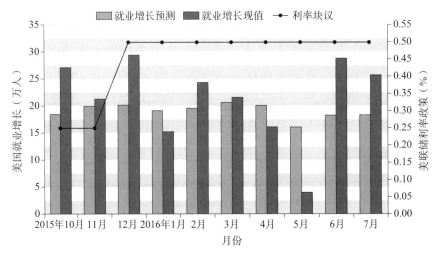

图5-27 美国就业增长与美联储利率政策

资料来源：美国劳工部。美国联邦储备系统。

表面上看，美联储利率决策是依据经济增长、通胀率和就业率，但实际上美联储的利率决策绝不仅止于这3个指标，如果美联储真的想加息，美联储完全可以对这3个指标做手脚使之变成加息的理由，就如同美国能源信息署对原油产量数据玩小动作。以就业增长为例，2015年12月美联储升息25个基点，但11月的就业增长人数仅比20万的预期超1.1万人，而10月的就业增长人数却远超18.4万的预期8.7万人。2015年12月的就业增长29.2万人，超出预期9.2万人，但2016年1月的议息会议并没加息。况且，2016年5月就业增长极低和6月就业增长极高，美联储两次议息会议都没有加息。美联储前主席伯南克统计了2012年以来，美联储在产出增长、失业率、长期联邦基金利率上的预测，发现官员们对这几个指标的预测在持续下调。伯南克认为，美联储意识到了他们过去对经济太乐观，劳动力市场没有想象中的那么强，通胀向上的压力也有限，美联储实施的货币政策没有看起来那样宽松，或者说，当前政策没有之前想象的那样具有刺激性。由此可以得出一个判断，3个指标动向并非美联储加息的实质方向标，美联储若想加息，3个指标即使不佳也是挡不住的，美联储如不想加息，3个指标即使很好也难促成。

其实，美联储以3个指标为掩盖，旨在制造是否加息的说辞，敷衍外界。这里特别提醒读者，美联储的利率政策是为美国经济战略服务的，绝非简单调控美国经济的战术性手段。6月、7月美联储不加息，主要是不给油价施压，等待油价企稳上升，为结束长达12个月的美国原油持续减产、为美国页岩油持续增加钻机直至全面复出做准备。6月WTI原油均价涨至48.76美元/桶，最高升至51.67美元/桶，这正是美联储所希望的，美联储怎么会加息打压油价上升势头呢？7月WTI原油均价降至44.97美元/桶，美联储开会的两天，油价已从7月1日的49.28美元/桶跌至41.91美元/桶（见图5-28），这也是美联储所不希望的，如果加息，岂不是雪上添霜，重演油价崩溃！

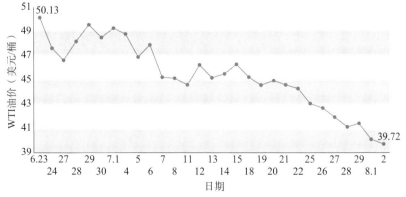

图5-28　2016年7月WTI油价走势

资料来源：新浪财经。

尽管从6月开始，美国页岩油在用钻机数量持续反弹，但新增钻机数量的幅度受油价波动的影响很大（见图5-29）。7月WTI油价从1日49.28美元/桶的高点一路下滑至29日41.38美元/桶的低点，跌幅达16%。油价下滑，美国在用石油钻机数量增幅也在下降，7月1日当周，也就是6月末的最后一周，美国在用石油钻机增幅为11台，之后4周在用钻机增幅随着油价的持续下跌而依次递减，到29日当周，钻机增幅降至最低仅3台。这说明，美国页岩油经过持续两年的技术革新和提效降本，已经能承受低油价的挑战，在油价跌破40美元/桶的时候仍在增钻就是有力的证明；但是，页岩油的复出并非倾巢而动，高油价对页岩油来说毕竟是很现实的，高油价意味着盈利更多，因此，页岩油增钻幅度也在看市场行情，行情看涨则多增钻，行情看跌则少增钻。但不管油市行情怎样，有一点是很肯定的，"青山遮不住，毕竟东流去"，美国页岩油历经两年的修炼转型，正顺乎而出，这势头似乎已很难阻挡。

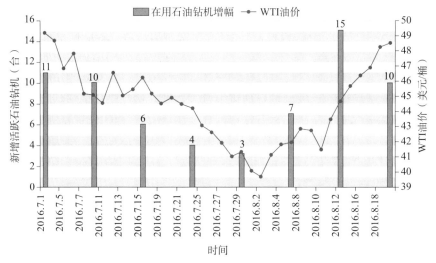

图5-29　2016年7月1日—8月19日美国在用石油钻机数量变化与WTI油价走势

资料来源：贝克休斯。新浪财经。邓正红软实力研究应用中心。

8月5日，美国劳工部发布了7月份的非农就业报告（见图5-30），7月新增就业人数25.5万人，远超预期的18万人，平均时薪增长由6月的0.1%提高至0.3%。就业报告公布后，市场在全线买入美元，对美联储2016年年内加息的预期增强，美联储12月加息概率由数据公布前的37.3%升至46.3%。美联储3号人物、纽约联储主席杜德利（William Dudley）更是称"9月加息是很有可能的"。前美联储主席格林斯潘（Alan Greenspan）预计，"利率必须上升，一旦开始上升，其迅速程度可能会令我们吃惊"。

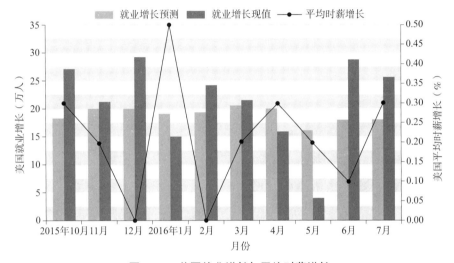

图5–30　美国就业增长与平均时薪增长

资料来源：美国劳工部。

9月会加息吗？如果比照2015年12月美联储参照前两个月的就业状况进行升息的话，这种势头还是有的，不过今非昔比，美联储就是想继续收紧政策也没那么容易。美联储在2016年一直推迟行动，第一次推迟是因为全球市场大跌，随后又因英国公投决定退欧而推迟。尽管如此，美联储仍渴望继续收紧货币政策，以凸显美国经济相对较强的力道。但是，以作者的观察，美联储之所以一再推迟加息，绝非简单地取决于经济增长、通胀率、就业增长这3个指标数据。8月17日，美联储公布的7月26—27日货币政策会议纪要显示，联邦公开市场委员会（FOMC）委员们普遍同意，在再次采取措施去除货币宽松政策之前，收集更多经济数据以评估劳动力市场和经济活动的潜在动力是谨慎之举。此外，部分委员倾向于等待更多证据来证明通胀率将可持续回升至2%的水平。

6月、7月强劲的就业报告使得美联储在下半年的加息预期提高，但这并不足以使美联储在年内改变其一直以来的观望态度。7月除了新增就业人数超出所有机构预期，平均时薪上升0.3%，达到每小时25.69美元，每周平均工作时间也有小幅增长。这些数据都有利于美联储的加息，但美国的通胀水平自2014年7月以来一直处于美联储2%的目标之下，2016年7月的通胀水平从5月、6月的1.0%降至0.8%（见图5-31）。这一直是美联储采取加息行动的阻碍。

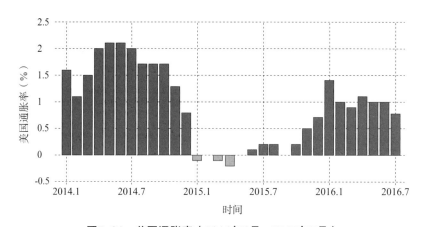

图5-31　美国通胀率（2014年1月—2016年7月）

资料来源：美国劳工部。

还有一个重要因素，7月的就业形势虽然乐观，但推动就业岗位激增的行业主要集中在服务业和政府部门，传统制造业的就业形势仍然疲弱，国际需求的下降和在能源产业投资上的骤减使得制造业同鼎盛时期相比萎靡不振。前面讲了，高盛预计，随着美国页岩油产量的显著增加，美国的油气行业在2018年底前将需要雇用多达10万名工人。只有国际油价真正企稳在每桶50美元之上，美国页岩商才会放胆大幅增钻，如此才会创造更多就业，推动美国经济增长。7月的议息会议正是油价即将跌破每桶40美元之际，美联储之所以等待观望，油价下跌才是最关键的。

第十一节　美联储正在渐进加息的路上

自2014年11月美联储结束长达6年的量化宽松以来，低通胀率一直是美联储加息最困扰的问题，2015年一年就有6个月的通胀率为0或负值，直至2015年12月加息前的通胀率也仅为0.5%，这说明美国经济并未走出低迷状态，在此背景下若是贸然收紧政策，将会进一步抑制消费，导致经济萧条。当然，2015年12月加息应属于美联储行动的个案，主要是加速国际油价崩溃，与前期通胀率高低无关。但是，油价探底后企稳回升的几个月，美联储一再推迟加息，通胀率却出奇地保持在1.0%左右的较高位。从这点也可看出，美联储的加息并非视过去的通胀走势出牌，而是基于保持未来的通胀水平所采取的提前行动，其中最重要的决策数据就是国际油价。

2008年金融危机爆发，油价暴跌，美国通胀率从7月的5.6%最高水平一下降至年底的0.1%，为了确保通胀（更准确地说是挽救油价），美联储在全年实施了4次降息行动，1月为3%，3月降至2.25%，4月降至2%，10月降至1%，12月随着量化宽松序幕的拉开降至0.25%。在量化宽松和接近零利率的政策刺激下，美国经济迅速走出了长达11个月（8个月为负通胀，3个月通胀为或接近于零）的阴霾，到2009年11月通胀率升至1.8%（见图5-32）；与此同时，WTI油价在2009年2月18日探底34.72美元/桶后，一路转升，高歌猛进，美国经济由此进入金融危机以来的高通胀时代，美国经济也就是这样迅速复苏的。

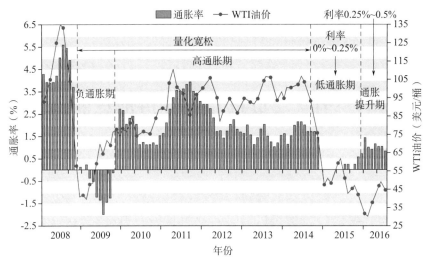

图5-32 美国通胀率与WTI油价走势

资料来源：美国劳工部。美国能源信息署。邓正红软实力研究应用中心。

注：图中WTI油价为月度均价。

结束量化宽松后到美联储宣布加息，这段时间长达14个月，美国通胀率从高通胀时代转入低通胀期，主因是国际油价暴跌。外界总认为这轮油价暴跌是美国页岩油产量过猛，引发供求失衡所致。其实不尽然，美联储结束量化宽松本身就是货币收紧政策的前奏，可视之为引导性的加息，基于美元和油价的特殊关系，结束量化宽松实际上是对油价变相施压。如果之前油价下跌仅仅是由于页岩油产量暴增引发的供给过剩，那么油价下跌完全是一种市场波动，油价承受的也只是供给压力；结束量化宽松就相当于给油价施加了另一种压力——美元走强，双重压力之下的油价显然承受不了，再加上以沙特阿拉伯为首的欧佩克产油国坚持不减产，国际油价上行无望，不得不持续下滑。

美联储觉得低油价的"哀兵之计"如果无休止地持续下去，对美国经济（尤其是通胀率的提升）肯定不利。沙特阿拉伯用"哀兵之计"想拖垮美国页岩油，但美联储是从整个美国经济考量的，与其受拖累，长痛不如短痛，因此，美联储横下决心，想迅速、彻底地摧垮油价，打碎沙特阿拉伯的"哀兵梦"，于是就有了2015年12月美联储加息的非常规行动。这次非常规的加息是继结束量化宽松后再次对油价施以重压，是加剧（或者说加速）油价下跌的最后一根稻草，并导致了2016年年初的全球市场暴跌。美联储在这里所用的计谋足可谓"不破不立"，或曰"快刀斩乱麻"。油价在暴跌"断根"后开始回升，这是美联储所预期的，美国通胀率由此进入提升期，已经稳定在1.0%左右，正朝着2%的目标缓步前行。

尽管美联储2015年12月加了一次息，但在作者看来，美联储真正意义上的抑制通胀的加息行动还没有出现，这样的行动在2016年会出现吗？那还得看国际油价！如果油价走势良好，美国页岩商放胆大幅增钻，石油钻机昼夜不定地运转，油田、油城处处人气旺盛，美国通胀率达到了2%的目标，也就到了美联储真正加息的时候。

美国通胀率要达到2%的目标，也得看油价。那么，国际油价处于什么样的水平，美国通胀率才有可能实现2%的目标？比照量化宽松时期，美国2%的通胀率所对应的WTI油价一般在每桶80美元以上，也就是说，油价在80美元/桶以上才有可能实现2%的通胀目标。如果按照2016年的行情分析，油价至少不低于每桶60美元，美国通胀率才可能更接近2%的目标。油价从每桶80美元降至每桶60美元，表明美国实现通胀的目标成本已大大降低，这主要归功于两年来美国页岩油持续推进技术创新、降本提效，页岩油的盈亏平衡点已大幅降低。当WTI油价升至60美元/桶以上，美国页岩商最亢奋，便会以旺盛的状态全面全力开采页岩油，在用钻机数量激增（见表5-11），这意味着美国页岩商经过1年的蛰伏后全面复出，页岩油将迎来新一轮产量高峰。

表5-11　美国页岩商增钻行动与WTI油价对照

WTI油价		页岩商态度	增钻行动
30美元/桶	升势	守望	开钻
	跌势	挺住	停钻
40美元/桶	升势	乐观	稳增
	跌势	谨慎	慢增
50美元/桶	升势	活跃	快增
	跌势	乐观	稳增
60美元/桶	升势	亢奋	激增
	跌势	活跃	快增

资料来源：邓正红软实力研究应用中心。

进入8月以来，国际油价升势强劲，WTI油价已从8月2日的最低点39.72美元/桶升至8月19日的48.57美元/桶，涨幅高达22%。这个区段的油价对美国页岩商来说是比较乐观的，在经过7月连续4周放慢增钻幅度后，8月页岩商增钻行动开始稳增，7月29日当周增钻降至3台的低点，8月5日当周钻机增幅扩大至7台，12日当周增幅达15台，19日当周增幅有所回落，但仍保持10台的增长水平。至此，美国页岩油活跃钻机数量超过400～406台，表明美国原油生产下跌势头即将得到抑制并发生反转。低油价对页岩商的生存早已不是问题，焦点已变成如何在更好的价位复出。而今油价走势成为页岩商复出行动的风向标。在这当口，美联储的官员们若是不计后果地高谈货币收紧，岂不是对油价进行无形的打压。比如，8月21日（周日），美联储副主席费希尔表示，美联储已经接近达成充分就业与2%通胀目标。费希尔对经济的乐观评论增强了尽早而不是延后升息的预期，22日（周一），美国原油期货重挫3.13%，跌1.52美元，收报每桶47.05美元。

幸好8月以来欧佩克产油国又开始鼓噪"冻产"，以推升疲弱的油价，即便市场预测这可能又是一场"闹剧"，并不抱什么幻想，但至少可以给油市注入一点兴奋剂，从情绪上缓解油价滑落。8月8日卡塔尔能源和工业大臣兼欧佩克大会主席萨达（Mohammed bin Saleh al-Sada）在发布的一份声明中指出，欧佩克"经常与所有成员国讨论，帮助恢复油市稳定和秩序的途径和手段"。欧佩克成员国计划9月26—28日在阿尔及利亚首都阿尔及尔召开国际能源会议（IEF）的间歇举行非正式会议。8月11日，沙特阿拉伯能源、工业和矿产资源大臣法力赫（Khalid al-Falih）确认将在国际能源会议召开期间举行部长级会议，届时将与欧佩克和非欧佩克国家合作帮助稳定油市。消息一出，原油市场一石激起千层浪，市场坚信如果原油价格继续下跌，欧佩克成员国将会考虑采取联合行动。

早在5月，卡塔尔能源和工业大臣萨达就表示，尽管石油市场正在从两年前的油价急跌中慢慢恢复，但是目前并未恢复至一个"合理"的价格，以提振石油工业投资并保障石油市场供应安全。他认为目前的石油价格应该在每桶65美元以上，否则未来的市场供应会面临风险，因为自2014年以来由于油价下跌已使得一些石油生产者受到严重伤害，没有能力进行石油工业的再投资并保障市场供应。

这次的"冻产"磋商最先是由委内瑞拉、厄瓜多尔和科威特等欧佩克成员国发起的，但市场分析认为，鉴于主要成员国（沙特阿拉伯、伊拉克和伊朗）继续争抢市场份额，加速出口，这样的努力可能与之前一样，似乎注定会失败。俄罗斯能源部长诺瓦克则称，当前没有必要探讨石油冻产协议。如果油价下跌，可能需要探讨石油冻产协议；如有必要，俄罗斯欢迎举行石油冻产协议谈判。如此来看，世界主要产油国对这次"冻产"呼吁的反应并不是很积极。作者认为，欧佩克喊"冻产"和美联储官员喊"加息"一样，都是虚幻效应，但至少二者可以起到相互抵消的作用，平衡油市恐慌情绪，使油价朝着正确的方向波动。

本书写到这里，前面分析的一些情况，比如美国页岩油什么时候全面复出，美联储什么时候加息，按照分析的节奏，实际上这些问题到了呼之欲出的时候。就说加息吧，2016年年内加息的可能性还是蛮大的，不过即使加息也不会在9月，至少要挨到11月8日美国总统选举过后，也就是美联储12月的议息会议。因为总统大选是美联储无法更早行动的理由之一，美联储并不想干扰选举。倘如此，这将距美联储上次加息时隔整整1年。美联储上次加息是基于未来通胀、压垮油价的阴谋性加息（见图5-33），而2016年年内的加息则是象征性加息，因为"加息"说得太多太久了，若是迟迟不加息，美联储在行动方面的信誉就会大打折扣，好比老喊"狼来了"，终不见"狼"来，这样就会失信于市场，美联储以后再玩这样的虚招，就无法奏效了。

图5-33 WTI油价走势与美联储加息预测

资料来源：美国能源信息署。邓正红软实力研究应用中心。

注：图中数据以美国能源信息署2016年8月9日公布的为准，2016年8月—2017年12月的数据为预测值；A点为2015年12月，B点为2016年12月，C点为2017年12月。

基于这样的分析，作者认为，美联储在这方面总得有个交代，很可能会在2016年12月加息，这次加息与通胀、油价均没有直接关系，因为通胀的提升有赖油价的上涨，此时也是美国页岩油复出的关键节点。2016年若升息，更多的是为了提振信心，而并非旨在抑制物价上涨压力，属于姿态性升息。8月16日，美国纽约联储主席杜德利（有永久投票权）发表的声明也道出了这次加息的真正目的，他称，我们正逐渐接近加息时间点，若美联储加息，则是因为经济表现良好。杜德利意在告诉外界，要相信美国经济，相信美联储。

8月17日，也就在美联储公布7月议息会议纪要前一个小时，2016年联邦公开市场委员会票委、圣路易斯联储主席詹姆斯·布拉德（James Bullard）就美国经济及货币政策发表了讲话。布拉德表示，圣路易斯联储的政策模型依然是数据依赖型，鉴于美国增速和通胀率都偏低，坚持对美联储在可预见的未来仅仅加息一次的看法。他称，"鉴于我认为仅仅有必要在可预见的未来加息一次，并不认为需要太在意9月或2016年稍晚加息。"布拉德预计未来两年加息一次，并且重申没有理由认为美国经济迈向衰退。

很有意思，美联储这两位具有投票权的决策人物，居然赶在7月会议纪要公布前的这个关键时间节点相继发声。表面上看，对于什么时候加息，两位的说法完全相反，一个称马上就要加息了，一个却说还早，要两年才加息一次。两位票委是故意在公开场合唱对台戏吗？其实不然，他们两位说的意思都一样，只不过一个侧重近期（姿态性加息），一个侧重远期（实质性加息），在美联储加息的路径上两位的方向都是一致的。

就作者而言，更关注布拉德的讲话。前面讲了，WTI油价在60美元/桶之上仍保持升势，那将是美国页岩商最亢奋的日子，意味着美国页岩油全面开钻。油价保持在60美元/桶的升势价位，美国通胀率才有可能实现2%的目标。布拉德也承认，美国经济增长和通胀率都偏低。只有油价升起来了，这两个问题可以通通解决。更巧的是，美国能源信息署在2016年8月9日公布了未来17个月（2016年8月—2017年12月）的WTI原油月度均价预测值，按照油价升势节奏，到2017年12月WTI油价刚好达到60

美元/桶。基于此，作者大胆预测，2017年美联储很有可能有一次真正意义上的实质性加息，12月是最佳的加息时间，而且这个预测与布拉德"未来两年加息一次"的看法完全吻合。这次加息将是基于现实通胀（到时可能达到或超过2%的目标）和页岩油已完全复出、美国经济处于更活跃的状态而采取的收紧行动，较美联储2015年12月加息刚好时隔两年。这里要说明的是，市场有风险，情况随时都在变化，加息预测只是作者的个人观点，仅供读者参考。

第十二节　美联储决不会重演油价崩溃

写到这里，就在本书快要收笔之际，8月26日，美联储主席耶伦在怀俄明州杰克逊霍尔（Jackson Hole）全球央行行长年度研讨会上，发表了题为《美联储的货币政策工具》的讲话。耶伦在准备好的讲话稿中称，鉴于就业市场持续表现稳健，以及美联储对经济活动和通胀的展望，她认为最近几个月来上调联邦基金利率的理由有所增强，并暗示其对美联储会在未来数周或数月内上调短期利率的信心不断增强。耶伦这番讲话后，美联储的官员们也连番放炮预热"加息"，可谓一石激起千层浪，各方面预期美联储9月会议加息一下成为焦点。但是，9月2日美国劳工部公布了8月的非农数据，8月就业增幅为15.1万人，低于预期的18万人，市场也没有预计到美国数据会如此不振。这在一定程度上削弱了美联储9月升息的可能性，表明美国经济没有强劲到能够支撑再一次升息，刚刚燃起的加息希望被8月惨淡的非农数据浇灭了。

从8月22日到9月2日的两周，美联储鹰派言论甚嚣尘上，几乎每隔几天，官员们就要站出来提醒市场，说9月加息是完全"可能"的，造成油价持续下跌（见图5-34），从8月19日的高点48.57美元/桶跌至9月1日的低点43.53美元/桶，跌幅10%，美国页岩油复出的步伐明显滞缓，尤其是耶伦26日发表讲话的当周，页岩油钻机增幅降至0，与19日当周油价上涨走势和钻机增幅达10台的情况形成强烈反差。幸好9月2日公布的8月非农数据弱于预期，才使得油价转升，增钻停滞一周后才得以增加1台。9月9日当周，市场对美联储9月升息预期减弱，油价继续上涨，周均价为45.84美元/桶，8日至47.32美元/桶的高点，一周钻机增幅达7台。这再次表明，美国页岩油的复出与油价走势息息相关。

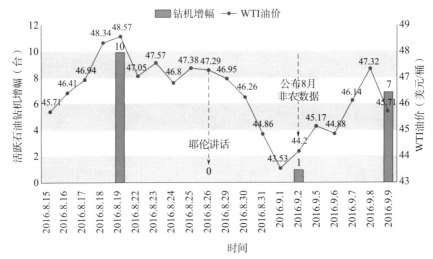

图5-34　2016年8月5日至9月9日WTI油价与美国活跃石油钻机增幅变化

资料来源：新浪财经。贝克休斯。邓正红软实力研究应用中心。

注：WTI油价为当日收盘价。

美联储为何会要做出如此激进的姿态？著名经济学家席夫（Peter Schiff）就对美联储的真实动机进行了分析，认为他们完全是"披着鹰皮的鸽子"。席夫说，本质上，这就是一种诱骗的手法，美联储靠这样可以为自己争取一点空间，以确保他们实际上什么都不必去做。具体的逻辑是这样的：一个鱼贩子一遍遍告诉自己的顾客，"我可能接下来就要涨价了"。他在给所有人造成了鱼可能涨价的印象之后，再宣布"我决定不涨价了"，顾客们就会对当前的价格非常开心，多买"廉价"的鱼——尽管事实上，什么都没有发生过。

席夫认为，鹰派言论都是套路，美联储并不想加息。"黄金价格持续后退，美元指数再度上扬，因为越来越多人开始认真考虑联储在9月或者12月加息，甚至连续两次加息的可能性。如果我们回到6月，这些所谓可能性其实就是零。那么，过去这两三个月到底发生了什么？唯一真正发生了的事情就是，一个又一个联储官员开始发声，说加息的可能性是存在的。他们为什么要这样做？""显然，加息是可能的。通常，他们总是会被问到这样的问题，而他们也会提到可能性。关键是，如果联储没有加息的意图，在这个节骨眼上，他们也不大可能承认。他们当然会希望人们相信加息是可能的，因为如果你承认不会加息，就会带来一系列后续的问题，联储可不想自找麻烦。"

高盛首席经济学家简·哈祖斯（Jan Hatzius）表示，美联储之所以发出鹰派言论，一方面为了安抚国内日益高涨的加息声音，另一方面是为了维护美元资产在全球资金眼中的吸引力。哈祖斯说，择机发表即将加息的言论，推动美元加息预期升温并带动美元升值，维持美元资产的吸引力。这对美联储是一笔很划算的买卖——最终美联储无需真正加息，就可以实现加息的目的，让全球资金涌入美元资产支持美国经济增长。

确实在这个节骨眼上，油价难以上扬，美联储官员们喊加息，无非是坚定人们对美国经济和美联储采取行动的信心，但是，页岩油复出一旦受阻，美联储官员们的加息言论也仅仅是虚张声势。当然还有政治因素考量，对于美国总统大选，尽管美联储对外称保持独立，不受政治因素影响，但实际上美联储的立场是站在民主党一边的。

9月5日，美国共和党总统候选人特朗普曾发表言论称，美联储维持较低的联邦基金利率是为了帮助现任总统奥巴马，并创造出了"虚假经济"，因此利率应该有所改变。第二天（6日），美国民主党总统候选人希拉里喊话竞争对手特朗普，指责其不该对美联储的货币政策发表言论。希拉里认为，无论对总统或是总统候选人而言，货币政策都是不应被谈及的"禁区"。特朗普不应发表言论看好或唱衰经济，也不应将美联储列入他任意诽谤的黑名单。

美联储在9月和11月的两次议息会议上作出的决定将可能会产生非常重大的政治

后果。这是因为，如果加息就可能导致股市下跌，而在股市上涨的情况下，则民主党的希拉里获选的希望就会更大。9月6日，里奇蒙德联储主席莱克（Jeffrey Lacker）称，美联储短期决策必须不屈从于政治压力。这也反映了美联储政策行动还是有政治倾向的。

9月21日，本书即将付梓之际，美联储为期两天的议息会议已结束。会后，联邦公开市场委员会发布政策声明，联邦基金利率目标区间维持在0.25%～0.50%不变。这个结果与本书的分析预测是一致的。美联储为何继续按兵不动？关键的因素还是油价和通胀偏低。声明指出，通胀预期在短期内将维持低位，部分由于能源价格早些时候的下跌（见图5-35），不过，随着过去能源及进口价格的下降等暂时性因素消退，以及劳动力市场的进一步加强，预计中期通胀将上升至2%的水平。经济前景带来的近期风险已经减少。委员会继续密切关注通胀指标，以及全球经济和金融形势。

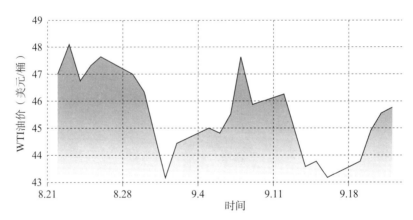

图5-35　WTI油价变化（2016年8月22日至9月22日）

资料来源：tradingeconomics.com。

美联储原先计划2016年加息4次，此次美联储不加息仍然是在等待油价上升，如果年内不加息的话，意味着美联储全年计划落空，将失信于市场；如果要加息，12月的议息会议将可能是2016年最后一次加息的机会，而此举将取决于未来几个月围绕备受争议的总统大选，经济、通胀和市场会如何表现。前面已经分析了，基于美联储自身的信誉以及提振市场信心，12月美联储在加息方面应该有所行动了，这也符合美联储渐进加息的路径和节奏。

耶伦在随后的新闻发布会上表示，我和其他同事讨论了下次加息时机，美联储大部分人认为，近期加息的理由增强了。如果没有新的风险出现，预计2016年将加息一次。美联储用来暗示其对利率路径预期的点阵图（见图5-36）显示，决策者们预计2016年会加息25个基点。官员们下调了对2017年以及更长时间内的加息预期。美联储发布的预测显示，17位官员中有10位预期将在12月之前上调基准联邦基金利率目标区间0.25个百分点，至0.5%~0.75%。3位官员认为今年根本无需加息。联邦基金利率市场显示，美联储12月加息概率为59.6%，2017年3月的加息概率为68.1%。用排除法计算，美联储2016年还剩余11月、12月两次货币政策会议。美联储在11月1—2日举行下次政策会议一周之后就是美国总统大选，不太可能采取行动，这就令12月的政策会议成为美联储2016年加息的最后机会。美联储9月声明没有发生很大改变，但它发出了更广泛的讯息——在双倍押注其渐进式加息的承诺。

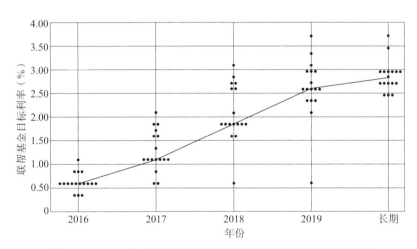

图5-36 2016年9月美联储议息会议后暗示利率路径的点阵图

资料来源：美国联邦储备系统。

注：图中圆点代表联邦公开市场委员会成员对利率的预测。

美国油价已连续6个月徘徊在每桶40~50美元之间，这反映了美国页岩油商如何改变了整个原油行业的发展，正是他们使全球原油市场在2014年陷入供过于求状态并持续至今，也正是他们快速生产和停产的能力才使得原油市场在低油价水平时段能够维持稳定。当国际油价高于50美元/桶时，美国页岩油生产商会被鼓励提高产量，而当油价低于40美元/桶时，他们就会被迫缩减开支，而与此同时，沙特阿拉伯、俄罗斯等石油出口国也会进一步限产，进行冻产甚至减产炒作，进而给油价以支撑。据《华尔街日报》2016年9月调查，预计未来数月油价将不会创新低或显著攀升，2016年年底美油均价将为47.02美元/桶。美国页岩油巨头先锋自然资源首席执行官称，预计未来10年内原油均价在50～60美元/桶之间。德意志银行首席国际经济学家斯洛克（Torsten Slok）在9月2日发送给客户的电邮中表示：低油价给能源产业带来的负面影响已经结束了。斯洛克给出的重要理由是：包括页岩油产业在内的美国采矿、采石和油气开采行业的失业率大幅降低，就业人数增加。根据美国劳工部的数据，美国采矿、采石和油气开采行业的失业率从7月的9.3%大幅度降至8月的5.4%（见图5-37）。尽管美国矿业和测井行业的就业人数持续下滑，但采矿业的就业流失已经在最近几个月有所放缓，8月就业减幅降至4000人，这是2016年以来最小的绝对数值减幅，表明美国整个能源行业的雇佣呈现出上行态势。

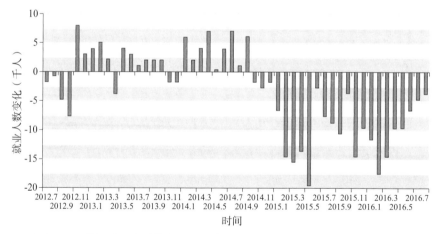

图5-37　美国矿业和测井行业就业人数变化（2012年7月至2016年8月）
资料来源：美国劳工部。

　　尽管在可预见的未来，可能有诸多不确定性的事情发生，这些难免会影响国际油价走势和美联储加息的态度，但至少有一点是可以肯定的，美国页岩油的全面复出已成战略定势。就油价走势看，已在缓慢的升势路上艰难蹒跚，短期来看，美元的波动将成为主导油价的关键因素，而非基本面的变化。高盛预计，只有出现中国突然放弃囤油政策或者利比亚、尼日利亚产能大增的情况，油价才会跌破35美元/桶。高盛分析师在一份报告中称："美国原油产量可能已经开始逐步提升，但是从长期看全球仍然需要美国页岩油。"显然，大量页岩油正在静待开采，只等油价上涨的"东风"。在美国页岩油全面复出之前，美联储只会按兵不动，更加谨慎，绝不会轻易加息。高盛保守预计，到2017年底，美国原油活跃钻机数量将增至909台。这代表着美国原油产量新一轮峰值到来的节奏。2015年3月6日当周，美国原油活跃钻机数量为922台，当月产量就达到了仅次于峰值的水平965万桶/日，4月产量创历史最高纪录969万桶/日。作者预计，美国原油产量的第二轮高峰期将在2018年爆发。美国能否实现这一短期乃至长远的"能源独立"战略，就看美联储保驾护航了。

本书在掩卷之际，美国方面的数据及相关说法仍在不断变化，尤其是对既往的一些产量数据还在持续调整中，这对写书人来说是一个最大的挑战，因为数据是本书最重要的支撑，如果数据变来变去，将影响全书的连贯性和稳定性，对于历史方面的描述和未来方面的预测更是如此。

从全书章节进度看，本书写作的节奏基本上与美国页岩油生产、美联储议息会议、国际油价的实时进展同步，因此相关分析更具时效性、客观性。但是，美国能源信息署每月在公布最近一个月原油产量数据时，还经常对已公布的历史产量数据进行调整，这给本书的写作增加了难度和工作量。因为只要其中有一处的数据有变化，与之相关的图、表及阐述都要随之改变。如果仅调整一两次也就作罢，关键是美国能源信息署每月都有这样的"动作"，如此反复无常，弄得本书真不好收场。最后只好采取标注公布日期或截至日期的办法，才使得数据相对"稳定"下来。当然，这样做也是对读者负责。另外，本书运用大量数据和素材所作出的相关分析、判断和预测，只是代表作者个人的观点，仅供读者参考和讨论。

美国页岩油的迅猛发展颠覆了全球原油市场格局，美国页岩油革命也十分振奋人心，但也应看到美国页岩油存在两大致命问题。首先，页岩油生产不具有可持续性，根据国际能源署预测，页岩油生产将在 2020 年见顶，随后逐渐下降。页岩油生产不具有可持续性的原因为页岩油单井产量下降速度极快，且开采页岩油的"甜心"点不多。其次，页岩油生产将带来水污染、页岩气泄露和地震等环境问题。

本书能顺利出版，得力于各方鼎力玉成。这里要重点感谢中国石油勘探开发研究院副院长、国家能源致密油气研发中心主任、国家973计划致密油（页岩油）首席科学家邹才能先生于百忙之中亲自为本书作序，并认真审读全稿，以严谨和负责任的治学观提出了诸多更专业、更精准、更具柔性的真知灼见，为书稿最后的梳理完善给予了有力支持；也要感谢原石油工业部勘探开发研究院总经济师、中国石油原科技发展局局长傅诚德先生以及中国石油科技评估中心刘嘉女士对本书的举荐和协调；特别要感谢石油工业出版社对本书的重视，尤其是郎东晓总监以及刘辉编辑对本书出版给予的支持和付出。另外，本书初稿得到了国务院发展研究中心中国发展出版社杜君老师及该社选题委员会全体成员的一致认可，并提出了相关的修改建议，在此一并致以谢忱。

因时间关系，加之水平有限，书中差错在所难免，恳请读者批评指正。

邓正红

2016年9月22日

读石油版书，获亲情馈赠

亲爱的读者朋友，首先感谢您阅读我社图书，请您在阅读完本书后填写以下信息。我社将长期开展"读石油版书，获亲情馈赠"活动，凡是关注我社图书并认真填写读者信息反馈卡的朋友都有机会获得亲情馈赠，我们将定期从信息反馈卡中评选出有价值的意见和建议，并为填写这些信息的读者朋友**免费**赠送一本好书。

页岩战略：美联储在行动

1. 您购买本书的动因（可多选）

☐ 书名　　　　☐ 封面　　　　☐ 内容　　　　☐ 价格
☐ 装帧　　　　☐ 纸张　　　　☐ 双色印刷
☐ 书店推荐　　☐ 朋友推荐　　☐ 报刊文章推荐
☐ 作者　　　　☐ 出版社　　　☐ 其他_____

2. 您在哪里购买了本书（若是书店请写明书店地址和名称）？

_____ 购书时间_____

3. 您是怎样知道本书的（可多选）？

☐ 报刊介绍_____（报刊名称）　　☐ 朋友推荐_____
☐ 网站_____（网站名称）　　　　☐ 书店广告_____
☐ 书店随便翻阅　　　　　　　　　　　☐ 其他_____

4. 您对本书的印象如何（可多选）？

封面：☐ 新颖　　☐ 吸引眼球　　☐ 一般，没创意　　☐ 不适合本书内容
内容：☐ 丰富　　☐ 有新意　　　☐ 一般　　　　　　☐ 较差
排版：☐ 新颖　　☐ 一般　　　　☐ 太花哨　　　　　☐ 较差
纸张：☐ 很好　　☐ 一般　　　　☐ 较差
定价：☐ 太高　　☐ 有点高　　　☐ 合适　　　　　　☐ 便宜

5. 您对本书的综合评价和建议（可另附纸）。

_____

_____

● **您的资料：**

您的姓名_____ 性别_____ 年龄_____ 职业_____
学历_____ 电话（写明区号）_____ 手机
电子邮件_____ 邮编_____
通信地址_____

● **我们的联系方式：**

地　　址：北京市朝阳区安华西里三区18号楼1103室　刘辉
邮　　编：100011　　　　网址：www.petropub.com.cn
图书营销中心：010-64523633　　编辑部：010-64523604